传播媒介与现代文学史分期

江西师范大学文学院
正大语言文学研究丛书

王龙洋 ◎ 著

中国社会科学出版社

图书在版编目（CIP）数据

传播媒介与现代文学史分期 / 王龙洋著．—北京：中国社会科学出版社，2020.7

ISBN 978-7-5203-3874-5

Ⅰ．①传…　Ⅱ．①王…　Ⅲ．①传播媒介—关系—中国文学—现代文学史—研究　Ⅳ．①G206.2②I209.6

中国版本图书馆 CIP 数据核字（2018）第 291087 号

出 版 人　赵剑英
责任编辑　任　明
责任校对　李　剑
责任印制　李寡寡

出　　版　中国社会科学出版社
社　　址　北京鼓楼西大街甲 158 号
邮　　编　100720
网　　址　http://www.csspw.cn
发 行 部　010-84083685
门 市 部　010-84029450
经　　销　新华书店及其他书店

印刷装订　北京君升印刷有限公司
版　　次　2020 年 7 月第 1 版
印　　次　2020 年 7 月第 1 次印刷

开　　本　710×1000　1/16
印　　张　19
插　　页　2
字　　数　311 千字
定　　价　98.00 元

目　　录

导论 …………………………………………………………………………（1）
第一节　现代文学史分期与现代性 ……………………………………（1）
一　文学史分期问题的提出 ……………………………………………（1）
二　何为现代性 …………………………………………………………（5）
三　国内外研究现状分析 ………………………………………………（13）
第二节　传媒与文学现代转型的关系 ………………………………（22）
一　如何理解现代传媒 …………………………………………………（23）
二　现代传媒与文学之间的关系 ………………………………………（25）
三　近代报刊与中国文学现代转型的关系 ……………………………（28）
第一章　近代报刊的发展与文学传播方式的变革 ……………………（33）
第一节　近代报刊的范式 ………………………………………………（34）
一　商业报刊：传教布道与商业诉求 …………………………………（34）
二　政治报刊：救亡与启蒙取向 ………………………………………（37）
三　对近代报业价值取向的评价 ………………………………………（40）
第二节　报刊与文学联姻：以《申报》为例 ……………………………（41）
一　刊登文学作品，出版文学图书 ……………………………………（42）
二　创办文学期刊，开设文学副刊 ……………………………………（51）
三　确立稿酬制度，开拓文化市场 ……………………………………（55）
第三节　转型期的文学新媒介 …………………………………………（56）
一　文艺报刊为文学提供了新平台 ……………………………………（57）
二　报刊成为文学作品的主要载体 ……………………………………（59）
三　报刊与文学场域的形成 ……………………………………………（66）
第四节　近代报刊对中国文学现代转型的影响…………………………（68）
一　报刊与文学制度现代化 ……………………………………………（69）
二　报刊与文学观念的现代生成 ………………………………………（72）
三　报刊与文体、话语的现代变革 ……………………………………（75）

第二章 近代报刊与职业作家的出现 …………………………… (80)
第一节 "士"的现代转型 ………………………………………… (80)
一 古代士阶层的终结 ……………………………………… (81)
二 知识体系与价值观念的转变 ……………………………… (83)
三 职业身份与独立人格的形成 ……………………………… (90)
第二节 知识分子走向现代传媒 ……………………………… (95)
一 知识分子走向现代传媒的两种途径 ……………………… (96)
二 知识分子走向现代传媒的三种类型 ……………………… (102)
三 走向现代传媒的原因 …………………………………… (104)
第三节 报刊与商业市场的拓展及稿酬制度的确立 ………… (106)
一 现代稿酬制度的确立 …………………………………… (106)
二 稿酬制度对文学期刊的影响 …………………………… (108)
三 稿酬制度对现代文学的影响 …………………………… (111)
第四节 现代职业作家的身份认同 ………………………… (114)
一 职业作家身份的想象 …………………………………… (115)
二 作家身份构建的途径 …………………………………… (118)
三 作家身份认同的功用 …………………………………… (123)
第三章 报刊与作家交往空间 ……………………………… (128)
第一节 报刊与作家的交往网络 …………………………… (128)
一 城市发展与文人流动 …………………………………… (128)
二 文人迁移与传媒交往网络 ……………………………… (131)
三 报刊在文人交往中的作用 ……………………………… (134)
第二节 报刊与作家的交往时空的拓展 …………………… (139)
一 报刊与现代时间的传播 ………………………………… (140)
二 报刊开拓交往空间 ……………………………………… (144)
三 交往空间对文人的影响 ………………………………… (150)
第三节 报刊与作家群的形成 ……………………………… (155)
一 报刊聚集作家群体的方式 ……………………………… (155)
二 报刊聚集作家群体的类型 ……………………………… (157)
三 报刊与文学公共领域的形成 …………………………… (163)
第四章 近代报刊与文学观念的现代转型 ………………… (168)
第一节 报刊与启蒙的文学观念 …………………………… (169)
一 报刊为启蒙提供了条件 ………………………………… (169)

二　报刊进行启蒙的方式 …………………………… (174)
三　报刊启蒙对文学带来的负面效应 ……………… (182)
第二节　报刊与消闲的文学观念 ……………………… (186)
一　报刊在消闲文学观念形成中的功能 …………… (186)
二　报刊形成消闲文学观念的方式 ………………… (191)
三　报刊对消闲文学创作的影响 …………………… (195)
第三节　报刊与审美的文学观念 ……………………… (201)
一　报刊在审美文学观念形成中的功能 …………… (201)
二　报刊构建审美文学观念的方式 ………………… (208)
第五章　近代报刊与文学文体的现代转型 ……………… (212)
第一节　近代报刊推动文学体裁格局变化 …………… (212)
一　报刊推动小说从边缘到中心 …………………… (212)
二　文体格局变化的影响 …………………………… (217)
三　报刊创新文类形式………………………………… (221)
第二节　报刊与文学语体的转变 ……………………… (225)
一　报刊与新语言体系的开启 ……………………… (226)
二　报刊对白话文学文法的影响 …………………… (232)
第三节　新闻报道与现代文学写实风格的形成 ……… (237)
一　新闻的真实性与文学写实 ……………………… (237)
二　新闻时效性与文学关注现实 …………………… (241)
三　新闻的趣味性与文学的娱乐性 ………………… (245)
第六章　报刊与小说叙事模式的转变 …………………… (250)
第一节　报刊与小说叙事时间 ………………………… (250)
一　小说叙事的纪实化………………………………… (250)
二　小说时间的非线性化 …………………………… (254)
三　小说时间空间化…………………………………… (258)
第二节　报刊与小说叙事结构 ………………………… (262)
一　长篇小说结构的故事组化 ……………………… (262)
二　短篇小说结构的横截面化 ……………………… (266)
三　小说首尾突兀化…………………………………… (269)
第三节　报刊与小说叙事视角 ………………………… (272)
一　从全知到限制叙事………………………………… (272)
二　第一人称亲历叙事………………………………… (276)

三　第三人称客观叙事 …………………………………… (280)
结语 …………………………………………………… (284)
参考文献 ……………………………………………… (288)
后记 …………………………………………………… (295)

导　论

第一节　现代文学史分期与现代性[①]

自20世纪80年代中期黄子平、陈平原、钱理群三人关于中国现代文学史问题的讨论开始，学界拉开了中国现代文学起点问题讨论的序幕。许多知名学者加入了这场讨论，并由此引发了关于中国现代文学学科建设问题的讨论。这场讨论取得了一些重要共识。学界一致认为，应该打通中国现当代文学的界限，从20世纪的整体来研究中国现代文学，而且他们都认为，追寻现代性是中国现代文学的内在动力。但是对于什么是现代性，如何理解中国文学的现代性等问题，却存在着较大的分歧。正是因为这些分歧，致使中国现代文学的分期标准问题以及由此带来的中国现代文学的起点问题，凸显出来。

一　文学史分期问题的提出

早在20世纪30年代，学者陈子展在《最近三十年中国文学史》一书中，从“科举制度的废除”“模仿西洋”“小说词曲之登大雅之堂”“语言的解放”及“文学的平民化”等几个方面详细阐述了中国当时出现的新文学。他将清末近20年的文学视为中国现代文学的开

---

① 关于“现代性”的界定，本书认为，现代谱系话语不但在中国，而且在西方也有个发展和深入的过程。在当下文化语境下，应该在现代化、现代性、现代主义、后现代等现代谱系话语中界定“现代性”。需要说明的是：现代谱系话语中的“现代性”是个狭义的概念，但本书为了论述的简便，特指“现代性”是个广义的概念。本书的“近代”仅仅表示时间，即1940—1917。

端进行描述。钱基博的《现代中国文学史》也将康有为、梁启超和严复以来的晚清文学革命和“五四”新文学作为一个有机的整体，以“新文学”的名目，一并叙述。但新中国成立以来，因为政治意识形态的影响，各个历史时期编撰写作的主流现代文学史都将中国现代文学的起点定格在发生于1917年的“五四”文学①，而文学创作成就上则以鲁迅先生的短篇小说《狂人日记》为中国现代文学的发轫之作。如20世纪50年代，北京大学王瑶先生编撰的《中国新文学史稿》；70年代末，唐弢先生编撰的《中国现代文学史》；80年代末期，钱理群、温儒敏、吴福辉等先生撰写的《中国现代文学三十年》等，这些中国现代文学史都是将中国现代文学的起点定位于1917年的“五四”文学。但是到1985年，现代文学研究者钱理群、黄子平、陈平原在《文学评论》发表《论二十世纪中国文学》一文，率先在国内提出“二十世纪中国文学”的概念，对新中国成立以来已成定论的“中国现代文学”公开提出质疑。这种质疑引发了国内学者重新思考中国现代文学的分期和起点问题。

20世纪90年代以来，将清末民初与“五四”以来的文学进行打通研究，已经成为学界主流共识。陈平原、章培恒、范伯群、刘纳、吴福辉、袁进等都认为，应该将清末民初的文学纳入现代文学之中，中国现代文学的起点应该向前延伸到清末民初。

在国内，著名的古典文学研究专家章培恒先生最早撰文专门讨论中国现代文学之分期问题。章培恒先生在21世纪初提出，根据“人性解放”作为文学史分期标准来探讨中国现代文学的开端这一争议很大的问题。这是他依据其主编的《中国文学史》写作的分期标准。他在《关于中国现代文学的开端——兼及“近代文学”问题》一文中，试图对“现代文学”与“新文学”做出区分，认为中国现代文学应始于20世纪初而非始于1917年。“五四新文学”不是“现代文学”的开端，只是20世纪初文学的发展。他先是从文学精神和艺术特征入手，界定现代与传统的区别：一是人性解放的要求；二是自觉融入世界潮流的要求；三是文学本身艺术特征的追求。接下来，他考察了20世纪初至文学革命前这一阶段的文学，认为此一时期已经存在与上

① 本书所有“五四”均指发生于1917年的“五四”新文化运动，下文不再特别标明。

述三个特征相通的因素，“把它视为新文学的酝酿期而列入现代文学的范畴似乎是适宜的”①。其后，柳珊《民初小说与中国现代文学的开端》一文，赞同对“新文学”与“现代文学”进行区分，并对章文所述的三个特征进行了补充，论述了民初新闻出版等“边缘性因素”，进一步论证了“20 世纪初文学”作为“现代文学开端”的理由。②

范伯群通过清末民初精英文学与通俗文学两个界面的大量实例，有力地论证了中国现代文学的界碑应立于 19 世纪 20 世纪之交的观点。他认为，应以文学自身的发展进程为依据，说明在某个时段，文学已初具了现代文学的形质。中国现代文学滥觞期是以“文学观念更新”为启动发力点，而 1897 年几道（严复）、别士（夏曾佑）在天津《国闻报》10 月 16 日至 11 月 18 日上所刊载的《本馆附印说部缘起》与 1902 年梁启超在《新小说》创刊号上发表的《论小说与群治之关系》是两篇重要的具有标志性的文章。③ 栾梅健《社会形态的变更与文学的转型》④ 以及杨联芬的专著《晚清至五四：中国文学现代性的发生》⑤ 等都将现代文学的上限移至清末时期，他们甚至给出了 1892 年这个中国现代文学的具体的时间起点。范伯群先生和他的弟子栾梅健先后在不同的论文里指出，中国现代通俗文学的起点（范伯群观点）或中国现代文学的起点（栾梅健观点）即是 1892 年开始在自办的刊物上连载问世的韩邦庆的长篇章回小说《海上花列传》。中国现代文学馆前副馆长吴福辉也认为，清末民初文学对于“五四”文学的重要性是毋庸置疑的。“清末”只能是现代文学的发生期，而“五四”才是现代文学跨时代的转折之期。⑥

① 章培恒：《关于中国现代文学的开端——兼及“近代文学”问题》，《复旦学报》2001 年第 2 期。

② 柳珊：《民初小说与中国现代文学的开端》，载《开端与终结——现代文学史分期论集》，复旦大学出版社 2002 年版。

③ 范伯群：《在 19 世纪 20 世纪之交，建立中国现代文学的界碑》，《复旦学报》2001 年第 4 期。

④ 栾梅健：《社会形态的变更与文学的转型》，《复旦学报》2002 年第 6 期。

⑤ 杨联芬：《晚清至五四：中国文学现代性的发生》，北京大学出版社 2003 年版。

⑥ 吴福辉：《寻找多个起点，何妨返回转折点——现代文学史质疑之一》，《文艺争鸣》2007 年第 7 期。

王铁仙教授认为：中国文学的转型并不是从“五四”突然开始的。自1898年至“五四”前，在一些文学文本内，从内容到形式，都已含有一些现代性因素。但在此时期，现代性没有成为作品的主要因素，而新旧杂糅，半是“现代”半是传统，缺少完整意义上的现代性作品，但谈不上形成现代性文学创作的潮流。①

这些学者都认为，打通近代文学、现代文学和当代文学的界限，把20世纪的中国文学作为一个整体进行观照，是以中国文学追寻现代性为内核。其实，在国内学者以“现代性”打通近代、现代文学的边界，提出“20世纪中国文学”的概念之前，海外的汉学家如王德威，在20世纪70年代就在其著作中展现了清末文学的现代性，并发出“没有晚清何来五四”的质疑。王德威在专著《被压抑的现代性》一书中认为，“五四”文学单一的现实主义追求，压抑了晚清开创的多元的现代性局面。“此一时期的小说（晚清小说——引者注）所显现的活力及复杂面向，都足以让人大开眼界。尤其对治现代文学者而言，晚清小说岂止仅仅代表一个从传统到现代的过渡阶段；它的出现还有它的被忽视，本身就已经见证了中国文学现代性的一端。”他认为晚清文学的现代性不仅开启了“五四”文学的文学现代性追求，而且还包含着比“五四”更为丰富的可能性，“对我而言，中国作家将文学现代化的努力，未尝较西方为迟。这股跃跃欲试的冲动不始自‘五四’，而发端于晚清”，“但这多重的现代性在‘五四’期间反被压抑下来，以遵从某种单一的现代性”②。王德威的论述是针对关于“五四”文学的流行说法展开的：直到20世纪20年代，一批小说家以新白话文写作之后，中国文学中的现代性才开始出现。由于这个广为人知的说法，王德威书中所讨论的晚清小说中的现代性也就变成了“被压抑的现代性”了。王德威认为，与明显以西方小说为样板的“五四”小说不同，晚清小说独特的现代性基本上产生于中国内部的文化进程。不能用线性的发展模式来理解现代性。现代性并非产生于某一处，然后其他地方接着发生后起现代性。李欧梵在著作《现代性的追求》一书中认为，“中国现代文学的起源，可以追溯到清末，特

① 王铁仙：《中国文学的现代转型及其意义》，《中国社会科学》2003年第5期。

② 王德威：《被压抑的现代性——晚清小说新论》，北京大学出版社2005年版，第9—10页。

别是十九世纪的最后五年。在一八九五年至一九一一年这个阶段，若干‘现代’形态表现得愈来愈引人瞩目”[①]。李欧梵更运用安德森“想象的社群”理论、现代性理论以及哈贝马斯“公共领域”理论作为其论证的支点，从理论到文学创作实践详细论述了晚清文化、文学与中国的现代都市想象、都市现代性之开创等方面的历史关联。[②]

从上述的梳理中，我们可以发现，学界在讨论中国现代文学的分期问题时，愈来愈趋向于取得某种共识：从20世纪中国文学历史的大量研究和深入探讨中，概括出贯穿其中的一条基本线索，那就是对现代性的不断追求与逐步获取。“如果说这一判断大致不错的话，那么，顺理成章的推断就是：决定和确立中国现代文学基本性质的乃是扎根并生长于其中的现代性。”[③] 进一步来说，如果我们把现代性理解为一种渐进性的而不是断裂的现代性，那么我们就可以理解现代文学的发展也是一种渐进的过程。中国社会的现代化是一种非正常的现代化，是在西方列强的外力作用下而被动发生的现代变革，所以这种变革形成的由外而内的社会发展变革方式，使中国社会的现代化进程不同于西方。如果我们硬搬西方的标准来理解分析中国社会，将会出现水土不服。西方的启蒙运动，它侧重的是人的发现和解放，但中国的现代化，却有一个“民族的发现”的重要环节，“民族的发现”甚至早于“人的发现”，并比人的发现更为迫切。这就使中国文学体现出不同于西方文学的特征：中国文学额外地承担起救亡图存的一种社会现实责任。也就是说，通过文学来构建一个现代的民族国家的认同。发现和构建现代民族国家的政治诉求被抬升到最为优先的地位，成为现代文学一个重要的主题。如果我们换一种思路，以另一种价值标准来理解现代性，那么我们就很容易看出现存的关于中国现代文学史的观念存在多么大的缺陷与不足，将清末民初维新运动及与之联系的“三界革命”排除在现代文学之外是何等偏见。

二　何为现代性

那么什么是现代性，如何理解文学现代性是学界应进一步深入研

① 李欧梵：《现代性的追求》，人民文学出版社2010年版，第175页。

② 李欧梵：《中国现代文学与现代性十讲》，复旦大学出版社2002年版。

③ 朱立元：《以现代性为衡量的主要尺度——也谈中国现代文学史的开端》，《复旦学报》2002年第4期。

究的论题。早在1985年秋天，杰姆逊在北京大学进行为期4个月的学术演讲。杰姆逊在演讲中，重点谈了西方文化的现代性与后现代性问题。他的演讲后来经整理出版为《后现代主义与文化理论》，在中国学界引起了很大的反响。随之，大量关于现代性的西方理论被翻译介绍到中国。那么什么是现代性？如何理解现代性？是我们探讨问题前首先必须解决的问题。

到目前为止，中国文学理论界关于现代性并无统一的立场和观点，还没形成统一的定义。梳理各位专家的观点大致有两种理解，一是认为现代性即启蒙现代性。比如童庆炳先生认为，“现代性是相对于古代性而言的。中国古代的封建礼教制度及其思想、习惯、信仰等由于其在发展过程中的僵化，对社会经济文化的发展不再发生作用与反作用，成为社会经济文化发展的障碍，因此中国现代性是对于中国古代传统的制度、思想、风俗、习惯、信仰的决裂，它强调的是当下的需要与发展及其条件。”① 他这里沿用的是一种历史分期的概念，是在与前现代社会断裂而产生的一种历史的质的分期，强调的是现代性的反传统性，隐隐约约包含着启蒙现代性。钱中文先生认为，“当今中国的历史语境来理解现代性的问题，可以说，所谓的现代性就是促进社会进入现代发展阶段，使社会不断向科学、进步的一种理性精神、启蒙精神，就是高度发展的科学精神与人文精神，就是一种现代意识精神，表现为科学、人道、理性、民主、自由、平等、权利、法制的普遍原则。”② 钱中文先生的定义是一种含混的定义，是一种含混着启蒙现代性的定义。他的这种阐述是以社会历史进化的史学观点为支撑。他们都认为，现代性是现代化的理论抽象、基本框架；现代化是现代性的具体实现；现代性代表着与传统性的不同理念和因素。现代化代表着与传统社会不同的崭新的时代和社会形态。启蒙运动开启的近代西方社会现代化的基本原则，即以个人主义和理性主义为中心的处于主流地位的西方现代化观念。西方启蒙文化所带来的科学意识、进化观念和理性精神，是现代化的原动力，也是现代性的核心理

① 童庆炳：《中国文学理论现代性转型的标志与维度》，《社会科学辑刊》2003年第2期。

② 钱中文：《文学理论现代性问题》，《文学评论》1999年第2期。

念。在这个层面上讲，现代性通常指启蒙现代性。[①] 二是将现代性理解成一种二律背反，是现代启蒙现代性与审美现代性形成的张力。逄增玉认为，“现代性是从现代化的问题中演化派生而来的。现代性就是社会在现代化过程中，社会各个领域所出现的与现代化相适应的属性，或者说，是在现代化的促进下，在社会各个领域（物质、制度、精神文化）发生全面变革过程中所形成的应和现代化的属性。他在对西方现代化的溯源后，认为在西方现代化的历程中，产生了两种现代性：一种是作为科学技术和工业文明的产物，以进步的、理性的、个人主义为核心的价值现代性。一种是对此予以否定的批判的‘美学现代性’”[②]。实际上，他所界定的仍然是现代性的正反两面：启蒙现代性与审美现代性。

他们的这些认识，将现代性放在中国特定的历史语境中进行阐释，认为现代性是对传统的一种反叛。这种反叛是在两个维度上展开的，即启蒙的现代性与审美的现代性。他们认为，启蒙现代性源于欧洲文艺复兴时期和启蒙运动之后，对理性精神的张扬。通过理性精神，西方社会依靠科学技术和工业革命，实现了现代文明，经济社会出现了全面的现代化，取得了超过过去200年成就的总和的成就。这种现代性是科学技术和工业文明发展的产物，以进步、理性、个人主义为核心价值并渗透到社会各个领域中的启蒙现代性。另一种现代性就是针对理性精神旗帜下，启蒙现代性在取得巨大成就的过程中所露出的为社会难以接受的负面的东西，即工具理性对社会和自然的极大破坏的反拨，对人的信仰和终极关怀的审美现代性。这两种现代性构成了现代性的张力。[③]

我们从这些学者的认识理解中可以发现，启蒙现代性与审美现代性都是对现存社会的改造与批判。启蒙现代性就是利用理性精神的力量，以科学与民主为武器，为人生而要改造人生，自觉地投身于对社会现代性的改造，其目的意图在于建立一个与传统社会完全不同的现

① 周惠明：《现代化：历史理论与反思》，中国广播电视出版社2002年版，第165页。

② 逄增玉：《现代性与中国现代文学的几个基本问题》，《东北师大学报》1998年第3期。

③ 周宪：《现代性的张力——现代主义的一种解读》，《文学评论》1999年第1期。

代化社会。但随着现代社会的快速膨胀，理性精神的负面影响越来越大，为对其进行批判与反拨，重新构建人的信仰、价值系统，审美现代性又出现了。它针对的是启蒙现代性的负面价值并对其进行批判与超越。

但这些对现代性的认识却存在着一个致命的缺陷：在面对现代世俗社会时，启蒙现代性与审美现代性都是一种改造与批判的态度。但我们要明白，在中国的历史语境下，现代性与西方近代以来的现代性在时空上是错位。中国现代性是我们追求现代化的国家过程中从西方借鉴而来的。我们追求现代性的目的和前提在于使国家强大，使民众富足，人民过上物质丰足的世俗生活是中国追求现代性的前提条件和出发点，因此，现代社会的标志是世俗性。但在以上学者的论述与理解之中，对现代世俗生活的肯定与向往，却完全被启蒙现代性和审美现代性所人为遗忘和遮蔽，更有甚者，认为应该将世俗的现代性从文学中剔除出去。①

我们认为，要理解和认清现代性，必须在与前现代性的比较中，来区分其特征和性质。现代性是在反前现代性的过程中出现的，作为前现代性的精神内涵的封建主义，其本源是一种集体主义的、专制的、封闭的。作为其批判者身份出现的现代性，必然是以个人主义的和人道主义的。“作为现代社会的价值体系，‘现代性’体现为以下的主导性价值：独立、自由、民主、平等、正义、个人本位、主体意识、总体性、认同感、中心主义、崇尚理性、追求真理、征服自然等。与之相应的是，作为前现代社会，即传统社会的价值体系，‘前现代性’体现为以下的主导性价值：身份、血缘、服从、依附、家族至上、等级观念、特权意识、人情关系、神权崇拜等。”② 在此，我们可以确认现代性这个概念：中国现代性是由于中国封建主义在发展过程中，成为社会经济文化发展的障碍时，作为其对立面而出现的。它以人道主义和理性为精神内核，批判前现代性的传统、制度、思想、风俗、习惯。它的落脚点在于现代的人及其所拥有的主体意识、开放意识、民主意识和科学意识、理性精神。

---

① 杨春时：《中国文学理论的现代性问题》，《学术研究》2000 年第 11 期。

② 俞吾金等：《现代性现象学：与西方马克思主义者的对话》，上海社会科学院出版社 2002 年版，第 302 页。

清末民初时期，文学领域较早开始现代性追求的，主要是林纾的小说翻译。他通过大量的翻译小说，将西方文学中西方人的生活情状、思想感情和价值观念等，潜移默化地传达给中国的读者，影响甚大。但比较早系统地提出文艺启蒙观念应是严复和夏曾佑的《本馆附印说部缘起》。该文利用西方社会进化论的思想观点来讨论中国的文学，提出可以利用小说这一民众喜闻乐见的文学形式，来开发民智。"文章事实，万有不同，不能预拟。而本质之地，宗旨之所存，则在乎使民开化。"① 随后梁启超撰写了系列论文，如《论小说与群治之关系》《译印政治小说序》《〈小说丛语〉发刊词》等，在借鉴西方人文思想来讨论文学的同时，比较强调文学对世道人心及社会进化的功用。"故今日欲改良群治，必自小说界革命始。欲新民，必自新小说始。"②

在启蒙的现代性被大力提倡的时候，审美的现代性也在功利性的启蒙与救亡图存的时代紧要关头被提出来。王国维是第一个提出以"唯美"文学观念的学者。1905 年，也就是梁启超提出文艺启蒙口号后的第三年，王国维发表了系列专业理论文章，如《论哲学家与美术家之天职》《古雅之在美学上之位置》。在《论哲学家与美术家之天职》一文中，王国维在论文中强调的是文学与哲学的独立性，排除政治因素的干扰，还原文学本身的审美功能。"故美术之为物，欲者不观，观者不欲。而艺术之美所以优于自然之美，全存于使人物我之关系也。"他在此强调的是"审美自治"，来保持文学艺术本身残存的独立品格。王国维认为哲学和美术是"天下万世之真理"，"故不能尽与一时一国之利益合，且有时不能相容，即此神圣之存在也"③。在这个时期，周树人、周作人兄弟的文学观念与王国维的看法较为近似。1908 年，周树人发表了《摩罗诗力说》，他在该论文中进一步指出，人之所以要文学就是因为"一切美术之本质，皆在使观听之人，为之兴感怡悦。文章为美术之一，质亦当然"。"文章之于人生，其为用决

① 《本馆附印说部缘起》，《国闻报》1897 年 10 月 16—18 日。

② 梁启超：《论小说与群治之关系》，载《中华文学评论百年精华》，人民文学出版社 2002 年版，第 1 页。

③ 王国维：《文学与教育》，载《王国维文集》，北京燕山出版社 1997 年版，第 264 页。

不次于饮食、宫室、宗教、道德。”“涵养之人神思，即文章之职与用也。”①

启蒙现代性和审美现代性对于中国文学的现代转型的意义显得很重要。这是因为，清末民初时期国家内忧外患，已经到了生死存亡的关头，如何挽救国家的危亡，已经成为当时各界精英普遍思考的问题。在文学思想界，激进知识分子倡导的启蒙现代性和自由知识分子坚守的审美现代性成为当时精英的两种取向。

在另一方面，现代性又有着对现代世俗生活的肯定与认同。这种肯定、认同与批判、超越，构成中国现代性的多维度。现代性既包括世俗现代性，即现代性的肯定方面，也包括超越批判的现代性，即现代性的否定方面。现代世俗生活推动着社会现代化，批判的现代性改造着社会。而超越的现代性则抵制这现代社会的弊端，维护人的精神自由。所以现代性是在世俗现代性、启蒙现代性和审美现代性的三个维度上展开的。但我们同时要注意，现代性在发展过程中，被赋予历史具体的现代意识精神，一种历史指向，在各个历史阶段，现代性的内涵有共同之处，但又很不相同。②

西方中世纪的基督教出于对浮华的世俗生活的厌恶，对感性世界的轻蔑，转而转向神性的沉思，转向对宗教的彼岸世界的追寻，使得大众逐步对世俗世界丧失兴趣。当文艺复兴运动兴起后，人的个性得到张扬，世俗欲望汹涌澎湃，所有的这一切都解放了人们的感性与理性，使人们的视觉、触觉、听觉等各种感觉器官的功能开始觉醒。这种感性解放反映在文艺复兴时期的文学中就是在更深层面上，对基督教神性的放逐，放弃对上层社会生活和官方意识形态的传播功能，开始追求一种大众的、游戏的平民娱乐的世俗生活方式、这种生存的基本特质就是走向感性，走向本能。这种走向，我们可以在文艺复兴时期非常重要的作家薄伽丘的《十日谈》中找到明确的佐证。这部作品对神性的放逐集中在大众对“性”的世俗趣味上。例如，《十日谈》中，第三天的故事里，一名基督教徒修士逃到一个荒无人烟的小岛上修行。但是，当一遇到跑来的少女，他便抵挡不住少女那香艳的肉体

① 周树人：《摩罗诗力说》，载《回读百年》（第一卷），大象出版社 1999 年版，第 453 页。

② 钱中文：《文学理论现代性问题》，《文学评论》1999 年第 2 期。

带来的原始生命冲动的煎熬，不顾一切地抛开基督教条要求的神性禁欲的束缚，屈从于生命本我的内在要求，与少女进行爱欲的缠绵。这些在小说中虽然写得很淫秽，很低俗，但这也充分说明了人性的正常的生理需求及世俗生活对人的重要性。这种对世俗生活的赤裸裸的追求，直接瓦解了中世纪的“神性”对人性的压制，从而使人从神的压制下解放出来。这个过程也就是马克斯·韦伯所说的“祛魅”，即神走下神坛的世俗化过程。

文艺复兴运动开启的世俗化，主要从两个方面着手：一是对感性的肯定；二是对自然的肯定。感性主要体现为人类的生存欲望，对物质生活的追寻。这也成为现代化的动力之源。现代社会的发展是在由人的物质欲望和人的感官欲望的追求驱动中前进的。马克思在他的论著认为，物质欲望是历史发展的原动力，这种动力在传统的中世纪社会中受到了教会所倡导的光辉神性抑制。但是随着社会现代化进程的开启，城邦经济和海上贸易的兴起，商品经济的繁荣，人们的日常世俗生活逐步开始剥离宗教的教条教义，融入资本主义生产关系之中。这种被压制的物质欲望便慢慢地苏醒、膨胀，进而走到事物的另一端：贪婪。这是后话。松巴特也认为，西方现代资本主义能兴起并繁荣的根本原因在于他以奢侈生活原则为基础的高度世俗化的文化。这种文化直接促进了商品的社会化生活，从而使资本主义从中世纪封建经济中萌芽发展壮大。① 通过这些梳理，我们可以发现，西方现代化的过程就是一个世俗化的过程。

这种现代化伴随着世俗化的现代化过程在中国的语境中也极为相似。鸦片战争后，通过不平等条约，西方列强在开放的通商口岸倾销他们的商品。这些通商口岸及原来手工业本身就比较发达的沿海地区，商业贸易非常繁荣。另外，清廷统治阶层内部的一批先觉者企图以“师夷长技”来挽救国家危亡，遂开展洋务运动，兴办现代企业，特别是私人企业开始兴盛。“在 1904—1908 年期间，向该局登记的公司约 272 家，它们的核准资本总额接近一亿两银子。不过这个数字是夸大了的，因为实收到的大概只是核准的资本的半数或不足半数。这些公司也不都是近代企业。这 272 家公司中有 44 家是传统的个体经营的当铺、钱庄、中药铺，或其他批发和零售商店。不过大多数

① 刘小枫：《现代性社会理论·绪论》，上海三联书店 1998 年版。

(272家中的153家)都是近代的股份有限公司。它们占全部资本积累额中的绝大部分。到1908年，它们事实上的确形成了全部中国现代化的企业。”[①] 商业的繁荣就带来了城市的发展和市民阶层的壮大，推动了市民阶层生活的世俗化。与之相呼应的通俗文学创作非常繁荣，只不过在以往的正统文学史中被遮蔽。“被压抑的现代性亦泛指晚清、五四及30年代以来，种种不入(主)流的文艺实验。在后续的年代里，为了服从某种单一的、可预言的进化论通途，它们曾被不少作家与读者、批评家与历史学者、甚至包括马克思主义者与弗洛伊德的信徒，否决、置换、削弱，或者嘲笑着。从科幻到狭邪、从鸳鸯蝴蝶到新感觉派、从沈从文到张爱玲，种种创作，苟若不感时忧国或呐喊彷徨，便被视为无足可观。”[②] 这一长期被压抑的通俗现代性在中国文学现代转型的过程中却占据着主流。这是因为当时文化保守主义在整个社会中占有大多数，同时又因为通俗文学与商品经济结合得比较紧密，迎合中下层民众的需求，因而它的读者数量非常庞大。通俗文学在中国文学现代转型中占有重要的地位。

归纳起来，现代性起码应该有三个层次，第一个层次就是现代性的物质技术层面的现代性。它对应着现代工业社会的发展要求，以工业发展、商品经济、市民社会为三个基本支撑点，构成世俗现代性。第二个层次就是批判的层面，批判前现代性的传统、制度、思想、风俗、习惯。它的落脚点在于现代的人及其所拥有的主体意识、开放意识、民主意识和科学意识、理性精神。我们称为启蒙现代性。第三个层面就是对的是启蒙现代性的负面价值并对其进行批判与超越。我们称为审美现代性。

在此，我们认为，现代性是多维度的。现代性首先是物质技术的现代性，这是现代性的最为表层的特性，也是现代性其他维度得以表现的前提和基础。其次是现代性的制度层面。现代性开启了现代工业社会，并进而形成了资本主义制度及其资本主义的商业模式。这是现代性的中观层面。最后是现代性的精神层面。资本主义制度及其商业模式所要求的现代科学精神、民主意识、自由精神，这是现代性的精神内核。在中国的历史语境中，中国现代性是由于中国封建主义在发

① [美]费正清:《剑桥中国晚清史》，中国社会科学出版社1985年版，第337页。

② 王德威:《被压抑的现代性》，北京大学出版社2005年版，第7页。

展过程中，成为社会经济文化发展的障碍时，作为其对立面而出现的。它以人道主义和理性为精神内核，批判前现代性的传统、制度、思想、风俗、习惯。它的落脚点在于现代的人及其所拥有的主体意识、开放意识、民主意识和科学意识、理性精神。

现代性的多维度使我们思考中国现代文学转型必须抛弃传统的二元对立的思维方式，代之以多元共生的价值观念来理解中国文学在追求现代性过程中所体现的多元价值取向，重新发掘五四以来被主流文学史压抑和遮蔽的多元文化共生的真实状态。“中国现代文学也不像西方文学那样，是文学发展过程中的一次现代化必然进程，而是社会和民族现代化对文学的要求。”① 中国文学的现代转型是在西方欧美文化的冲击及中国社会救亡与启蒙的双重外力作用下，被动地做出反应，进而诞生出一种新质的文学。“影响中国现代文学发生与发展的外力主要有三个方面：社会革命、西方影响、报刊传媒。这三种因素相互关联、共同促成现代文学的发生。”② 过去，我们研究中国文学的现代转型，往往注重于社会革命和西方的影响，而轻视传播媒介在中国文学现代转型过程中体现出的具有进步性的意义。特别是以报纸杂志等为中心的现代传媒，对于中国文学现代转型来说，不仅仅是提供了传播的平台，传播的中介，作为文学的载体的形态而存在，更为重要的是，媒体本身也是一种文本。在外力作用于中国文学现代转型的三个要素中，报刊传媒成为勾连社会革命和西方影响的中介，从而发挥社会革命和西方影响的媒体功能的体现作用。因此，我们将现代传媒引入中国文学现代转型研究，不仅仅是一个研究视角的转化，更为重要的是，这将改变原来固化的研究理论构建，重新树立一种全新的理论视角，重新审视中国文学如何进行现代转型。

三 国内外研究现状分析

（一）当前学界关于近代报刊与中国文学现代转型的研究现状

在中国文学从传统向现代转型的过程中，报刊作为重要的文学传播媒介发挥了重要的作用。从报刊的角度来研究现代文学，探讨其方法和意义，在最初构建新文学史的学者的学术研究中就存在。老一辈

① 周海波：《现代传媒视域中的现代文学》，博士学位论文，山东师范大学，2004年。

② 同上。

学者阿英的《晚清小说史》就注意到了报刊对晚清小说发展和传播的重要影响，他在20世纪50年代出版的《晚清文艺报刊述略》考察、汇编了1872年至1911年出现的20多种文艺期刊，为我们研究清末民初的文学转型提供了大量的第一手资料；唐弢非常注重现代文学报刊文献的收藏与收集；王瑶特别强调对报刊阅读的重要性。当然前辈学者对文学报刊的重视和研究，主要是为了现代文学史的撰写。他们都注意到了近现代报刊出版业的兴起与繁荣和文学转型之间的内在关联性。

严家炎、钱理群、王富仁等一批学者卓有成效的研究成果，大多是他们每天在枯黄的旧报纸第一手资料的研读中发展与形成的，如严家炎的《中国现代小说流派》、钱理群的《1948：天地玄黄》、王富仁的《中国鲁迅研究的历史与现状》、陈平原的《中国小说叙事模式的转变》等。他们的研究成果对报刊生产过程以及报刊对文学的影响展开了初步的探讨，进一步深化了老一代学者的观念，拓展了文学史的写作思路。不过，他们的研究成果主要还只是从宏观层面上做出战略设想，还没有将这种思考，具体细化到某一种文学期刊或者报纸是如何影响近现代文学思潮的形成、如何对作者与读者产生影响等这样具体细微程度来进行深入检视和阐述。

20世纪80年代后期，陈平原就在博士论文中明确指出，文学传播媒介的变革会对文学的形式发展产生重要的影响。他说："记录工具和传播媒介的每一次大的突破，都不能不或隐或现地影响文学形式的发展。"① 进入90年代，越来越多的学者开始关注近代报刊和清末民初文学的关系，如黄霖、郭延礼、陈大康、袁进、夏晓红等。袁进的《中国文学观念的近代变革》《中国小说的近代突围》《中国文学的近代变革》等系列研究成果在学界产生了重要的影响。在《中国文学观念的近代变革》一书中，袁进具体分析了中国文学史上的三次传播技术的变革对于文学变革的影响，并在对中国文学观念近代转型的具体研究中，提出机器印刷和报刊的商业经营带来了文学观念的近代变革。② 郭延礼的《中国前现代文学的转型》就是从近代报刊的角度切入，考察稿酬与文学关系的近代化，研究现代文学的转型。但是，

---

① 陈平原：《中国小说叙事模式的转变》，北京大学出版社2010年版，第239页。

② 袁进：《中国文学观念的近代变革》，上海社会科学院出版社1996年版，第30页。

他的转型研究主要还是在宏观整体上，只是用了一个章节讨论具体问题，没有进一步深入阐释。

其实，西方学者很早就通过研究发现了现代传播媒介对于现代文学的重要影响，如尹恩·瓦特的《近代小说的兴起》通过对笛福、理查逊、菲尔丁三位英国重要作家的分析指出，在西方近代小说兴起的过程中，近代报刊及商业化的现代经营理念产生了重要的作用。他认为，近代英国小说的兴起一个重要的原因就在于近代报刊引起的小说读者队伍的扩大以及报刊所带来的阅读方式的变革导致现代小说叙事方式的变革。哈贝马斯的《公共领域的结构转型》和布尔迪厄的《艺术的法则：文学场的生成和结构》更是从理论上总结并强调了这种影响，更加强调报刊等印刷媒介形成的商业环境对于构建公共文化领域和文学场域的重要意义。他们的理论著作在2000年左右被陆续翻译到国内，引起国内许多学者的关注。

海外汉学家在研究中国晚清文学的现代性时，关注和研究的视角之一就是从晚清的文学传播机制来切入。李欧梵、王德威等论证晚清文学具有现代性意义时，一个重要的观点就是近代报刊传媒对文学现代性生成产生了重要意义。李欧梵在论述晚清文化、文学与现代性的过程中，借用安德森的想象共同体理论和哈贝马斯的公共空间理论，提出了一个重要的观点：近代报刊和小说对于中国现代民族国家的想象产生了重要的影响。他认为，将现代性与晚清小说、报刊连接起来的最为重要的方式是文学的叙述，即“用什么样的语言和模式把故事叙述出来”①。他在这里强调的是近代报刊为了政治的需要而影响文学的叙事方式。李欧梵特别强调了报纸的副刊的重要作用，认为“它非但代表了中国现代文化的独特传统，而且也提供了一个‘媒体’理论：西方学者认为现代民族国家的建构和民主制度的发展是和印刷媒体分不开的，也就是说报章杂志特别重要”②。在《现代性的追求》一书中，李欧梵更是以《申报》“自由谈”为例来分析中国近代批评空间是如何经由近代报刊构建出来。他认为，正是由近代报刊开辟的批评空间，清末民初才出现了哈贝马斯所界定的公共空间。叶凯蒂在研究中国清末民初名妓、知识分子与娱乐文化的关系时，特别注意到

① 李欧梵：《中国现代文学与现代性十讲》，复旦大学出版社2008年版，第8页。

② 李欧梵：《现代性的追求》，人民文学出版社2010年版，第4页。

知识分子通过近代娱乐报刊与上海的名妓建立起一种全新的商业关系。她认为，近代商业化出版业的繁荣给文人提供了工作岗位，增加了他们的发声机会。她进一步认为，当知识分子把自己的文学技能用于新的事业时，新的文学类型和媒体也就应运而生。这些娱乐文化对现代通俗文学的叙事产生了重要的影响。[①] 他们的外部研究视角，对国内学界的研究有重要的影响。

到 21 世纪后，西方的文艺理论大量进入中国，特别是文化研究在当代中国的繁荣，如文学社会学、公共空间理论、文学场、大众文化研究等种种理论的影响下，这使得学者对于文学期刊、报纸的研究更加具体深入，产生了一大批较有影响的研究成果。

郭延礼、武润婷在《中国文学精神》一书中阐述了近代报刊这种新的传播载体对平民文学的兴起产生的重要影响。他认为，晚清文学以近代报刊为新的载体，不仅改变了“古人以抄书、刻书为主的手工业方式，而且也促进了近代文学的革新及其平民意识的生成”[②]。他在《中国前现代文学的转型》一书中再次认为，近代报刊这种新的传播载体对文学的现代变革产生了影响。他认为，近代报刊这一文学载体的变化，在很大程度上促进了小说创作的繁荣和创作主体的职业化。

杨联芬的《晚清至五四：中国文学现代性的发生》一书在论述晚清文人的边缘化与现代文学审美观念的萌生的过程中发现，晚清一部分文人已经有意识在寻找一条不同于传统文人进仕的人生道路。这些文人开始进入大都市，创办报刊或加入外国人创办的报刊，寻找到了一种全新的职业。她进一步认为，正是这种全新的职业使现代文学的创作者“与世界的体验完全不同”，正是这种不同使得与主流社会疏离走向近代报刊的文人能够寻求到另外一种人生价值的支撑。这对于现代审美的文学观念的形成产生了重要的影响。

栾梅健在《二十世纪中国文学发生论》一书中，提出传播媒介的变革与现代文学的兴起之间有着密切的关联性。他认为，记录工具与传播媒介每一次重大变革，会极大地推动文学事业的发展。他甚至进一步断言：“如果没有近代传播媒介的变革，就根本不可能有 20 世纪

---

① 叶凯蒂：《名妓、知识分子与娱乐文化》，生活·读书·新知三联书店 2012 年版。

② 郭延礼、武润婷：《中国文学精神》，山东教育出版社 2003 年版，第 199 页。

中国文学的兴盛，也就无从形成20世纪中国文学如此庞大的体系与格局。”① 他进而认为，传播媒介的变革对20世纪中国文学最为重要的影响，在于它促进了现代文化市场的发育，使文学成为一种公众的事业。但是，栾梅健研究的目的在于论证文化市场对于通俗文学的重要性。在《前工业文明与中国文学》一书中，栾梅健进一步阐述了近代报刊对文化市场的开拓及对文学新文体兴起的影响，以及近代报刊对现代文学叙事模式的影响。

胡全章在分析晚清小说与文学转型时，也看到了近代报刊的兴起对中国文学传播方式转型的影响。他认为，通俗文学借助近代报刊这一新兴的传播媒介获得了再生的机会，也极大改变了中国文学的整体面貌，使得各种文类的关系和地位发生了变化。②

总之，这一时期学界关于报纸杂志的的研究，大多数还是从文学外部研究切入，他们侧重于为文学史写作服务，报纸杂志只是他们论证的史料库；而且他们主要是从文艺报刊的研究角度研究文学思潮的形成及其如何对作者、读者产生影响，并没有将报纸杂志与中国文学整体的现代转型结合起来研究。

近些年，一批学者在研究近现代文学及其现代转型时，开始引进传播学的理论，从近代报刊引入文学引起的文学传播方式变革的角度来研究其对文学转型重要作用。李春雨的《出版文化与中国文学的现代转型》，从出版文化的角度，阐释中国文学的现代转型。她的研究主要着眼于文学的外部，但没有进一步具体阐述文学的外部机制，如文学生产、文学传播、文学读者是如何获得现代转型，更没有关注到报刊与文学观念、文学话语之间的互动关系。宋莉华在研究明代江南文化的时候，也关注到了图书出版业在江南文化出版业中的重要作用，并做了详细的史料考证。蒋晓丽的博士论文《中国近代大众传媒与中国近代文学》和徐萍的博士论文《从晚清至民初：媒介环境中的文学变革》引进了传播学的媒介生态环境理论，探讨这一时期文学媒介生态环境的变革对于文学的影响。

还有一批学者将研究的视点转向具体的文学期刊，探讨文学期刊

---

① 栾梅健：《二十世纪中国文学发生论》，广西师范大学出版社2006年版，第3、4页。

② 胡全章：《晚清小说与文学转型》，中国社会科学出版社2012年版。

对文学思潮的形成所产生的影响。付建舟以清末四大小说期刊为中心来研究小说界革命的兴起与发展，他通过分析小说期刊的作者群及期刊小说的生产与小说期刊的传播，阐述了清末小说界革命是如何展开的。[①] 刘铁群的《礼拜六杂志研究》一书，从该杂志的基本情况、评价史、创刊背景、创作主体、文化风貌、文体特征等方面进行研究，她认为，以《礼拜六》杂志为代表的市民文学在相当长的一段时间内具有顽强的生命力，在与五四新文学同时存在、互相竞争，努力适应普通市民读者的阅读需求，它推动了市民文学的发展，因此不能用五四新文学的价值标准来衡量市民文学。这些研究将前辈学者关于文学期刊、报纸研究的思考进一步向前推向实践，开始了关于具体文学期刊、杂志的研究，开创了新的研究维度，在学界产生了较为积极的影响。

（二）作家现代转型的研究现状

国内外对中国作家研究，特别是关于清末民初（1897—1917）这一段时期的研究，虽然开展得比较早，但研究大多集中于单个的作家研究，如关于刘鹗、韩邦庆等作家研究；或集中于某个作家群的研究，如关于礼拜六、蝴蝶鸳鸯派的研究。虽然这些研究取得了比较大的成果，但对作家、作品产生了特别重要影响的现代传媒与作家之间的关系，学界关注不够。笔者通过中国知网、当当网、亚马逊网站等，暂时还没有查询到高水平的有关专门从“传媒”的角度来研究中国作家现代转型的高水平的研究成果。

但笔者发现，与中国作家现代转型相关联的研究却开展得比较充分，如对中国知识分子现代转型的研究。在对知识分子现代转型的研究过程中，有部分专家学者将其放在中国文学现代转型的背景下进行审视，但是这些研究有的将中国作家的现代转型作为一个重要的支撑点进行阐述，如栾梅健在《前工业文明与中国文学》一书第二章，“作家：彷徨歧路”，着力揭示近现代以来作家的地位与命运，以及由此引发的在文学上的不同特征。他认为，科举制度的终结是社会形态由农业文明向工业文明转化的结果。依附于科举制度衍生出的作家自然失去了适宜的土壤。工业化进程导致人们的生活观念、人才观念的根本性转变。这些观念的转变导致现代科学技术事业成为中国知识分

① 付建舟：《小说界革命的兴起与发展》，中国社会科学出版社 2008 年版。

子在近代转型过程中的价值选择：崇尚科技实业而轻文学。从而导致众多一流人才并没有参与到作家队伍中来，使百余年来中国缺乏一流的文学巨著和一流作家。他的研究只有一个章节，没用充分展开。

有的研究即使将研究的重心放在现代作家（小说家）上，但切入的角度还是传统的分析方法。如汤克勤的《近代转型视域下的晚清小说家——从传统的士到近代知识分子》一书是近些年来笔者所见到的第一部以晚清小说家为研究对象的专著。他把晚清小说家群体大致分为三类：士大夫出身的小说家、以报人身份为主的职业或半职业小说家和新学生（包括留学生）小说家。通过分类对比，作者探讨了三类不同的晚清小说家群体的差异和共同之处和差异。这种分析研究的方法没有突破以前传统的研究范式而获得新的突破。

学界部分专家在研究清末民初的中国知识分子现代转型的时候，开始借鉴西方的理论，在研究视角上获得了一定的突破。其中一个重要的研究角度就是从现代传媒的角度，来考察中国知识分子是如何获得现代的转型，如李仁渊的《晚清的新式传播媒体与知识分子》一书，就是从晚清的新式传媒（现代传媒）这个角度来研究晚清一代知识分子。李金铨主编的《文人论政——知识分子与报刊》一书，收集了 14 篇论文。这些论文阐述了中国百年来知识分子以天下为己任，通过报刊以言论论政报国，展现自由主义知识分子的理念与实践。美国学者叶凯蒂在著作《名妓、知识分子和娱乐文化（1850—1910）》一书第四节“洋场才子和上海的娱乐出版业”，详细地阐述了中国传统文人阶层被充满机遇与拥抱变革的上海所吸引，特别是现代传媒在上海成长起来后，他们由传统文人成为媒体人，成为城市知识分子。他指出，上海发达的现代传媒业给文人提供了许多工作岗位，增加了他们公开发声的机会；传媒业的繁荣解决了现代作家的工作需要和角色认同。叶凯蒂认为，在上海租界的新媒体和各种机构拿薪水上班，标志着文人变成了城市知识分子，当他们把自己的文学技能用于新的事业时，新的文学类型和媒体也应运而生。在这些研究中，还有部分研究者对传媒与知识分子的关系进行研究。有学者从报纸副刊的角度切入，如张涛浦《报纸副刊与中国知识分子的现代转型——以〈晨报副刊〉为例》，以《晨报副刊》为切入点，开始研究中国知识分子的现代转型。

在这种对知识分子研究新视角的影响下，国内文学界的一些专家学者开始从传媒的角度关注中国作家的现代转型：陈平原在《中国现代小说的起点——清末民初小说研究》一书第三章第二小节，以小说家的专业化为题，详细阐述了中国职业小说家产生的原因。他认为，科举路绝和小说创作的有利可图是中国职业作家产生的重要原因。郭延礼《中国前现代文学的转型》一书第二章第二小节，阐述了中国现代职业作家产生的过程。他认为，职业作家的出现是近代的事，是以固定职业收入或稿费作为生活的主要来源为前提条件。其过程大致是：第一步是报人的出现，第二步是报人小说家，第三步才是职业小说家（作家）的诞生。徐日君、岳凯的《现代传媒与中国现代作家》，从《新青年》到《文艺复兴》，考察了在现代文学30年中对文学影响重大的十种报纸杂志，叙述了这些报刊的成长历史，介绍了它们对现代文学思潮的影响，并介绍了围绕在每一报刊周围的重点作家。这本著作是笔者目前见到的唯一一本明确从现代传媒角度研究中国现代作家的作品。但这本书对于现代传媒与中国作家现代转型之间的关系没有进行详细阐述，而是仅仅停留在文学史知识的介绍层面上，相当于一本科普读物，学术水平不是很高。

上述这些研究，虽然引入了现代传媒的这一全新的视角，给予我们研究中国作家的现代转型指明了一个全新的方向，但是在另一个方面上，他们的研究毕竟处在一个初步兴起的阶段，还存在很多需要进一步推进的地方：

一是他们研究大多是将近代报刊作为一个整体来研究，没有进一步细分不同读者定位的报刊形态和类型，更没有去仔细区分不同读者定位的报刊所带来的价值观念的不同及其对文学价值取向多元化的影响。笔者在收集相关及梳理相关资料的过程中，还未发现有研究者根据报刊的多元化的读者对近代报刊作进一步的细分。在清末民初时期，近代报刊发展繁荣到一定阶段后，随着读者群体的不断扩大，读者的类型也在日益复杂和多元化，同时读者的需求也越来越多样化。因此，任何一种类型的报刊都不能满足如此多元化读者的需求。为此，报刊不断进行分工，各自侧重一个方面，满足一部分读者的某一部分需求就成为最佳的选择。于是近代报刊的类型就开始多元化了。按照近代报刊的办报方针来看，那一时期出现了政治性报刊、商业性报刊和专业性报刊三种范式。这三种不同范式的报刊的价值取向又截然不同。政治性报刊是以追求政治利益为目的，商业报刊为追求利润，专业性报刊则追求专业。不同范式的近代报刊对文学的影响也是不一样的，而当前的研究没有进行细致区分。

二是他们囿于学科背景的限制，对于近代报刊的理解，存在着明显需要推进的地方。他们大多将近代报刊仅仅理解为现代文学的载体与平台，但事实却不是这么简单。近代报刊不仅仅为文学提供了一种全新的文学物质载体，同时要注意到，近代报刊它还涉及一整套的商业运行制度及其支撑这套制度背后的资本主义精神。这关系到新的文学生态环境及这个环境中人的价值认识问题。正如麦克卢汉所指出，媒介不仅是技术，同时也是人的感官和心理的延伸。新的媒介不但改变了文学的生态环境，而且进一步改变了人的认识论。因此，进一步来说，近代报刊不仅仅改变了文学的传播方式范式，重要的是，近代报刊的发展过程中形成的一整套新闻出版发行制度，如稿酬制度、著作权制度、言论自由制度等的，这一整套制度保障是现代文化得以发展的基础。正是在这个基础上，现代的商业文化市场才得以发展和繁荣。这个繁荣的文化市场才是为现代文学的发展提供了文化生态环境。更为重要的是，这套制度背后隐藏的现代精神对文学的影响。

三是他们的研究还未涉及近代报刊上的新闻叙事对于文学叙事的影响，而这却涉及近代报刊对文学本体的影响。报刊在本质上是为了向读者及时传递客观真实的信息，因此，新闻叙事侧重的是事而不是人。正是这种以事为中心的新闻叙事方式对于清末民初的文学叙事产生了重要的影响。这种影响表现在两个方面：一方面是新闻对文学文体的影响，如对文学的语言、对文类格局及形式、文体风格的影响等方面的影响。另一方面是新闻对文学叙事的影响，如对文学叙事结构、叙事角度、叙事时间、叙事空间等方面的影响。但是，在前人的研究成果中，还没有发现有人关注到新闻叙事对于文学叙事的影响，也就是说，这些研究还没有把传播方式的变革对文学影响的研究重点聚焦到文学本体，而这应该是关注的重点。

四是他们对传播媒介与中国文学及其现代转型的关系理解还停留在初步的阶段，没有充分理解现代传媒以及现代传媒与中国文学现代转型的交互关系，更没有深入探讨现代传媒与中国作家现代转型的深层次互动。其实，现代传媒和中国文学现代转型及中国作家现代转型之间的关系是一个十分复杂的双向互动关系。应该在前人的研究基础上，将其研究推进，将重点放在现代传媒与中国文学及中国文学现代转型的交互关系上，详细阐述论证现代传媒如何影响中国文学的现代转型，如何与中国现代作家进行互动，在什么样的维度上影响了中国文学的现代转型，对现代作家的创作产生什么样的影响？我觉得这些都是我们应该重点加以关注的问题。

因此，本书认为，中国文学的现代转型是由外而内的全面转型。更为合理的研究应该是从外部研究与内部研究相结合的方法出发，从文学的生产—传播—接受的文学生产机制与文学的内部机制结合的思路，以现代性为文学内部与外部转型的关联线，从近代报刊这一文学传播方式的角度，来研究清末至民初的中国文学及其如何实现现代转型。

第二节　传媒与文学现代转型的关系

社会发展到现代以后，传媒对社会的影响越发明显，日益展现出来一种对于社会现实强大的重新塑造力量。加汉斯就指出："我们可以看到，社会传播的结构和进程已经深深地植入广泛的特定社会形态结构和进程中。谁会说什么？以什么样的形式？对谁说？出于什么目的？有什么样的影响？这些因素在一定程度上决定并且被决定于一个社会的经济、政治和文化力量。"① 这种强大的影响力对于人类文化的影响及其重塑显得尤为明显。在现代社会中，社会大众接受的信息大多来自现代传媒。通过传媒展现出的社会现实，就形成了一种媒体化的文化，正如戴安娜说的那样："公众往往接受媒体所呈现的社会现实，因此，当代文化实际上就成了'媒体文化'。"② 所以说，传播媒介在我们文化的生产、传播及接受过程中具有十分重要的意义。"我们的媒介是我们的隐喻，我们的隐喻创造了我们的文化内容。由于文化经由沟通来中介和发动，因而文化本身亦即我们在历史上创造出来的信念与符码系统受到新技术的影响而有了新的转变，这种转变会随

---

① ［美］尼古拉·加汉斯：《解放·传媒·现代性》，李岚译，新华出版社2005年版，第5—6页。

② ［加拿大］戴安娜·克兰：《文化生产：媒体与都市艺术》，赵国新译，译林出版社2001年版，第4页。

着时间的推移日益加剧。”① 现代传播媒介之所以能展现出对社会生活及其人的心理结构巨大的影响力，就是因为由传媒在传播信息过程中自身的性质所决定的。传媒在传播信息的过程中，其自身将难以规避通过内在的方式改变被其传播内容的内在特质。正是因为这种重要性，将传媒引入文学研究就成为一种全新的研究视角。

一　如何理解现代传媒

从现代传媒的角度来研究文学，我们首先碰到的问题就是：哪些传播媒介是属于现代传媒的范畴？现代传媒在中国的历史语境中的起点如何来核算？现代传媒具有哪些特点？这些问题是我们进一步研究所必须首先要加以明确的。

传播学的研究者早就按照传播媒介性质的不同，依据其传播媒介在人类文化发展中的作用，来划分人类的文明阶段。加拿大学者哈罗德的分期比较细致。他将人类20世纪前期的社会文明分为：泥版、硬笔和楔形文字的苏美尔文明时期、莎草纸、软笔、象形文字的埃及到希腊—罗马时期；中国纸笔和欧洲使用笔纸时期；印刷术初期；机器印刷和木浆造纸时期；电影发展的赛璐珞时期；广播时期。但麦克卢汉的划分就简单直接得多。他将其分为口语传播时期、文字传播时期、印刷传播时期和电子传播时期四个时期。波斯特则从信息传播方式角度提出三阶段的划分：“每个时代所采用的符号交换形式都包含着意义的内部结构和外部结构，以及意义的手段和关系。信息方式的诸阶段可以试做如下标示：面对面的口头媒介交流；印刷书写媒介交流；以及电子媒介交流。”② 在这三个大的阶段的基础上，波斯特又将“电子媒介的交流”阶段分为“第一媒介时代”和“第二媒介时代”。前者指电影、广播、电视为媒介的播放型传播模式盛行的时期；后者指互联网带来的以“双向型去中心”的传播方式为主的时期。

这些对传媒时代的时间分期，由于标准或理解的角度不同，各种观点很难形成一种统一的标准，甚至存在着观点的对立。但讨论现代

① ［美］曼纽尔·卡斯特：《网络社会的崛起》，夏铸九译，社会科学文献出版社2001年版，第407页。

② ［美］马克·波斯特：《信息方式——后结构主义与社会语境》，范静哗译，商务印书馆2000年版，第13页。

传媒与中国文学现代转型问题的前提，又必须有一个对现代传媒确定的理解，否则后面的论证只会是建立在脆弱的沙堆之上。所以，本书认为，我们应该在前人的研究基础上，在中国近现代具体的历史语境中来理解理清这个概念。现代社会是以蒸汽机开启的，机器充分体现了现代性，成为现代社会的主要标志。因此，本书按照传播媒介的性质，将人类的文明发展阶段划分为远古的口语传播时期；近古的手抄文字传播时期；现代机器印刷时期和后现代电子信息传播时期。现代传媒是以现代机械为动力的现代机械传播为标志。在中国的历史语境中，清末西洋机械引入中国，使得印刷的动力由机械逐步取代传统的以手工为动力的印刷方式；在印刷排版上，现代的铅字排版取代传统的木刻活字。现代的铅字排版和机械印刷成为现代传媒技术的物质基础。这使得现代传媒在与传统的传媒比较时显示出无比的优越性：它的信息容量更大了；出版周期缩短了；发行量提高了。现代传媒效率的提高最为直接的结果就是进一步降低了成本，使印刷品的价格变得低廉，逐步达到了普通市民阶层承受的范围内。最终的结果就是扩大了现代传媒的影响力。由此可以说，现代传媒最为直接的体现是现代报纸期刊为主要媒介的现代传播媒介。

技术体现的仅仅是现代传媒的外在特征。现代机械技术带来了现代传播业的发达，形成了现代的传播制度，这种传播制度是与现代社会的资本运作和商品经济相衔接的。所以，现代传媒的第二个特征就是它的制度性。现代传媒制度之后，又深深地体现出一种现代的文化精神，一种建立在认识论基础上的现代理性精神和审美思维。我们"这里使用的现代传播媒介，首先是与现代文化、现代文学相对应的一个现代范畴中的概念，是以现代印刷技术和现代流通方式为主的文化载体，这一文化载体体现为一种现代文化精神，传达了现代人的思想感情和生活欲望，呈现出现代人认识世界的理性方式"①。在这里我们同时还应该注意到，我们并非把印刷媒介等同于现代传播媒介。就中国的印刷媒介来说，大体经过了古代的雕版印刷阶段和以现代机器印刷为主的现代传播阶段。中国历经千年发展到近代后，从西方资本主义那里引入的机器印刷和资本主义商业出版文化的现代经营方式，

① 周海波：《现代传媒视野中的中国现代文学》，博士学位论文，山东师范大学，2004年。

它不单单改变了中国千年来传统的文学文本的印刷形式、出版形式、发行和传播方式，并在此基础上引发了中国传统文人（知识分子）和社会普通民众的心理感知、行为方式和生活习惯的变革，进而重新塑造了现代人的思想价值观念。正如复旦大学栾梅健教授指出的那样："新闻事业的发达促进了新闻、通讯、文艺副刊的繁荣，现代流通则使文学有可能迅速成为商品在全国流通、变换。"① 现代传媒是以现代印刷技术和现代流通方式为标志，其具体的载体形式体现为现代报纸、期刊。

但我们要注意媒介叠加现象。媒体的发展并非线性的替代，而是复线叠加。"尽管每一个文化时代的到来，都是一次新传媒在旧传媒的基础上的叠加，但之所以以新传媒来命名这个文化时代，大多是因为这种新媒介在这一文化阶段具有传播的主导性力量。"② 就像麦克卢汉所说的那样，"没有一种媒介是具有孤立的意义和存在，任何一种媒介只有在与其他媒介的相互作用中，才能实现自己的意义和存在"③。

二　现代传媒与文学之间的关系

"中国现代文学也不像西方文学那样，是文学发展过程中的一次现代化必然进程，而是社会和民族现代化对文学的要求。"④ 中国文学的现代转型是在西方欧美文化的冲击及中国社会救亡与启蒙的双重外力作用下，被动地做出反应，进而诞生出一种新质的文学。"影响中国现代文学发生与发展的外力主要有三个方面：社会革命、西方影响、报刊传媒。这三种因素相互关联、共同促成现代文学的发生。"⑤ 过去，我们研究中国文学的现代转型，往往注重于社会革命和西方的影响，而轻视传播媒介在中国文学现代转型过程中体现出的具有进步

① 栾梅健：《前工业文明与中国文学》，复旦大学出版社 2008 年版，第 10 页。

② 单晓曦：《现代传媒语境中的文学存在方式》，中国社会科学出版社 2008 年版，第 102 页。

③ ［加拿大］马歇尔·麦克卢汉：《理解媒介》，何道宽译，商务印书馆 2011 年版，第 56 页。

④ 周海波：《现代传媒视野中的中国现代文学》，博士学位论文，山东师范大学，2004 年。

⑤ 同上。

性的意义。特别是以报纸杂志等为中心的现代传媒，对于中国文学现代转型来说，不仅仅是提供了传播的平台、传播的中介，作为文学的载体的形态而存在，更为重要的是，媒体本身也是一种文本。在外力作用于中国文学现代转型的三个要素中，报刊传媒成为勾连社会革命和西方影响的中介，从而发挥社会革命和西方影响媒体功能的体现作用。因此，我们将现代传媒引入中国文学现代转型研究，不仅仅是一个研究视角的转化，更为重要的是，这将改变原来固化的研究理论构建，重新树立一种全新的理论视角，重新审视中国文学如何进行现代转型。

第一，现代传媒是现代文学的载体。一切文学都需要物质载体，文学文本通过文字符号的形式进行传播，文字符号只有凭借某种物质载体才能得以具象。中国古典文学的物质载体有的是甲骨、青铜、简牍，抑或书写在锦帛、纸张之上。这些都是作为具体的物质载体形式而承载文学文本。现代传媒技术的发展，机械印刷开创了传媒的新时代。近代报刊的兴起为作家提供了新的平台，这种新平台本身就是中国文学现代转型的一个方面。报刊不同于书籍，它的发行量远非书籍可比。同时，报刊出版周期非常短，特别是日报，每天刊出，发行量也非常大。因此，报刊的影响力非常大。中国文学利用这个新的现代性平台，必然会受其影响。所以，以近代报刊的角度为研究视点，通过报刊对文学生产、文学接受的外部影响，以及文学本身因为传播方式的改变带来的文学观念的转变、文学话语的转变、文体的转变等，来审视中国文学的现代转型具有特别的意义。

第二，现代传播媒介是现代文学勾连的中介。清末民初，随着西方科技的逐步引进，现代传播业在城市特别是大都市如上海、北京等特别发达。来自现代传播媒介的自身属性，让它与文学自动联姻，在中国这样的历史时期形成了一个巨大的文学场。在新的文学场中，现代传媒成为勾连各种文学要素的中介。这个文学场不仅提供了全新的文学新载体，而且现代传媒本身就是一个连接作家与读者的中介；是一个连接作家与编辑的中介；是一个连接作品与读者的中介。同时，这个大的文学场为中国文学现代转型提供了一个天然的适于成长的文化环境。也正是在现代传媒提供的这个文学场中，中国传统知识分子开始走向传媒，成为时代意识形态话语的主导者，引领着中国文学的现代转型。通过媒体，文学作品得以在社会上进行流通。它一方面连接着作家和读者，另一方面又连接着作家与作家之间的中介。在现代转型过程中，出现了一个非常有意思的现象，即由刊物为中心形成的、有共同志向的作家创作群。作家群进而可以发展为文学团体，开展文化活动，形成强大的舆论导向。第三个方面是，媒体成为连接作家与刊物编辑的中介，形成编辑与文学作者之间双向互动关系。

第三，现代传媒构建的文学生态场域及其形成与文学的共生现象。某个媒体可以因为某个作家或某部文学作品而出现，如韩邦庆就是专门创办一个刊物发表《海上花列传》，作品刊登完，刊物也就停刊。还有就是某个刊物，因为主编具有某种文学倾向或某种艺术趣味，通过推荐打造明星作家，而引导其他作家、评论家去迎合，从而创作出某种趣味倾向的文学作品。这方面最为典型的例子就是《小说月报》对青年女性作家冰心的全力打造。冰心第一次在《小说月报》发表作品之前，只是燕京大学的一名有才气的青年女学生，名不见经传。但《小说月报》1921 年连续发表冰心 6 篇作品（这对于一个文学青年来说实在是太过重视），全力向读者及评论界推荐冰心的作品。其主编茅盾甚至在第 12 卷第 4 号为冰心的作品《超人》专门写下附注："雁冰把这篇小说给我看。我不禁哭起来了！谁能看了何彬的信不哭？如果看了不哭的啊，他不是'超人'。他是不懂得吧？冬芬附注。"① 这完全是一种带有现代意义的商业性质的包装，这种包装在很大程度上是现代传媒自身商业生存的需要。

第四，现代传媒的发展为文学成长发展提供了一个大的文化环境。麦克卢汉曾大声疾呼"媒介即信息""媒介即环境"。他发现，人们之所以常常忽略媒介本身的信息性，乃是由于"任何媒介的内容都是另一媒介"。当一媒介被另一媒介所媒介时，它便失去了其媒介性而成为新媒介的内容，人们只注意"内容"而对承载这一"内容"的媒介却视而不见。对此，麦克卢汉巧妙地比喻说："媒介的内容像一块滋味鲜美的肉，破门而入的盗贼用它引开意识看门狗的注意力。"② 为了强调媒介自身的变革性力量，麦克卢汉批评人们全然为了内容所吸引、所魅惑，甚至茫然谴责只看见内容就是"技术白痴的麻

① 《小说月报》1921 年第 12 卷第 4 号。

② ［加拿大］马歇尔·麦克卢汉：《理解媒介》，何道宽译，商务印书馆 2011 年版，第 30 页。

木不仁的姿态”。任何媒介或技术的讯息，是由它引入的人间事物的尺度变化、速度变化和模式变化。任何媒介对个人和社会的任何影响，都是由于新的尺度产生的；我们任何一种新的技术都要在我们事物中引进一种新的尺度。这种新的尺度进而又影响着人们的生活、心理，甚至影响我们的思维方式。正如麦克卢汉指出的那样：“技术影响不是发生在意识和观念的层面上，而是要坚定不移、不可抗拒地改变人的感官比率和感知模式。”① 因此，按照麦克卢汉的理论，我们可以由此理论推导出，一方面媒介通过改变文学所赖以存在的外部条件间接地改变文学；另一方面新媒介直接地就重新组织了文学文本内部的诸种审美要素及其规则。

第五，传播媒介是文学发展的基本驱动力。传播媒介形态的变革对文学的发展具有重要的意义。不同性质的媒介对同一信息传播的结果存在很大的差异性。麦克卢汉曾经提出一个著名的观点：媒介即讯息。这个观点的核心思想就是，如果我们把眼光放长远、视角放高远些，从人类发展历史的漫长旅程来看，真正对社会有作用的讯息不是各个时代的具体的传播内容，而是各个时代所使用的传播工具的性质及其开创的可能性。根据麦克卢汉的观点，可以这么认为，媒介是社会发展的基本动力，每一种新的媒介都开创了人类的交往和社会生活新方式。如果我们把媒介和媒介技术进一步理解为社会生产力的重要的组成部分，那么传播媒介的进步和变革，对于文学的发展的重要影响将是无可否认的。

三 近代报刊与中国文学现代转型的关系

一是近代报刊特别是民办报刊打破了封建正统文化的垄断地位，形成了独立于官方之外的传媒话语权，这不仅破除了专制统治的神秘性、权威性，也形成了社会的制衡力。近代报刊使中国现代作家可以从对封建君主的人身依附关系中解脱出来，具有现代意义上的独立性，获得了自我身份的认同，建构起自己的主体性。1905 年，中国实行两千余年的科举制被废除，导致中国知识分子的仕途突然中断，知识分子与政治之间的桥梁被中断，纽带被割裂，进而使中国文人产生

① ［加拿大］马歇尔·麦克卢汉：《理解媒介》，何道宽译，商务印书馆 2011 年版，第 30 页。

了身份认同危机。这种身份认同危机一方面是政治方面的，另一方面是经济方面的。传统文人在此次千年未遇的危机面前有幸碰到现代传媒。现代传媒使得传统知识分子唯一赖以生存的写作技能成为他们与传播媒介交往的知识资本。依靠这种知识资本，部分现代作家开始运用传媒的话语权来引导社会舆论重新获得意识形态话语权；另一部分精英知识分子作家运用传媒，来推行他们新的文学理念；大多数作家走向世俗，把文学创作作为一种谋生的方式。这三种方式，无论它的历史评价如何，但有一点是明确的：现代传媒使中国作家的身份得到社会认同（政治身份和经济地位）。

二是大众传媒营造了浓郁的商业文化氛围，培育了现代职业作家赖以生存的文化商业市场。现代传媒是按照资本主义的经营模式运行，与商品经济结合得比较紧密。现代传媒的发达孕育了一个浓郁的商业气息的文化市场。这个文化市场特别是现代稿酬制度的确立，为现代作家的职业写作提供了物质基础，使一部分现代作家可以依靠自我的文学创作来养活自己及其家庭。部分顶级作家甚至通过写作能为自己聚集巨额财富，从而跻身社会名流的行列。这正是现代传媒业的发达，外在地促使中国现代职业作家的出现。在文学内部，文学逐步呼应精英分子追求中国现代化的救亡意识形态诉求，使文学承担起现代启蒙的功能，从而导致现代文学观念的生成。追求现代性的文学观念又导致文学的话语方式、文体特征朝现代方向转变，从而实现文学的内部转型。通过研究报刊及其以报刊为载体的报刊文学，也有助于我们重新认识走向以文学的通俗性功能为导向的现代职业作家。例如《自由谈》前期刊登的通俗文艺作品，曾经甚至被认为是“五四逆流”，被称为社会进步的绊脚石。不过，在市民社会壮大的今天，重新审视文学的“消闲”功能及其与纯文学的关系，是一个非常有意义的工作。

三是通过报刊构建起来的作家群体的“想象共同体”，成为现代作家群体的纽带。清末民初，随着中国民间办报高潮的出现，社会信息的传递与流通，已经不完全受国家政治所控制。信息的流通逐步打破了其原有的封闭体系，形成了一个多元的信息传播流通体系。来自政府、社团、民间等各方面的信息交织在一起，逐步形成了一个以中心城市的重要媒体为中心向中小城市辐射；中小城市向乡村辐射的信息传递格局。这种格局为现代传媒建立社群的“想象共同体”提供了天然的基础。正如王一川先生所说：当时“无论上层官吏还是下层民众、知识精英或普通公众，无不注重报刊话语控制权”①。报刊是在构筑现代社群的想象共同体的过程中，通过一种宏大叙事的方式而达到的。安德森很好地解释了报刊是如何起到如此大的影响力，是如何构建了社群的想象共同体。他说：“报纸只是书籍的一种极端的形式，一种大规模出售，但只有短暂流行的书。或者我们可以说，报纸是单日的畅销书吧。尽管报纸在其印行的次日即宣告作废——奇妙的是最大量生产的产品之一竟如此地预见了现代耐用品容易作废的本质——然而也正是这个极易作废的特性，创造了一个超常的群众仪式——对于作为小说的报纸，几乎分秒不差地同时消费（想象）。”②

四是报刊开辟的现代交往空间，为中国作家的地理位置迁移、作家群的形成及其交往空间的建构产生了深远的影响。现代传媒开辟的全新的现代交往空间，使传统的乡村耕读模式逐步瓦解。读书人开始走向都市，出现一个作家由农村向城镇；由小城镇朝大都市迁移的潮流。同时，聚集在城市里的作家开始以各个刊物为中心，逐步形成一个个现代的作家群。这些作家群的稳定性是相对的，正是因为这种相对性，在传媒提供的交往空间里，不同的作家群中的作家能进行互动。

五是现代大众传媒的阅读对象为普通大众，创作必须以新兴的市民阶层为主要阅读对象，使现代作家创作必须考虑到读者的需求，从而使作家的创作观念发生变化以及由此带来的文体、话语的变化。从清末民初时期开始，文学现代性就从三个维度上开展，形成多维的多元共生的文学格局。这一格局是因为在清末民初时代的大变革中，由文化上激进主义、自由主义和保守主义的多元思想格局的影响而形成的。文学现代性的三个维度，直接影响到文学的创作中，形成启蒙的文学、审美的文学和通俗的现代文学格局。文体观念的转变最为突出的成就，则是打破了旧有的重诗文而轻小说的文学观念，把小说提高到“文学最上乘”的突出地位。清末民初文学话语方式的变革，首先体现在对白话文的提倡，其次体现在大众化的叙事方式的转向，最后

① 王一川：《大众传媒与审美现代性的生成》，《学术论坛》2004年第2期。

② ［美］本尼迪克特·安德森：《想象的共同体》，吴叡人译，上海人民出版社2011年版，第31页。

就是大众化叙事之中隐含的现代批判意识。

总之，文学机制是一个复杂的运行机制，它涉及文学的外部运行机制和文学的内部生成机制。因此，我们研究中国文学的现代转型，就必须研究文学的内部与外部结合的文学运行机制的现代性转型，片面从内部或者片面从外部研究中国文学的转型，存在着致命的缺陷。按照文学生产理论，文学生产—传播—接受，它分别指涉到作家—文艺报刊和书籍—读者。连接文学生产者的作家和文学接受者的读者的中间枢纽的文艺报刊和书籍，一方面受到作家和读者的制约，另一方面又反作用于作者的创作及读者的阅读。现代文学首先是在与传播媒体、传播方式发生关联中体现出来的现代性，现代文学创作的现代性正是文学传播媒体与方式变革所引发的现代创作思维和现代审美特征。因此，作为传播的报刊在中国作家现代转型中的意义非常重要。

文学媒介的改变会带来文学的大变化，是一个去旧迎新的过程。在新的文学媒介环境下，会诞生新的文学特征。所以不存在所谓的文学终结，作者之死。终结的只是与旧媒介联系的文学，与旧传媒联系的作者。在新媒介的产生下必然产生新文学、新文学作者及新文学的特质。因此，我们在考察分析中国现代文学的历史分期的时候，必须要考虑到现代传媒对文学，特别是对文学作者产生的影响，以及由此带来的去旧迎新的作用。在此本书认为，现代传媒是中国现代文学历史分期的一个重要的参考指标。在这个重要的指标影响下，清末民初这一个转型期，出现了现代作家，而且更为重要的是形成了以现代传媒为纽带的现代作家群。这些作家在创作观念、文体的选择、话语方式上都具有明显的现代性。虽然这代作家的整体创作水平不高，缺乏像“五四”时代鲁迅那样的文学高峰，但我们不能否认转型期的中国文学的现代性，及其中国文学现代转型的起点的地位。

因此，我们进一步认为，文学内部与外部不可离析，研究中国文学的现代转型不能只研究文学内部转型，反之亦然。中国文学现代转型是伴随着晚清中国现代化之路而开始的，对现代性的追求始终伴随着中国文学现代转型的始终。在中国文学追求现代化的时代下，文学的外部生产机制、传播机制、接受机制都在现代性的支配下，逐步从传统向现代转化。在文学内部，文学逐步呼应当时精英分子追求中国现代化的救亡意识形态诉求，使文学承担起启蒙的功能，从而导致现代文学观念的生成。追求现代性的文学观念又导致文学的话语方式、文体特征朝现代方向转变，从而实现文学的内部转型。从而将中国文学内部现代转型与外部现代转型真正结合起来，因此，考察报刊对中国文学现代转型的深层次影响，将中国文学现代转型研究推向深入是一项重要的工作。

第一章

近代报刊的发展与文学传播方式的变革

技术改变生活。莫斯早就在他的著作中提出了技术（技艺）改变人类文明的观点。[①] 对于信息传播来说，一种新型的传播媒介就会改变传统的信息传播方式，促使新的传播方式产生。而这种新的变革又会带来与之相关联人的行为方式的变革，从而产生出一种与这种传播媒介相一致的制度，进而产生与之相适应的媒介精神。伊尼斯在《传播的偏向》一书中，详细分析了印刷媒介产生，是如何改变人们的时空观念，进而带来人的行为方式和思维方式的变革。天才的麦克卢汉也在几十年前就预测到人类是如何受到电子传播媒介的影响。根据麦克卢汉的观点，不同的传播媒介所传播同一事件的信息是不同的，呈现出事件的意义也是不一样的。文学在本质上来说是一种信息的传播，只不过文学传递的是一种特殊的信息，它是与人的情感和审美有关的信息。从这个意义上来说，文学传播媒介的改变也一定会影响文学的生产和接受。在文学的生产、传播、接受的三个环节中，传播处于一种中间环节的地位，它一方面连接文学的生产者，另一方面连接文学的接受者。从一定程度上讲，传播媒介处于一种支配地位。

进一步说，清末民初文学传播方式的变革带来了文学生态的变革。在这个新的文学生态中，形成了一个全新的文学场域。何为场域？布尔迪厄说："从分析的角度来看，一个场域可以被定义为在各种位置之间存在的客观关系的一个网络或构型。正是在这些位置的存在和他们强加于占据位置的行动者或机构之上的决定因素之中，这些位置得到客观的界定，其根据是这些位置在不同类型的权力（资本）——占有这些权力就意味着把持了在这场域中利害攸关的专门利益得益权——的分配结构中实际的和潜在的处境，以及它们与其他位

---

① ［美］莫斯：《论技术、技艺与文明》，世界图书出版公司 2010 年版。

置之间的客观关系（支配关系、屈从关系、结构上的对应关系，等等）。在高度分化的社会里，社会世界是由大量具有相对自主性的社会小世界构成的，这些社会小世界就是具有自身逻辑和必然的客观关系空间，而这些小世界自身和特有的逻辑和必然也不化约成支配其他场域动作的那些逻辑和必然性。”① 在这个复杂的文学场域中，由于资本技术等新要素的介入，各种关系变得越来越复杂，并带来了文学各要素此消彼长的变化趋势。正是在这个变化中，中国文学才获得了现代转型的条件。

第一节 近代报刊的范式

直到19世纪，报纸才真正地演变为一种“大众”媒介，因为它能够直接、有规律地触及绝大多数人口。② 报纸具有定期出版，以商业为基础（公开销售），公开性以及多种用途等特征，因此，就被运用在信息、记录、广告、娱乐休闲和街谈巷议上。依据报刊的传播理论，本书将近代报刊归纳为三个范式：商业报刊、政治报刊、专业报刊。当然这并不是说中国报业一路走直线发展，从商业转型到政治再到专业。事实上，这三个范式在中国社会相互重叠又长期并存，而不是非此即彼的关系。不过，本书主要依据理论的范式来梳理清末民初中国报刊的三种范式及其价值取向。

一 商业报刊：传教布道与商业诉求

麦奎尔说，商业报刊是一种真正意义上的大众报纸，为卖给城市工业化下的民众而生，为使几乎所有人能够阅读而立。它本质上是一种商业机构（而不是政治性或专业性），同时它还有赖于技术进步、人口集中化、识字率的普及、低廉的价格和巨大的广告收入。他进而指出，商业报刊是依据本地读者喜好而建立起来的新闻价值，一种特

① ［法］皮埃尔·布尔迪厄：《实践与反思：反思社会学导引》，华康德等译，中央编译出版社1998年版，第133—134页。

② ［英］丹尼斯·麦奎尔：《大众传播理论》，崔保国、李琨译，清华大学出版社2010年版，第23页。

有的跨党派和求共识色彩及对地方广告商的依赖。[①] 一般来说，大众化的商业报刊总是专注于人情味的事情，用戏剧化及耸人听闻的方式，给予报道和呈现，涵盖了诸如犯罪、灾难、危机、丑闻、战争和名人逸事。在文学与这种大众化的商业报刊联姻后，文学也逐步显示出受大众报刊这种特色的影响，我们将在后面的章节给予详细的讨论。与此同时，大众媒介又是新型凝聚力的潜在力量，能够将分散的个人用同一个国家、城市和地方集体经验联合起来。这种报刊的商业性对于中国近代报刊来说，一方面是经由外国人在中国倡导而形成的；另一方面，归根结底还是有赖于中国现代社会转型的程度。

外国人在中国办报经过了一个从早期意识形态的宣传到注重办报的商业盈利的转向。这一转向在另一个维度上影响了中国文学的转向。近代西方自工业革命后，劳动生产率获得极大提高，商业经济得到急速发展。但西方诸强已经不能消化自己生产的商品，必须开拓海外市场，同时寻找原材料生产地。在这种全球现代化的大背景下，大批西方商人、冒险家开始漂洋过海，来到遥远的东方，伴随他们一起的还有传教士。特别是鸦片战争后，来华的外国人越来越多，据胡绳的《从鸦片战争到五四运动》介绍，上海自 1843 年 11 月 27 日正式开埠，到 1865 年上海租界内的外国人已经超过 23000 人，1895 年又增至 47000 人。[②] 这些外国人为了交流信息或传播西方宗教教义的需要，开始在中国的城市中创办报刊，因而外国人在中国近代报业发展中起到了重要作用。

第一家中国近代报刊《察世俗每月统记传》于 1815 年 8 月 15 日，由英国人马礼逊（Robert morrions）和米怜（Willian milne）在马六甲创办，简称《察世报》。该报以“阐发基督教教义为根本要务”，内容以发表介绍教义的《圣经》文章为主。值得一提的是，它还发表了一些诗歌一类的作品，采用略带文言的白话文写作，有评论、诗歌、记叙文、故事等文体形式。如该报刊登的《月食》：

> 照查天文，推算今年十一月十六日晚上，该有月食。始蚀于

① ［英］丹尼斯·麦奎尔：《大众传播理论》，崔保国、李琨译，清华大学出版社 2010 年版，第 24 页。

② 胡绳：《从鸦片战争到五四运动》（上册），上海人民出版社 1982 年版，第 107 页。

酉时约六刻，复原于亥时约初刻之间。若此晚天色清明，呷地诸人俱可见之。①

第一家中国境内出版发行的近代报刊是《东西洋考》。该报的宗教色彩被淡化了，以介绍西方文化、艺术、哲学、科学技术为重点，着重宣传西方的现代文明，希望中国学习西方的长处。值得注意的是，该报曾开辟过“市价篇”专栏，报道广州的市场行情。这意味着，中国最早期的报刊具有一种天然的商业意识，虽然当时还是出于一种本能的无意识。

鸦片战争之后，西方运用强大的军事力量轰开了古老中国的大门，强迫清政府广开通商口岸，加大贸易往来。在这样的背景下，通商就成为外国人最为重要的事情。一方面，外国人要在中国推销他们大工业生产的过量商品，快速深入、广泛地占领东方中国庞大人口下潜在的商品消费市场。另一方面，中国人也急于了解外国人及其商品信息。中外之间的信息沟通被提上日程，于是以沟通贸易信息为主的商业报刊应运而生。鸦片战争后，外报开始由最初的通商口岸向中国内地扩散，成为中国影响力最为广泛的新闻传播媒介。第一家中文商业报纸《香港船头货价纸》，以船期、行情等商业新闻和广告为主要内容，以商人为主要阅读对象。“19世纪40年代至80年代，是外报发展的高峰时期，外报的数量占中国报刊数量的70%以上。”②

谈及商业报刊，我们就不得提到上海。上海作为中国最早开埠的城市之一，云集了来自世界各地的商人，其商业发达很大程度堪比西方发达城市。在这里，中外商业贸易十分频繁。这种社会背景催生并加速了上海商业报刊的发达与繁荣。《字林西报》是在中国出版时间最长（先后出版101年）、发行最广的一份外文报纸。这份报纸在发刊词中就公开表示：“我们的热情努力，将唤起一种对于广大的商业热情”，毫不掩饰它的商业利益诉求。1872年4月30日，第一家中国综合性日报《申报》在上海正式创刊。《申报》把商业经营的思路和经营方式用于办报，其创办人公开宣布：“原为谋业而开”。③ 这种营

① 《察世俗每月统记传》，第1卷第2期，1815年9月。

② 丁淦林：《中国新闻事业发展史》，高等教育出版社2002年版，第44页。

③ 《评论本版馆本意》，《申报》1875年10月11日。

利性的办报目的决定了这份报纸浓郁的商业化倾向。为了在商业竞争中取胜，《申报》聘请中国人担任编辑工作，以期满足中国读者的阅读需求，如总主笔蒋芷湘、钱欣伯等，都是当时中国非常有才能的文人。《申报》的问世标志着以时事新闻为主的综合性报纸，开始成为一种全新的占主导地位的新闻传播媒介。这种每日刊行的报刊具有天然的面向社会公众的特点。

这种商业倾向的报刊都极力标榜自己的“商业性”，办报目的只是为了“行业营生”，只是为了谋利赚钱。它们都建立了股份有限公司这类现代企业化经营模式，创办人之间订立有关于经营权利义务及盈利分配办法的现代合同契约。正是这种现代化的办报理念，使得商业报刊迅猛发展。以《申报》为例，它在 1872 年刚创办的时候它只销售 600 份，而 1919 年的销售量高达 30000 份，它的资产也由刚刚创办时的 1600 两白银，增值到 1912 年的 12 万两。上海另一家与《申报》齐名的《新闻报》发展势头更猛，1893 年创刊的时候仅销售 300 份，到 1919 年销售量达到了 45782 份。[①] 最能体现这种商业性取向的标志就是报刊广告的刊登。我们还以《申报》所刊广告为例，在其版面上，从林明敦、克虏伯的洋枪洋炮，美孚、亚细亚公司的洋油，洋务派需要的机床、机车、火轮船，到普通老百姓日常的鸣钟、大铁柜、洋布等羊杂百货，都是它的广告内容。《申报》经常以二分之一以上的篇幅，为外商工厂及洋行刊登广告，推销商品。

综上所述，我们可以发现，中国近代前期的报纸主要是西方传教士为传播教义而出现，但随着中外贸易的发展，这种宗教意识逐步从报纸中淡化，取而代之的是一种商品意识，报刊开始出现为市场交易服务倾向。

二　政治报刊：救亡与启蒙取向

外国人在中国办报直接诱发了国人办报的热情，并为其提供了办报理念和实践经验。在外报上，零星地刊登过关于西方报界情况的文章，如 1834 年，《东西评考》上就刊登了一篇只有 300 字的《新闻纸略论》，简要地介绍了西方报刊的发展历史及其最新前沿信息。西方

---

① 数字统计来源于方汉奇《中国近代报刊史》，山西人民出版社 1981 年版，第 43 页。

办报的这些理念加上外报在中国的成败经验，使当时中国开明同时具有现代眼光的有志之士，如林则徐、王韬、郑应观等，逐步认识并掌握了这种新型媒介的运作，结合中国实情开始推行中国人自己办报的实践。

根据著名报刊发展研究专家方汉奇先生的研究，“从19世纪50年代起，中国资产阶级近代报刊在参考借鉴外国报纸中渐渐起步了”①。那个时候，有一部分知识精英不愿意通过科举谋生，就到外国人办的报刊中就业，那些在外国人办的报刊工作的中国人慢慢熟悉了原本对他们来说很陌生的现代传媒。他们在熟悉了现代传媒的理念及运作流程后，就开始创办华人自己主编的中文报刊，如王韬创办《循环日报》。他们依然要利用外国人提供的条件，其主笔的报纸在发稿与编辑方面虽然有一定的自主，其他方面还要依附于外国人，还不是完全意义上中国人自己人办的报纸，具有明显的过渡性质。

那么中国近代真正意义上的首家报纸究竟是哪家呢？戈公振在《中国报学史》中提出：“我国民报之产生，当以同治十二年（1873年）在汉口出版的《昭文新报》为最早。”这个观点在《申报》刊登的文章中可以佐证。从《申报》的报道中，我们可以知道，《昭文新报》创办人为艾小梅，该报最初每三天出版，后来又改为每五天出刊。报纸内容多为奇闻逸事及诗词杂作。②

自19世纪70年代开始就出现了中国人自己办的报刊，但是这些报刊的数量还很少。但是自19世纪70年代开始，处于开放城市前沿通商口岸城市的上海报业很繁荣。在上海，中国人自己办的报刊开始引领全国的报刊发展潮流。中文日报《汇报》1874年6月16日创刊，是上海国人最早办的报纸。该报创刊时就宣布：“本局为中华日报，自宣求有益于中华之事而言之。”③ 该报于1874年8月31日停刊，9月1日改为《裹报》，1875年7月16日改名为《益报》继续出版发行。19世纪80年代，上海之外又出现一些国人自办报刊，其中有影响的有广州的《述报》与《广报》。《述报》1884年4月18日创

① 宋原放、李白坚：《中国出版史》，中国书籍出版社1991年版，第224页。

② 《汉口创设昭文新报馆》，《申报》1873年8月13日；《记汉口新报改章事》，《申报》1873年10月2日。

③ 《创刊号》，1874年6月16日。

刊，1885 年 4 月 3 日停刊。《述报》在中法战争期间用大量篇幅刊登关于战争进程的报道，同时配发评论，抨击侵略者，赞扬中越军民，在社会取得了很大的反响。《广报》1886 年 6 月 24 日创刊，1891 年因刊登某大员被参的奏折，触怒两广总督，被查封，后搬入租界继续出版。1900 年刊发赞扬义和团、谴责外国侵略的文章，遭广州当局再次查封。

到 19 世纪 90 年代，中国出现了政党（团体）报纸，出现政治家办报。政治家办报与商业报刊具有很大的不同，他们创办报刊具有很强烈政治功利的目的在里面，因为他们已经敏锐地注意到，近代报刊对于信息传播的巨大作用，并进一步发现了报刊在政治舆论的制造过程中的重要作用。正是因为出于政治目的需要，以康有为为代表的中国资产阶级维新派开始着手创办政治报刊，来宣传现代资产阶级的变法图强思想，为中国的维新变革营造舆论氛围，如第一家维新派的政治报刊——《万国公报》1895 年 6 月在北京创办，后改名为《中外纪闻》。这个报刊对于当时维新运动的发展酿造了巨大的舆论氛围，推动了运动在全国范围的开展。正是报刊制造的改革舆论引起了清统治者的恐慌，时过不久便封查了该报。

维新变法失败后，清政府的腐朽更为凸显，国人已经对清廷绝望，不抱幻想，资产阶级队伍发生分化，形成以康有为、梁启超为代表的改良派和以孙中山为代表的革命派。这两派都大量创办报刊，展开关于中国向何处去的争论，形成中国人办报的第二个高潮。据方汉奇先生的统计，“在 1896 年至 1898 年的 3 年时间中，国人创办了 105 家中文报刊，而从 1873 年到 1895 年的 22 年时间里，中国人创办的中文报刊不到 20 家”①。这些报纸大多为维新派所办，上海的《时务报》、湖南的《湘学新报》、四川的《渝报》、天津的《国闻报》、浙江的《经世报》、安徽的《皖报》，等等，都是影响比较大的报刊。

为了救亡图存，中国资产阶级革命派政治团体决心以武力革命的方式推翻清政权。为了达到这个政治目的，资产阶级团体创办了许多报刊，宣传革命思想，同时，开展与保皇党报刊的斗争，以期继续推动革命发展。1900 年 1 月 5 日，兴中会的第一份机关报《中国日报》在香港创刊，其主要内容为介绍留日学生的革命活动和国内革命党人

① 史和：《中国近代报刊名录》，福建人民出版社 1991 年版。

的活动。1903年由资产阶级革命派在国内掌握的《苏报》在上海创刊，成为革命派的言论机关。1905年同盟会出版自己的机关报——《民报》，系统完整地宣传革命思想和革命理论。

三 对近代报业价值取向的评价

综上所述，我们对外人在中国办报目的可以做个梳理。早期，外人办报目的是宣传教义。鸦片战争之前，中国没有开放，来自西方的传教士只能在中国周边地区徘徊，只能非法入境，所以，他们有的人就在中国邻近国家办报，到国内发放，宣传教义，第一家中国近代报刊《察世俗每月统记传》就是在马六甲创办的。鸦片战争前后，政治宣传和文化传播逐步取代单纯的传播教义，如英国人威廉臣创办的《东西洋考》就是为维护广州和澳门的外国公众利益和传播西方文化而办的。"这个月刊就是为维护广州和澳门的外国公众利益而办的。它的出版意图就是要使中国人认识我们的工艺、科学和道义，从而清除他们那种高傲和排外观念。"[①] 鸦片战争后，外国商人在中国创办了许多商业报刊，主要目的在于盈利。《申报》在《本报馆作报本意》一文非常鲜明表达了"义利兼顾"的方针，既要"谋利"，也要"不全忘义"。[②]

通过这些梳理我们可以发现，外国人在中国办报经过了一个从早期的意识形态的宣传到注重办报商业盈利的转向。这一转向在另一个维度上影响了中国文学的世俗化转向，而这种不同于主流文学的文学传统，在较长的时期里被传统的文学史所遗忘，成为另一种不同于主流文学之外的文学传统。

但外国人在中国办报，由于文化背景的差异而不得不与中国人合作。同时为了盈利，他们就要努力满足中国读者的需求，从而使他们认识到办报要服务于中国实际的需要。中国近代的危亡处境，使外报慢慢地开始统一于中国报刊日益明显的救亡图存意识形态的宣传需要，如《申报》虽然在新文化运动中，因为出于商业盈利的目的而保持他的商业策略，采取较为保守的文化倾向。但到了20世纪30年代，中国民族的危亡日益严峻，救亡成为全体中国人的共同诉求时，

① 《中国丛报》第4卷，1838年12月。

② 《本报馆作报本意》，《申报》1875年10月11日。

《申报》就干净利索地将主编《申报·自由谈》的周瘦鹃扫地出门。在现代文学中，救亡终于压倒消闲成为中国现代文学的主流。这种价值取向一直影响到当代文学的价值走向。

在另一个维度上，近代中国报人办报天然具有一种意识形态的因素在起作用。在外国人办报的影响和启示下，当时先知先觉的国人，如王韬、陈霭廷、伍廷芳、郑应观等人开始利用报纸宣传西方的科技、文化和思想，开眼看世界，但是，他们办报的主要目的是挽救中国的危亡。19 世纪 70—90 年代，资产阶级改良思潮在中国渐起。改良派主张用和缓的改良的办法来改革中国封建社会的政治、经济和文化，以富国强兵，抵制资本主义列强的侵略。为了宣传他们的政治思想观念，报刊就成为最好的平台，由此也掀起了中国人近代办报的第一个高潮。维新变法运动失败后，资产阶级发生分化，形成改良派和革命派。这两派为了实现自己的政治目的，大力办报，宣传自己的政治思想，并与不同的政治派别开展论争即成为首要。报纸就成为政治的“喉舌”，梁启超在《论报馆有益于国事》一文中说：“无耳目、无喉舌，是曰废疾。今夫万国并立，尤比邻也。……其有助于耳目喉舌之用而起天下之废疾者，则报馆之谓也。”最为明显的就是革命派为宣传政治革命而发生的“苏报案”。

第二节　报刊与文学联姻：以《申报》为例

早在 19 世纪 70 年代之前，在外国传教士主办的一些报刊上，就已经出现了个别的、以零星方式呈现的文学作品。据方汉奇在《中国近代报刊史》中的考证：“《察世俗每月统记传》就刊登过外国传教士所撰写的中文小说。《六合丛谈》对荷马史诗、希腊几大悲剧家和亚里斯多芬的喜剧作过片段式的介绍。英文的《中国丛报》《中国杂志》上刊有《红楼梦》前八回的译文和评价这部小说的文章。《上海新报》也刊有‘西人’和‘华友’们投寄的随笔、杂谈、寓言、游记、诗词、对联、短篇小说和科学小品文等短文。”① 由此，我们可以看出，在这一时期的报刊中，文艺诗词等副刊性质的文字开始占有一

① 方汉奇：《中国近代报刊史》，山西人民出版社 1981 年版，第 56 页。

席之地，在一些日报上出现了现代副刊的雏形。但是，这些文字没有固定的版面，往往和新闻混编在一起，数量比较少而且质量不高。直到 1872 年《申报》创刊，才出现了新的变化，文学与报刊的联姻开始具备现代意义。

一 刊登文学作品，出版文学图书

申报在创刊之始就重视文学。《申报》创刊后，公开刊登启事进行文学征文，《申报》创刊号“本馆条例”：

——如有骚人韵士，有愿以短什长篇惠教者，如天下各名区竹枝词及长歌记事之类，概不取值。

——如有名言谠论，实有系乎国计民生、地利水源之类者，上关皇朝经济之事，下知小民稼穑之苦，附登斯报，概不取值。

从某种意义上说，这是一则征文广告。这则广告得到了广大作家们的积极回应。如惜花馆主在给《申报》的信中就说：“陈贵馆之申报，俾风雅君子共欣赏焉。”[①] 淑娟女史也说：“贵馆申报百事全刊，四方必达，窃作短吟，描成长恨，万望付诸梨枣，传及关山。倘愿慰，重逢则恩铭五内矣。”[②] 征文条例中所说的竹枝词是指来自民间的竹枝词和乐府。这种题材成为《申报》所倚重的重要文学形式，其地位并不逊于骚人韵士的短什长篇。这些短长篇如长韵、排韵、连韵、绝句、律诗及带牌名的词曲，在《申报》上很少刊登。《申报》刊登的大量的竹枝词和乐府，引入了新的文学内容和形式。它抛弃了传统诗词的音律、对仗和炼字用词的方式，大量地使用新词汇、新术语，甚至方言，用上海口语的读音入韵。在内容的表达上，引用现代化的新词新语来表达古老的题材，如男欢女爱的古老题材：“欢爱碧桃花，侬歌白团扇。电线蛰海底，往来谁看见？明月不长明，好花不长好。怪煞氢气球，随风会颠倒。”[③]《申报》上的竹枝词在表达他们的感情时引入了当时上海出现的“电线”“氢气球”等现代化的新词汇。而传统诗词中的经典用词“桃花”和“明月”等却成了陪衬的用词。在内容上，这些竹枝词贴近现实，表现上海通商开埠之后现代化都市

① 《扇头集古诗》，《申报》1872 年 9 月 6 日。

② 《感怀绝句十六首》，《申报》1872 年 12 月 12 日。

③ 《上海小乐府》，《申报》1872 年 8 月 1 日。

出现的新鲜事物及其新的人情世貌。传统诗词中出现的文人关乎自我的际遇之变和多舛命运的忧伤以及对国家民族的悲天悯人之情，在这些竹枝词中已经很难见到踪迹了，代之而来的是对新社会新时代青年男女现代爱情生活的欢歌。同时竹枝词还进一步拓展了写作题材，如商人生意场上的辛劳忙碌，青楼酒馆的莺歌燕舞，码头交易的人声鼎沸，交际场合的交际舞会等，都进入了写作的题材范畴。虽然申报还没有为这些征文开辟专栏，但已经有了大体固定的位置，一般放在报纸的新闻之后，初具副刊的规模，成为后世“报屁股”的滥觞。

在这里必须注意到的是《申报》是由西方人创办的，它在“牟利”的同时也有自己的“求义”的诉求，西方人创办报刊的另一目的，是希冀运用报刊来介入和影响中国社会。具体到文学方面，就是通过翻译西方经典小说来介入中国文学。1872 年 5 月 21 日至 6 月 15 日，上海《申报》以节译的方式连载了三部英文小说的中译本。报纸没有把它们归入翻译小说的行列，而是混迹于报纸上其他读者感兴趣的内容之中。一是《谈瀛小录》，翻译的是《小人国游记》，即斯威夫特的《格列弗游记》的第一部分。译文分四期发表于 5 月 21—24 日。二是《一睡七十年》，翻译的是《瑞普·凡·温克尔》，选自欧文作品集《见闻杂记》，译文发表于 5 月 28 日，一期刊完。三是《乃英国奇闻》，翻译的是《希腊奴隶故事》，选自玛利亚特的《听很多故事的巴沙》，译文分六期发表于 5 月 31 日、6 月 6 日、7 月 11 日、14 日、15 日。不过《申报》运用西方翻译小说介入中国文学的效果并不很理想。这从《昕夕闲谈》的仓促结尾就可以看出。

在刊登翻译小说的时候，《申报》馆最早引进西方报刊连载的形式。19 世纪末 20 世纪初，报刊连载栏目成为小说的标准发表形式。但中国报刊除了一些边缘的例子外，在《昕夕闲谈》之前尚无连载小说。这个时期报刊连载小说概念是从英国“舶来”的，借鉴了英国小说出版的经验。许多英国小说家都按照惯例，在小说以单行本的形式出版之前，先以连载的形式在报刊发表。

表 1-1　　《申报》刊登的小说

小说名	首刊时间	作者	备注
新年梦游记	1907. 2. 17	僇	标为“短篇小说”
栖霞女侠	1907. 2. 19	亚东破佛	未刊完

续表

小说名	首刊时间	作者	备注
双灵魂	1907. 3. 12	未题作者	
志士之小影	1907. 4. 1	庸	短篇小说
杀妇奇冤	1907. 4. 10	未题作者	
血泪痕传奇	1907. 4. 14	王无生	实为戏剧
消露	1907. 6. 30	喋血生	军事小说
幻邦奇遇录	1907. 8. 5	齐格林	
支那旅行	1907. 10. 5	未题作者	滑稽小说
人面兽	1907. 12. 11	肝若	章回体
滑头大会	1908. 1. 11	无术	短篇小说
寿头大会	1908. 1. 12	无术	短篇小说
拆字谈	1908. 1. 13	无术	短篇小说
滑稽谈	1908. 1. 14	寒蝉	短篇小说
蛮触争	1908. 1. 15	无术	短篇小说
考塾师	1908. 1. 23	无术	短篇小说
献土地	1908. 1. 26	清雪	社会小说
讨彩头	1908. 2. 5	萧然老衲	又名《岁运更新》
情海波澜记	1908. 2. 6	培根	张春帆译
穷侍御	1908. 2. 11	未题作者	
新水浒	1908. 2. 12	卯浦四太郎	短篇小说
剿匪	1908. 3. 3	卯浦四太郎	短篇小说
铁路	1908. 3. 8	卯浦四太郎	短篇小说
新理想国	1908. 3. 11	么阿	
说梦	1908. 3. 13	彳广	短篇小说
豪赌	1908. 3. 19	未题作者	
老瘾	1908. 3. 21	未题作者	
奈何天	1908. 3. 28	未题作者	
谲术	1908. 3. 29	未题作者	
不良之母教	1908. 3. 31	未题作者	
尤翁	1908. 4. 5	未题作者	
三捕爱姆生巨案	1908. 5. 1	西泠悟痴	福尔摩斯再生后的续集
新三笑	1908. 6. 13	未题作者	
顽钦差妄言上封奏，贫御史直道锄奸邪	1908. 6. 21	未题作者	
照胆犀・海上之新党	1908. 6. 22	无生	

续表

小说名	首刊时间	作者	备注
母教	1908. 6. 23	未题作者	
子之武城一章演义	1908. 6. 24	贤	
王孙贾问曰一章演义	1908. 6. 26	贤	
登徒子游上海记	1908. 6. 27	贤	
照胆犀 · 东瀛之留学生	1908. 7. 3	无生	
滑稽生	1908. 7. 5	贤	
历史教习	1908. 7. 11	未题作者	
照胆犀 · 内地之志士	1908. 7. 29	无生	社会小说
教育会	1908. 8. 2	无生	短篇小说
哲学士与旅客	1908. 8. 7	失	短篇小说
女学生	1908. 8. 8	卯浦四太郎	短篇小说
风流太史	1908. 8. 11	未题作者	章回体
妖怪斗法	1908. 9. 4	未题作者	新小说，又名《西游记补遗》
一梦十三年	1908. 9. 10	未题作者	
颠倒鸳鸯	1908. 11. 20	未题作者	短篇小说
铁血姊妹	1908. 11. 23		选译
烈女罗苏日记	1908. 11. 27	卯浦译	
奇童案	1908. 11. 30		选译
斗	1908. 12. 4	酉	滑稽小说
北京巴黎竞车日记	1908. 12. 7		翻译者未标示
追租	1909. 1. 2	瞻庐	短篇小说
衣冠影	1909. 1. 5	未题作者	章回体
醉新年	1909. 1. 25	未题作者	又名《小热昏》
土地会议地方自治	1909. 1. 30	尔	短篇小说
潘杰小史	1909. 2. 1	英国梅特著	卯浦四太郎译
滑稽魂	1909. 2. 28	未题作者	章回体
初选举之丑历史	1909. 3. 29	未题作者	
结婚	1909. 4. 8	朗	短篇风俗小说
苦婢	1909. 4. 18	朗	短篇风俗小说
三才者演习见官礼，四金刚寻梭选举区	1909. 4. 19	未题作者	历史小说
选举鉴	1909. 4. 26	朗	短篇理想小说

续表

小说名	首刊时间	作者	备注
章祥荪无理取闹，陆小鱼将酒压惊	1909.4.30	鹤	历史小说
新谈判	1909.5.8	瞻庐	社会小说
蔓卿小传	1909.5.22	赝	分章
穷途泪传奇	1909.6.18	朗	戏剧
谈戒烟事	1909.6.20	朗	
铸错记	1909.7.4	瞻庐	爱情小说
晴雨谈	1909.7.11	省悟	短篇小说
美人虹	1909.7.15	英劳伦斯	周瘦鹃译
美人骗	1909.7.17	朗	奇事小说
私塾暑天之状况	1909.7.21	朗	短篇小说
夜花园	1909.7.28	未题作者	
舟中人语	1909.8.4	未题小说	社会小说
村学	1909.8.5	瞻庐	滑稽小说
新嫁娘	1909.8.18	朗	风俗小说
七夕	1909.8.22	朗	时新小说
九尾龟广义	1909.8.25	选	短篇小说
奇异见闻琐记	1909.9.1	青	短篇小说
火刀先生传	1909.9.3	瞻庐	社会小说
白玫瑰	1909.9.5	天谬	短篇小说
训狮谈	1909.9.6	青	短篇小说
迷魂汤	1909.9.9	青	短篇小说
风流案	1909.9.17	朗	社会小说
拆字先生	1909.9.25	惕	滑稽小说
孝女泪	1909.10.2	瞻庐	修身小说
恶作剧	1909.10.6	未题作者	社会小说
绅学界之人物	1909.10.7	惕	社会小说
喇嘛西游记	1909.10.23	英谷碧琳	译者寓隐
弃妇怨	1909.10.27	瞻庐	社会小说
记某生事	1909.11.13	未题作者	社会小说
自由女	1909.11.16	未题作者	社会小说，章回体
新情史	1910.1.1	棣	短篇小说

续表

小说名	首刊时间	作者	备注
讹中讹	1910. 1. 6	棒	短篇小说
一磅肉	1910. 1. 13	棒	短篇小说
爱国者泪传奇	1910. 1. 18	萧山湘灵子	历史小说
密约案	1910. 1. 22	勒克威廉	译者未标，侦探小说
二十六点钟之大飞行	1910. 1. 27	濮伦孙	冒险小说
大罗天	1910. 1. 31	木儿	短篇小说
某年之元旦	1910. 2. 13	未题作者	实事小说
新年之卖女哀	1910. 2. 13	未题作者	短篇小说
团拜宴	1910. 2. 14	未题作者	短篇小说
庚戌年之梦观	1910. 2. 15	未题作者	短篇小说
玉树花	1910. 2. 15	春	官场小说，章回体
博徒恨	1910. 4. 3	帆	短篇小说
衣冠贼	1910. 4. 4	帆	短篇小说
骇太守	1910. 4. 5	帆	短篇小说
红旗捷	1910. 4. 6	蠢	短篇小说
清夜钟	1910. 4. 7	未题作者	短篇社会小说，章回体
绣衣盗	1910. 5. 28	未题作者	侦探小说，章回体
某侍郎	1910. 6. 4	骝	短篇小说
女儿愁	1910. 6. 6	未题作者	短篇小说
学生之怪现状	1910. 6. 12	留	短篇小说
会场伎	1910. 6. 13	奇	实事小说
小狮记	1910. 6. 14	奇	短篇小说
三百磅之钻石	1910. 6. 18	未题作者	短篇小说
魔妻	1910. 6. 20	未题作者	短篇小说
烟签壮士	1910. 6. 22	未题作者	短篇小说
国会潮	1910. 6. 26	未题作者	短篇小说
假僵尸	1910. 6. 27	未题作者	短篇小说
河阳花	1910. 7. 4	奇	短篇小说
花蝴蝶	1910. 7. 6	刘炎	短篇小说
玫瑰泪	1910. 7. 11	脖司根	潇湘花侍译，言情小说
鹦鹉禅	1910. 8. 24	花白氏	奇情小说

续表

小说名	首刊时间	作者	备注
盗侠	1910. 11. 19	亨利科伦	义侠小说
湘累怨	1911. 1. 3	未题作者	军情小说，章回体
全福寿	1911. 2. 2	老农	短篇小说
牧猪戏	1911. 2. 2	未题作者	短篇小说
五路财神	1911. 2. 3	思缪	短篇小说
飘渺观	1911. 2. 4	春	幻想小说
某京卿	1911. 2. 5	春	短篇小说
巨灵掌	1911. 2. 6	春	短篇小说
飞蚨	1911. 3. 7	春	短篇小说
投海孤儿	1911. 3. 1	喀而司迪克	春帆译，言情小说
华侨泪	1911. 5. 6	未题作者	殖民小说
白梅花	1911. 6. 26	希夷译	侦探小说
新状元	1911. 8. 17	钝根	短篇痴情小说
无名罪人	1911. 8. 17	无名	
动物之爱	1911. 8. 24	翼仍、钝根译	丑情小说
徐仲鲁	1911. 9. 3	天空	自由谈栏目
无米炊	1911. 9. 8	迅	短篇时事小说
猪八戒	1911. 9. 9	迅	短篇滑稽小说
无裤婆	1911. 9. 11	纫	短篇时事小说
仙人跳	1911. 9. 13	荣芳	短篇滑稽小说
无稽之谈	1911. 9. 16	寄重	短篇小说

《申报》自创刊来，由于受到版面的限制，很少在报纸正刊上刊登长篇小说。但自 1907 年开始，《申报》上出现长篇小说。1907 年 2 月，《申报》第 18 版刊出《栖霞女侠》，这是一部长篇连载小说。在刊登完这篇长篇小说之后，《申报》又刊出了连载长篇小说《新年梦游记》。1907 年 12 月，又刊出时事长篇小说《人面兽》；1908 年 1 月刊出短篇滑稽小说《哲学博士与旅客》。同时，《申报》还刊登“特别广告”：“本报明日起，刊登学界小说、历叙广东全省学务会成立之情形及其腐败现象，均系实人实事。”这意味着报刊文学具有强烈的现实关注功能。

1877 年发生的一件偶然的事件，促成美查决定利用申报馆，创办书局印刷出版小说。当年，有一位神秘的藏书人找到申报馆，说自己手头藏有《水浒传》的后五十回，希望卖给申报馆出版。《水浒传》作为一本知名度非常高的通俗小说，在读者中有着巨大的影响力。因此，申报馆将其书稿买下，改定名为《后水浒》并出版为平装书。出版后，《后水浒》借《水浒传》的名声并有比线装印刷低廉的价格而畅销，申报馆也因此大获其利。

尝到甜头的申报馆，在《申报》上反复登刊《启示》，即现在的广告，公开向社会征集需要出版的书籍。“启者，本馆以印刷各种书籍发售为常。如远近之君子，有已成未刻之著作，拟将问世，本馆愿出价购稿，代为排印，或装订好后，送书十部或百部申酬之意，总视书之易售与否而斟酌焉。如有罕见之本宜于重刊者，本馆价买，或送十部新印之书；藉以报谢；至于原本，于刊成之后，仍可璧还也。”①《申报》馆的附属机构“申昌书局”和点石斋书局出版了大量的文艺书籍。我们从《申报》上刊登的启事中，可以查阅到《申报》在美查主持《申报》时期内所出版的文艺、诗词、小说、笔记。

昕夕闲谈	东槎记
镜花缘	瓮牖余谈
青楼梦	程史
文海披沙	雪月梅
笑史	西湖拾遗
东征集	李史
柳南随笔	闽杂记
耳邮	订伪杂录
梦园丛谈	痴说
啸亭杂录	曾侯日记
香咳集	零金碎玉
绘芳录实	东厢记
春融堂杂记	四梦汇谈
虫鸣漫录	沪城备考
白门新柳	史余萃览
女才子	洗愁集

① 《启示》，《申报》1873年3月。

台湾外记
野记
粤屑
庭闲录
谈诗探骊录
荟蕞编
东番纪要
正续水浒
历下志游
儿女英雄传
航海述奇
云间据目抄
小豆棚题解四、五集
荡寇志
儒林外史
后西游记
醒睡录
三异笔谈
道听途说
御定历代赋汇
备偿记
屑玉竺谈二、三集
萤窗异草初、二集
淞隐续录
古事比
淞滨花影
求阙斋日记
三宝太监西洋记
三借庐赘谈
曾文正公年谱
石印骈俪集成
诗句题解韵总汇

返魂香
萝笔生花
续异书四种
庸间斋笔记
夜雨秋灯续录
记载汇编
野叟曝言
谈茶余荟
景船斋杂记
宫闺联名
硕云甲乙编
鸿云轩纪艳
谈古偶录
锄经书舍
使琉球日记
缰露庵杂记
骊砭轩质言
禀启零纨
笑笑录
西洋记
曾文正公大事记
曾文阁诗选
淞隐漫录
粉墨丛谈
增刊红楼梦图样
蕉窗庶录
鸿雪姻缘
新印风月梦
士礼居藏书题跋记
曾文正公家书、家训、荣哀录
选注六朝唐赋

以上书目仅为 1882—1889 年在《申报》上刊出的开印和出售的

书目，并不包括1882年前以及1889年以后的书目在内。①

二　创办文学期刊，开设文学副刊

《申报》的文学征文受到读者的热烈回应导致来稿太多，据《申报》记载，征文开始后的四五年间，累积的来稿多达三千多篇，报纸又由于版面的限制难以全部刊登。加上有些翻译小说和“海外奇谈”或笔记作品篇幅过长，也不宜于在日报上发表。这就促使申报馆创办一种专门的文艺杂志，以提供足够的版面安排这些稿件。另外，这又恰恰暗合了《申报》的利益诉求。《申报》刚刚创办时，发行量不大，主要是为在华经商的外国人提供商业信息，读者主要是在华的外国商人。中国的文人雅士们看不起这通俗的大众化报刊。当时的文人雅士又是主要的知识阶层，代表了中国社会的精英文化，能否吸引他们，关系到报纸的声誉和影响力。

为了获得这些文人雅士的认同，申报馆于1872年11月11日创办《瀛寰琐记》。这是中国第一份文学期刊，还保留了传统书籍的影响，外在形式为24开本，运用了传统的线装本的版本形式，发行周期为每月一期。这个刊物从1872年到1875年1月一共出版了28期；1875年2月改名为《四溟琐记》，继续发行，同样每月一期；到1876年1月共出版12期，又改名为《寰宇琐记》，实质上还是继承了以期的刊物，于1877年停止出版发行。这几个刊物都是申报馆创办的附属文学期刊，它们在本质上是同一个刊物，改用了不同的名字罢了。《瀛寰琐记》的创刊号上，发表了海上蠡勺居士的《瀛寰琐记叙》。他在该文的结尾这样说：

> 尊闻阁主人慨然有远志焉，思穷薄海内外寰宇上下惊奇骇怪之谈，沈博绝丽之作，或可以助测星度地之方，或可以参济世安民之务，或可以益致格物之神，或可以开弄月吟风之趣。博搜广采，冀成巨观，其体例大约仿中西闻见录而更扩充之，积一岁之所得，成书一卷，渐而积之则一岁之中成书十二卷矣，而更加以朋友之启发、投赠之往来，虽曰见闻固陋，亦必有可观者矣。因陆续出以示人，其中有纵耳目于一隅者，吾不敢曰齿齿凿凿，其

① 资料来源于夏瑞芳《申报四十年资料》。

> 竟可据也；其中纵有耳目于八溟者，吾尤不敢曰荒荒渺渺，其必不可据也。究之造化之神奇，岂能尽测耶，古今之奥妙，定能尽辟耶，人物之愈出月愈变者，岂能尽穷其情状耶，气局之愈出愈新奇者，岂能尽得其所以然而推其所当然耶，则所谓纵耳目者，安必无欺人之谈耶？则所谓局耳目者，又安必无自欺之敝耶？吾诚不敢自信，而漫欲人之相信，则理之所必无者，请一笑置之可也；吾欲自信而又阻人以必信，则意以为之说者，请一笔抹之可也。阅是纪者，其将以余言为谬不然焉否耶。①

这是中国第一份文学期刊的序言，它阐述了文学期刊与报刊新闻写作的不同，它坚信文学期刊有益于“测星度地”“济世安民”“益致格物”和“弄月吟风”，文学期刊须以此为内容，而不同于那些记述时事新闻与商业动态。文学的思维方式是“骇怪之谈，绝丽之作”，既可以写耳目之所见，又可以写意构之奇妙，无论是“齿齿凿凿”的事情，还是“荒荒渺渺”之论，均可以进入文学的创作思维之中。在发行方式上，文学期刊不同于新闻报刊的副刊，不是每日出版，而是一月一期，出版周期较长。这篇文章从写作的内容、写作的思维和发行方式上探讨了文学期刊的运行模式。申报馆的这个举措获得了当时的文人雅士的欢迎，从此大量的吟诵之作、唱和之作填满了整个刊物。这些作品的文字也和申报上的半文半白的报刊文字不同，全部是文言文写作。

然而《瀛寰琐记》毕竟是申报馆所办的带有副刊性质的文艺期刊。申报馆创办它的目的，是扩大读者群，增加主刊的销量，从而实现自己的商业利益。所以《瀛寰琐记》在办刊过程中必然会受到《申报》的影响，《申报》的时事议论和宣传普及的办报方向，在这个精英文学期刊中也有体现。一是刊物中刊登了不少议论性的文章，如刊物的第一卷第一篇就是策论《开辟讨源论·地震附见》。此后的第2、3、4卷上还分别刊登了《富强论》《内地轮船进止议》《论互市事宜》等策论。二是刊物上刊登了不少民俗诗文，第24卷刊登的《江户繁昌记》介绍了日本江户的“相扑”“千人会”等具有异域特色的人情风俗。三是出现白话翻译小说。自第3卷起，连载蠡勺居士翻译的《昕夕闲谈》。《昕夕闲谈》于1873年至1875年在《瀛寰琐记》

① 《海上蠡勺居士·瀛寰琐记叙》，《瀛寰琐记》，1872年。

上分26期连载，这部小说是用白话文翻译写作的。它是我们现在见到最早的白话翻译小说，开启了中国近代小说翻译的白话化的新时代。这个意义是巨大的，因为“白话翻译小说又对中国近代小说创作的白话化起到重要作用”。

《瀛寰琐记》杂志最初印了2000册，这个数字对于中国最早出版的文学刊物来说相当可观。杂志刊登启事说：“本馆不惜翻译之劳，力任奇厥之文”，大致预计每月翻译刊出三四章，全书将在一年之内连续完毕。这应该是申报馆几年来努力将外国小说介绍翻译到中国的努力。这是在林纾19世纪末翻译小说之前持续时间最长的努力。

1911年8月28日，《申报·自由谈》刊出一个公开的“征文告白”：“海内文家如有以诗词、歌曲、遗闻、轶事，以及游戏诙谐之作，惠寄本馆，最为欢迎、即请开明住址，以便随时通信，惟原稿恕不奉还。”①

表1-2　　《自由谈》上的小说（1911年）

小说名	刊登日期	作者	备注
乡老游爱丽园记	1911.9.18	钝根	自由谈栏目
醋世界	1911.9.19	钝根	滑稽小说，自由谈栏目
风流案	1911.9.20	定夷	骈文小说，自由谈栏目
念秧余孽	1911.9.23	定夷	自由谈栏目
织金草	1911.9.25	钦钝译	自由谈栏目
孝子盗	1911.9.26	钝根译	短篇小说，自由谈栏目
矮人国	1911.9.27	钝根译	荒诞小说，自由谈栏目
铁丐	1911.9.28	钝根译	侠情小说，自由谈栏目
情血	1911.9.30	翼钝译	短篇小说，自由谈栏目
赏中秋传奇	1911.10.6	冯楮承填词	自由谈栏目
意中鬼	1911.10.11	未题作者	自由谈栏目
钻石戒	1911.10.14	钝根润辞	社会小说，自由谈栏目
黄金病	1911.10.15	特公译述	自由谈栏目
排伦君子	1911.10.16	嚣嚣生译	自由谈栏目
痴人梦	1911.10.18	钝根	自由谈栏目
银杏怪	1911.10.26	柏身	自由谈栏目

① 《征文告白》，《申报·自由谈》1911年8月28日。

续表

小说名	刊登日期	作者	备注
是非梦	1911. 10. 30	松隐庐	自由谈栏目
黄粱游记	1911. 11. 1	召愚	滑稽小说，自由谈栏目
无名侠儿	1911. 11. 3	渊渊	自由谈栏目
浦江潮	1911. 11. 5	钝根	自由谈栏目
顾洪明	1911. 11. 6	金刚	自由谈栏目
先知人	1911. 11. 7	嘉定二我	滑稽小说，自由谈栏目
佛国立宪	1911. 11. 8	天许生	滑稽小说，自由谈栏目
英王之三问	1911. 11. 10	兰因子译述	自由谈栏目
奇女子	1911. 11. 13	琐尾	侠情小说，自由谈栏目
童子军	1911. 11. 14	怪竹	自由谈栏目
零碎自由小说之一、之二、之三	1911. 11. 15	二我	自由谈栏目
十九日	1911. 11. 16	嘉定二我	自由谈栏目
华山梦	1911. 11. 19	野民	自由谈栏目
阿弥陀佛	1911. 11. 20	嘉定二我	自由谈栏目
大倒账	1911. 11. 20	钝根	自由谈栏目
周利亚	1911. 11. 21	超西子	爱情小说，自由谈栏目
卓文君第二艳史	1911. 11. 23	嘉定二我	言情小说，自由谈栏目
客窗闲谈	1911. 11. 23	嘉定二我	自由谈栏目
外国财神	1911. 11. 27	嘉定二我	自由谈栏目
未亡道	1911. 12. 3	嘉定二我	自由谈栏目
马僧	1911. 12. 9	野民	自由谈栏目
秦丐	1911. 12. 14	嘉定二我	短篇逸事，自由谈栏目
方芷小传	1911. 12. 15	嘉定二我	豪侠小说，自由谈栏目
武七第二	1911. 12. 16	嘉定二我	短篇滑稽，自由谈栏目
棘宫花	1911. 12. 18	德国格雷美	短篇神怪，自由谈栏目
张乙	1911. 12. 21	嘉定二我	短篇逸事，自由谈栏目
剑寒光	1911. 12. 22	赓磬	侠情小说，自由谈栏目
活罗汉	1911. 12. 25	立三	自由谈栏目
安乐窝与黑暗	1911. 12. 29	嘉定二我	自由谈栏目
小说之小说	1911. 12. 30	嘉定二我	自由谈栏目
蛮方风俗记	1911. 12. 31	琐尾	自由谈栏目

三 确立稿酬制度，开拓文化市场

中国古代，凡个人出版文学作品，须得自己出资。近代报刊兴起后很长一段时期内，文人如投寄文艺作品到报刊发表，均须作为广告论。报社按字数多寡来收取费用。直至《申报》创办，报馆的征文条例提出“有愿以短什长篇惠教者，如天下各名区竹枝词及长歌记事之类，概不取值”，从此文学作品的刊登就免除了以往报刊的收费要求。如果我们将其与发表收费来比较，这种“概不取值”实际上就相当于稿酬了。当时的文人韵士对此反应热烈，纷纷投寄文学稿件于《申报》。一时间“诗词彼此唱和，喋喋不休，或描写艳情，或留恋景物，互吟风雅，高据词坛。无量数斗方名士，咸以姓名得缀报尾，累牍连篇。”[①] 申报馆的这一创举，一方面满足了文人发表作品的需求，另一方面进一步刺激了作家们的创作欲望。1875 年 6 月 1 日，《申报》头版二条刊登一则《答海昌饭颗山樵来书》：“前奉华札并怀人诗等作各佳颂琳琅，曷胜钦佩，谨当陆续分等报纪。”当年，《四溟琐记》第 1、4、5 卷刊登了饭颗山樵的序文 3 篇、诗歌 15 首及其相关的题和诗 18 首；《申报》则于 6 月 8 日和 9 日刊登了他的诗歌作品。此后，饭颗山樵就成了《申报》《四溟琐记》和《寰宇琐记》等刊物上常见的作者。

为了进一步拓展报刊事业，申报馆明确标明稿酬金额。1884 年 6 月，《申报》刊登《招请各处名手画新闻》的启事：

> 本斋印售画报，月凡数次，业已盛行。惟外埠所有奇怪之事，除已登《申报》者外，未能绘入图者，复指不胜屈。故本斋特告海内画家，如遇本处有可惊可喜之事，以洁白纸新鲜浓墨绘成画幅，另纸明事之原委，如果惟妙惟肖、足以列入画报者，每幅酬笔资两元。其原稿无论用与不用，概不退还。画幅直立须中尺一尺六寸，除题头空少许外，必须尽行画足，居姓名亦须示知。收到后当付收条一张，一俟印入画报，即凭条取详。如不入报，收条作为废纸，以免两误。诸君子谅不吝赐教也。[②]

---

① 雷瑨：《申报馆之过去状况》，《最近之五十年·五十年来之新闻界》，申报馆 1922 年版。

② 《招请各处名手画新闻》，《申报》1884 年 6 月。

鲁湘元将这则征文认定为现代稿酬制度的滥觞。[①] 他认为，这是真正意义上的现代稿酬制度最具体的证据。虽然这则启事所标明的，是对画报的投稿付稿酬。另外，申报馆也多次刊登购书广告，如“远近之君子，有已成未刻之著作，拟将问世，本馆愿出价购稿，代为排印，或装订好后，送书十部或百部申酬之意，总视书之易售与否而斟酌焉。如有罕见之本宜于重刊者，本馆价买，或送十部新印之书”[②]。这样稿酬就从最初的报刊文字慢慢发展到整个图书出版行业，对后来的文学作品的版权制度的形成产生了重要的影响。

第三节　转型期的文学新媒介

中国近代报刊的发展，特别是文艺报刊的繁荣，使文艺报刊逐渐成为文艺作品的主要载体。文艺作品、文艺理论大多利用报刊这个新的媒介进行传播。这种新的文学媒介又促成中国近代文学传播方式由传统向现代转变。这种传播方式的转变既影响了作家的创作，又影响了读者的接受。

在中国古代，文学传播的方式主要有两种：一是口头传播；二是版籍传播。这两种传播方式各有自己的特点。口头传播依靠说书人的口头表达，文字不是特别重要，而是依靠说书人表达的效果。说书人通过自己对文学作品的再创作，用富有蛊惑性的声音吸引读者，这种传播方式是“听—说”的方式。这种方式需要说书人与接受者面对面，因此在传播的时空上存在局限，它仅仅限于说书人的活动区域。文学版籍传播因为传播不受说书人的活动区域限制，同时可以割裂阅读的时间和空间。读者阅读可以根据自己的时间、地点安排，阅读更为私人化，因此对于文字的要求比较注重。但是，由于书籍的传播没有说书人的中介，也就失去了说书人的情感表达，动作的演绎，在吸引力上有局限。所以说，中国古代的这两种文学的传播方式各有优劣，它们针对的是不同的读者。口头传播更侧重用那些没有接受过良好教育的中下层民众，而版

① 鲁湘元：《稿酬怎样搅动文坛——市场经济与中国近现代文学》，红旗出版社 1998 年版，第 147 页。

② 《申报》1873 年 3 月。

籍传播更侧重于当时的读书人。随着中国近代报刊的发展，文艺报刊逐渐登上历史舞台。文艺报刊逐步取代口头传播和版籍传播，成为文学新的主要载体。诚如陈平原教授所说："毫不夸张地说，这是一个以刊物为中心的文学时代。"① 报刊这一新的文学传播媒介的出现，一方面影响了作家的创作，另一方面影响了读者的接受。

一 文艺报刊为文学提供了新平台

在19世纪40—90年代的报刊中，文艺诗词副刊性文字始终占有一席之地，在一些报刊上出现了副刊的雏形。早在70年代以前，在西方外来者主办的一些报刊上，就已经出现过个别文学作品，如《察世俗每月统记传》刊载过外国传教士写的中文小说。《六合丛谈》对荷马史诗、希腊几大悲剧家和亚里斯多芬的喜剧作过片段介绍。英文的《中国丛报》和《中国杂志》上刊有《红楼梦》前八回的译文和评价这部古典杰作的文章。《上海新报》也刊有"西人"及"华友"投寄的随笔、杂谈、寓言、游记、诗词、对联、短篇小说和科学作品等文章。但是需要注意的是，这些还是个别零星的状态出现的，这些文艺性的文章大多和新闻性的作品混杂在一起，有的甚至被视为新闻作品。这些文学作品没有固定的栏目，没有固定的版面，更谈不上有明确的题刊，带有很大的随意性。

1872年《申报》在上海创刊，其创刊号上公开征求"骚人韵士"们的"短什长篇"和天下各名家的竹枝词及长歌记事之类的文学作品，"——如有骚人韵士有愿以短长篇惠教者，如天下各区竹枝词及长短歌记事之类，概不取资"②。虽然没有辟出文学专栏，但已经有了大体上的位置，文学作品一般刊登在新闻之后，因而"初具副刊的规模，成为后世报屁股的滥觞"③。后来由于"描写艳情、流连风景"的唱和之作太多，四五年间"所积计不下三千首"，报屁股上的那点地方无法容纳。有些翻译小说和"海外奇谈"或笔记作品由于篇幅过长，也不适合在日报上发表，于是有《瀛寰琐记》《四冥琐记》《寰宇琐记》等附属的刊物出现。这类刊物除诗词外，还兼刊登小说、散文和笔记论说之

① 陈平原：《中国小说叙事模式的转变》，北京大学出版社2010年版，第250页。

② 《本馆条例》，《申报》1872年4月30日。

③ 方汉奇：《中国近代报刊史》，山西人民出版社1981年版，第56页。

类的文章，是“最早的一批附属出版日报的综合性副刊”①。因为单独印刷，又装订成册，从形式上讲，这几个附属刊物都更接近于后来出现的文学杂志和报纸增刊。此外，《字林沪报》《同文沪报》和《顺天时报》等报刊，都很注重刊登具有很强文艺性的文学作品。《字林沪报》从1882年起就开始在版面上刊登“诗词杂作”，位置在新闻作品之后。报社并且声明，凡有“诗词歌赋嘱登本报者，概不取资”。在发表声明不久以后，《字林沪报》又专门开辟一个专栏名叫“花团锦簇楼集诗”，专刊诗词小品文章。到了1897年，《字林沪报》报社创办新的《消闲报》，作为《字林沪报》的附属刊物出版。这个新的附属刊物每天一张，夹在正报中，作为附属品发行，与《申报》的《瀛寰琐记》《四冥琐记》和《寰宇琐记》的形式非常相像。

到19世纪末，以上海为中心，出现了一批小型的文艺报刊。其中主要有1896年创刊的《指南报》，1897年创刊的《游戏报》《笑报》《采风报》和1898年创办的《趣报》等。它们的创办人李伯元、吴趼人等都是清末著名的谴责小说家，通过报刊发表文学作品。他们的著名小说如《官场现形记》《二十年目睹之怪现状》《文明小史》等，都是首先在这些报刊上以连载的形式出现的。香港也出现了报纸的副刊。革命党人创办的《世界公益报》《广东报》《有所谓报》的副刊比较活泼，除新闻评论外，从粤语方言区流行的“粤讴”“南音”“数白揽”“木鱼”“班本”等民间说唱文学，到诗词、散文和小说，无不兼收并蓄。

辛亥革命前后，是文艺期刊的喷发期，东京、上海、广州等地涌现了一大批以刊载诗词、散文、戏曲、小说等文学作品为主的小报和文艺期刊，其中比较有名的有：《新小说》《绣像小说》《雁来红丛报》《小说七日报》《游戏世界》《月月小说》《小说林》《小说世界》《扬子江小说报》《小说月报》《娱闲报》《国魂报》《上海白话报》《阳秋报》等。据阿英统计，总数在30种以上。其中以梁启超主编的《新小说》、李伯元主编的《小说月报》影响最为深远。这些文艺小报期刊与前一时期李伯元、吴趼人等在戊戌变法时期创办的《游戏报》和《采风报》等一脉相承。到“五四”时期就出现了著名的四大文艺副刊：《时事新报》的《学灯》《民国日报》的《觉悟》《晨

① 方汉奇：《中国近代报刊史》，山西人民出版社1981年版，第56页。

报》的《副隽》《京报》的《京报副刊》，这四个副刊在“五四”时期影响非常大。

根据史和、姚福申等编的《中国近代报刊名录》记载，从1815年到1911年，共有中文报刊1753种，如果将下限延伸到“五四”时期，中国近代出版的报刊数目估计会超过2000种。在这2000多种报刊里，文艺报刊或者具有文艺报刊性质的大约有277种。而根据祝均宙、黄培玮编的《中国近代文艺报刊概览·引言》介绍，近代文艺杂志133种，文艺报纸76种，而且没有找到原件的文艺报刊68种。近代报刊的繁荣，特别是文艺报刊的发展，为文学提供了全新的传播媒介，这在此前的中国历史上是史无前例的。

二　报刊成为文学作品的主要载体

中国近代报刊的繁荣，使文艺报刊逐步取代传统的文学传播方式，成为文学作品的主要载体。清末民初时期，作家通过报刊先连载文学作品，然后出版成书逐步成为一种独特的现象。“中国近现代的文学作品有相当大一部分是通过报纸这个阵地和读者见面的……我们的文豪们的作品大多数是首先在报刊上发表和读者见面，然后再采集成书。”① 以当时的小说作品为例，清末民初时期创作的短篇小说，几乎全部是首先刊登在当时的报刊上，其次结集出版。中长篇小说也借用报刊这个新型的传播平台，独创一种新的连载体，在报纸杂志上连载，有的作品甚至连载数年，而后结集出版发行单行本。当时也有文学作品因为作者个人的原因中断了写作，不能完整成书，如梁启超写作《新中国未来记》，因为写到一半，失去了写的兴趣从而中断了写作，是一本没写完的著作。我们熟悉的清末民初著名小说，如《文明小史》《海上花列传》《官场现形记》《孽海花》《新中国未来记》《老残游记》《广陵潮》《上海游骖录》《雪鸿泪史》等，都是在文艺报刊上以连载的形式发表的小说。

近代一般性的报刊运用副刊刊登小说或刊登翻译小说等文学作品的刊物也有很多，具代表性的有《清议报》《新民丛报》《浙江潮》《红苏》《女子世界》《东方杂志》《扬子江白话报》《民报》《中国女报》《娱闲录》《太平洋》等。在这类报刊中，较有代表性的应该是

① 方汉奇：《中国近代报刊史》，山西人民出版社1981年版，第764页。

商务印书馆创办的《教育杂志》，它曾经连续刊登清末民初著名通俗作家包天笑的译著小说9种：《馨儿就学记》《孤雏感记》《埋碎石记》《苦儿流浪记》《二青年》以及他翻译的科学小说《科学之家庭》和少年题材的小说《童子侦查记》《青灯月染录》《双雏泪》。有的作家为了发表文学作品，亲自创办报刊或者编辑文学杂志。韩邦庆创办《海上奇书》在其之上专门发布自己的作品，如他的《海上花列传》等小说就是在这个刊物上发表的。李伯元也创办《游戏报》。与此同时，清末民初时期的作家还参与报刊的编辑工作，如梁启超编辑《新小说》，曾朴、徐念慈编辑《小说林》，李伯元、欧阳巨源编辑《绣像小说》，包天笑编辑《小说时报》，徐枕亚编辑《小说丛刊》，等等。当然这里只是对清末民初时期报刊刊登的小说做一个管中窥豹式的梳理。在近代报刊刊登的文艺作品中，不仅仅是小说这种体裁，像诗歌、戏剧、小品文、游记等文艺作品，也大量刊登。这充分说明，近代报刊已经成为文学作品的主要载体。

同时，清末民初时期的文学理论家开始通过报刊表达自己的文学观念。如严复和夏曾佑的《本馆附印说部缘起》就是在《国闻报》上刊登发表。该文采用西方社会进化论的思想观点来讨论中国文学，提出可以利用小说这个大众喜闻乐见的文学形式，来开发民智。梁启超撰写的系列论文，如《论小说与群治之关系》《译印政治小说序》《〈小说丛语〉发刊词》等，都是在报刊上发表的。他在这些论文中，借鉴西方人文思想来讨论文学的同时，比较强调文学对世道人心及社会进化的功用。1905年，王国维系列理论文章如《论哲学家与美术家之天职》《古雅之在美学上之位置》等也是在报刊上发表的。他强调通过“审美自治”来保持文学艺术本身的独立品格。1908年，周树人的《摩罗诗力说》也是在报刊上发表的。他在论文中认为，人之所以需要文学，就是因为“一切美术之本质，皆在使观听之人，为之兴感怡悦。文章为美术之一，质亦当然”。“文章之于人生，其为用决不次于饮食、宫室、宗教、道德。”“涵养之人神思，即文章之职与用也。”①

① 周树人：《摩罗诗力说》，载《回读百年》第一卷，大象出版社1999年版，第453页。

表 1-3　清末民初刊登文艺作品的期刊

期刊名	出版地	创办年
瀛寰琐记（月刊）	上海	1872
励学译编（月刊）	苏州	1901
教育世界（半月刊）	上海	1901
杭州白话报（旬刊）	杭州	1901
外交报（旬刊）	上海	1902
新民丛报（半月刊）	日本	1902
新小说	日本	1902
大陆报（月刊）	上海	1902
游学编译（月刊）	日本	1902
志群白话报（月刊）	上海	1903
湖北学生界（月刊）	日本	1903
浙江潮（月刊）	日本	1903
童子世界（双月刊）	上海	1903
广益丛报（旬刊）	重庆	1903
江苏（月刊）	日本	1903
绣像小说（半月刊）	上海	1903
觉民（月刊）	江苏金山	1903
宁波白话报（旬刊）	上海	1903
中国白话报（旬刊）	北京	1903
商务报（旬刊）	北京	1903
新白话报（月刊）	日本	1903
女子世界（月刊）	上海	1904
东方杂志（月刊）	上海	1904
安徽俗话报（半月刊）	芜湖	1904
翠新报（半月刊）	金华	1904
新新小说（月刊）	上海	1904
江苏白话报（月刊）	常熟	1904
白话（半月刊）	日本	1904
二十世纪大舞台（半月刊）	上海	1904
福建白话报（半月刊）	抚州	1904
扬子江白话报（月刊）	上海	1904
直隶白话报（半月刊）	保定	1905

续表

期刊名	出版地	创办年
浙源汇报（半月刊）	金华	1905
第一晋话报（月刊）	日本	1905
重庆商会公报（旬刊）	重庆	1905
时事画报（旬刊）	广州	1905
鹃声（不定期）	日本	1905
醒狮（月刊）	日本	1905
民报（月刊）	日本	1905
北直农话报（半月刊）	保定	1905
祖国文明报（半月刊）	广州	1906
潮声（半月刊）	潮州	1906
复报（月刊）	日本	1906
北清烟报（月刊）	上海	1906
图书月报（月刊）	上海	1906
新世界小说社报（月刊）	上海	1906
南洋兵事杂志（月刊）	南京	1906
云南（月刊）	日本	1906
竟业旬报	上海	1906
月月小说（月刊）	上海	1906
豫报（月刊）	日本	1907
中国女报（月刊）	上海	1907
政法学交通杂志（月刊）	日本	1907
汉帜（月刊）	日本	1907
中国新女界（月刊）	日本	1907
小说林（月刊）	上海	1907
著作林（月刊）	杭州	1907
大江七日报（周刊）	日本	1907
法政学报（周刊）	日本	1907
牖报（月刊）	日本	1907
振华五日大事记（五日刊）	广州	1907
中外小说林（旬刊）	广州	1907
人镜画报（周刊）	天津	1907
广东戒烟新小说（周刊）	广州	1907

续表

期刊名	出版地	创办年
竞立社小说月报（月刊）	上海	1907
粤西（月刊）	日本	1907
振群丛报（月刊）	上海	1907
神州女报（月刊）	上海	1907
河南（月刊）	日本	1907
滇话报（月刊）	日本	1907
女学生（月刊）	上海	1908
四川（月刊）	日本	1908
新小说丛（月刊）	香港	1908
新塑望报（半月刊）	上海	1908
关陇（月刊）	日本	1908
岭南白话报（周刊）	广州	1908
学海（月刊）	日本	1908
夏声（月刊）	日本	1908
半星期报	广州	1908
万国商业月报（月刊）	上海	1908
武学（月刊）	日本	1908
宁波小说七日报（旬刊）	宁波	1908
东莞旬报	东莞	1908
江西（月刊）	日本	1908
安徽白话报（旬刊）	上海	1908
白话小说（月刊）	上海	1908
女报（月刊）	上海	1909
教育杂志［商务］（月刊）	上海	1909
华商联合报（半月刊）	上海	1909
扬子江小说报（月刊）	汉口	1909
砭群丛报（半月刊）	广州	1909
海军（季刊）	日本	1909
十日小说（旬刊）	上海	1909
小说时报（旬刊）	上海	1909
越报（月刊）	上海	1909
陕西（月刊）	三原	1909

续表

期刊名	出版地	创办年
国风报（旬刊）	上海	1910
中国商业研究会月报	上海	1910
南洋商报（旬刊）	日本	1910
江宁实业杂志（月刊）	南京	1910
小说月报（月刊）	上海	1910
民心（月刊）	福州	1911
克复学报（月刊）	上海	1911
留日女学会杂志（季刊）	日本	1911
妇女时报（月刊）	上海	1911
塑望报（半月刊）	宁波	1911
进步杂志（月刊）	上海	1911
民国报（旬刊）	上海	1911

表 1-4　　刊登文艺作品的日报

报纸名称	出版地	创办时间
申报	上海	1872
沪报	上海	1882
新闻报	上海	1893
游戏报	上海	1897
中外日报	上海	1898
同文沪报	上海	1900
笑林报	上海	1901
语言报	上海	1901
顺天时报	北京	1901
启蒙画报	北京	1902
国民日日报	上海	1903
俄事警闻	上海	1903
花世界	上海	1903
时报	上海	1904
京话日报	北京	1904
北京日报	北京	1904

续表

报纸名称	出版地	创办时间
中外实报	天津	1904
汉口中西报	武汉	1905
南方报	上海	1905
津报	天津	1905
盛京时报	沈阳	1906
正宗爱国报	北京	1906
神州日报	上海	1907
上海	上海	1907
厦门日报	厦门	1907
时事报	上海	1907
新中华报	汕头	1907
晋阳公报	太原	1908
国民白话日报	上海	1908
须弥日报	上海	1908
北京新报	北京	1908
通俗日报	成都	1909
民呼日报	上海	1909
民呼日报图画	上海	1909
图画日报	上海	1909
舆论时事报	上海	1909
醒世画报	北京	1909
民吁日报	上海	1909
民吁日报图画	上海	1909
长春公报	长春	1910
天铎报	上海	1910
京津时报	北京	1910
民立报	上海	1910
民立画报	上海	1910
四明日报	宁波	1910
时事新报	上海	1911
图画报	上海	1911

三 报刊与文学场域的形成

近代报刊在急剧变革的现实运动中，迅速成为文学作品的主要载体，这固然具有时代的原因，但也是报刊自身的属性所使然。郭延礼在分析报刊自身的原因时，总结为四个方面：一是文学作品的可读性。它具有较强的娱乐、审美功能，易于吸引读者，可以增加报刊的销售量，具有明显的经济效益。二是随着报刊的增多和商品化，新闻稿件供应成了一个问题，为弥补新闻稿件的不足，需要运用文学稿件来填补版面。因此文艺作品尤其是各类小说的需求就更为迫切。三是文艺观念的改变。清末开始重视小说的社会作用和艺术功能。这种观念对报刊有重要的导向意义。四是为了更好地满足市民的文化需求。这四个原因涉及文学的功能变化：刊登文学作品能够为报社带来良好的经济效益；文学观念的变化：文学可以用来吸引读者，弥补新闻报道信息量的不足；文体观念的变化：小说文体的地位上升及其对读者的重视。①

这种分析具有一定的合理性，比较中肯。但有几点我们还必须注意：清末民初报刊的兴盛为文艺的繁荣提供了可能，并且使得报刊成为文艺作品的主要载体，造成这种现象的深层原因，还有促使报刊兴盛的现代技术和现代商业文化的原因。

首先，现代印刷技术为报刊的发展提供了物质基础。在中国报刊近代发展过程中，传教士在办报的过程中，将西方先进的印刷技术和设备引进到中国，为中国的出版事业提供了新的生产力。这是中国近代报刊出版业繁荣的物质基础。西方现代机器印刷技术的引进，使现代化的铅字印刷和机器印刷取代中国传统的手工抄写、木活排版和雕版印刷。这使近代中国的报刊印刷周期大为缩短，使文学报刊成为强大的崭新的大众传播媒介。报纸的优势在于出版的周期短，携带方便，价格低廉，传播范围广，同时能够与读者进行互动，及时得到读者的信息反馈。读者可以向编辑写信反馈，同时也可以参与到文艺作品的创作过程中，从而影响作品的创作。很多作家包括一些文学大家都是由与报刊结缘，与编辑互动，由文学青年（爱好者）成长为作家，走上文学之路。之后，他们不仅创作文学作品，甚至参与报纸的

① 郭延礼：《中国前现代文学转型》，山东大学出版社2005年版，第25—26页。

编辑事务。在这里，报纸的副刊成为了一个平台与纽带，不仅仅是一个刊登文艺作品的展示平台，而且连接着读者和作家。“随着副刊的消长，作家间的联系或加强或疏远，文学就越来越社会化了。”① 文学的社会化使文学逐步走向大众化，它不再是少部分人的事业而成为大众的文学。

其次，清末民初文化市场的形成有助于近代报刊的发展繁荣。外国人在中国办报最初的出发点是为了盈利，至少要保持不亏本以维持报刊的经营与运转。因此，他们通常以广告收入来开展商品化的经营，一开始他们非常重视报刊的发行量，具有非常明确的商业目的和读者中心意识。如美查兄弟创办《申报》的目的就是通过办报来进行商业盈利。商业报刊以读者为中心最好的见证就是在报刊上开辟读者专栏，反映读者的意见，开展刊物与读者之间的交流。根据新加坡卓南生的研究，在香港刊行的《遐迩贯珍》在“近日杂报”栏目之下刊登了好几篇中国读者的来信，成为中文报刊中最早的“读者之声”。正是文艺报刊的繁荣为文学发展提供了一个现代的文化市场，这个市场在事实上形成了现代文学场域。在这个场域之中，文学的各要素之间相互作用。

那么，场域理论的提出对于报刊与文学之间的关系有何意义呢？按照场域的理论，社会世界是由各个场域的社会小世界构成，小世界的场域各有自己内在的逻辑与运行规则。各个行动者及构成场域的各个要素在场域中的位置是不一样的，有的处于支配地位，有的处于被支配地位。这种位置空间的关系是由场域中各要素掌握资本的数量和质量不同决定的。正是这种不同的存在，使不同位置的要素展现出来的力量总是不一样，而这个资本可能就是知识文化资本，也可能是经济资本，抑或政治权力资本，但是每个场域对资本的侧重是不一样的。这些资本只有按照每个场域自身的规律才能显示出它的力量。如文学场域，它更侧重于知识文化资本，经济资本虽然也发生重要的作用，但仅仅掌握经济资本而没有掌握文化资本，那也很难处于支配地位。

但是我们要注意到场域各种关系并不是总是处于平衡状态。场域中的

---

① 谭云明：《浅谈报纸副刊与现代文学的整合》，《湖南第一师范学报》2002 年第 6 期。

各要素总是处在一种斗争或竞争的关系之中。那些被支配位置的要素总是希望改变场域的规则或运用适合场域规则的策略来改变他们的支配地位。由此，我们可以发现，处于同一场域中的各要素之间总是处于这样一种斗争共存的关系之中，并且这样的位置空间只能处于短暂的平衡。

同时，不同的场域之间又会发生相关联的相互作用。文化场域在权力场域内部占据的是一种被统治地位。“权力场是行动者或机构之间的力量关系空间，这些行动者或机构的共同点是拥有资本，以在不同场（经济场或尤其是文化场）中占据统治地位。”① 处于权力场域中的文化场，它每时每刻都要受到外部的场域原则的影响。这种影响使文化场域的力量对比有利于政治经济方面对场域处于支配地位的人。但是处于被支配地位的人，如作家、艺术家等人为了使自己在这个场域中不处于被统治被支配地位，他们就会对权力资本拥有者发起挑战。这种挑战策略就以文化场域的自律原则指导。他们通过“艺术而艺术”的文化话语来抵制经济权力资本的支配，通过自主的原则来改变场域中的位置。但是就算文化场域的外部他律的等级原则也是“通过根据商业成功（比如书的发行量、戏剧表演的场次等）指数来衡量的世俗成功或社会名望（如勋章、职位）的标准”②。

正是因为这个文学场域的形成，清末民初的文学涉及的各个要素之间形成了一个复杂的关系，这种复杂的关系是形成清末民初多元文学共生状态的一个重要原因，从而影响到文学的作者、读者及文学的观念、文体、话语方式，并促使它们朝现代转型。

第四节　近代报刊对中国文学现代转型的影响

中国近代新闻传播与中国现代文学关系密切，特别是作为纸质媒介的报刊对中国文学现代转型产生了重要影响。曹聚仁就说：“一部近代文化史，从侧面看上去，正是一部印刷机器发达史，而一部近代中国文学史，从侧面看上去，又正是一部中国新闻发展史。”③ 虽然这

① ［法］皮埃尔·布尔迪厄：《艺术的法则》，中央编译出版社 2011 年版，第 192 页。

② 同上。

③ 曹聚仁：《文坛五十年》，东方出版中心 2006 年版，第 83 页。

种观点过于绝对，但却表明了近代报刊作为现代社会的重要标志，这使清末民初以此为载体的文学充分体现了文学现代性。以现代性来观照清末民初的文学，可以发现，近代报刊已经在文学的生产、传播、接受和文学观念、文体、话语等方面都对清末民初文学产生了全面而深刻的影响。胡鹏林就明确地说："19 世纪中期以来，中国文学和西方文学中产生对现代意识的追求、现代观念的转换和现代次序的建构过程中形成的文学特质。"①

一　报刊与文学制度现代化

根据文学生产理论，"作者—编辑—作品—复制（印刷或手抄）—市场（书肆、报馆）—读者"构成文学生产的链条。"作者、编辑、作品、复制"这前四个环节属于文学的生产环节；市场是文学的流通环节；读者是文学的接受环节。这就形成了文学的生产、传播和接受一个完整的制度体系。在这个体系中，文学传播处于连接生产和接受的中介地位，这种天然的地位必然会影响到文学的生产和接受。

一方面是近代文学的创作方面。清末科举制度废除后，传统文人的通仕梦想彻底破灭，他们中的一部分只得寻找新的出路。在他们因仕途之路断绝、谋生陷入绝境之时，突然看到为书局报刊写稿能对生活有所资助，是他们改善生活的一条途径，因而撰稿的积极性陡然高涨。慢慢地，以报刊文艺副刊为阵地逐渐聚集起一批职业作家。但在另一方面，他们又逐步对报刊产生依赖，依靠为报刊写作而生存。作家"首先必须为发表（出版）而写作"，而"古典时代的作家如果不认同正统文学，他尚可退隐田园，从事一种自娱式文学，现代作家则退无可退，因为文学本身已经被纳入到社会生产规范，在这样一个按照工业化标准建立起来的社会里，文学只被允许是一种职业，你可以不从事这个职业，但如果从事的话，就不能以别的方式和身份"②。

现代职业作家完全不同于古典作家的写作目的，现代作家是为了生存而写作。这可以从清末民初著名作家包天笑的回忆录中找到佐

① 胡鹏林：《文学现代性》，中国社会科学出版社 2006 年版，第 17 页。

② 李洁非：《现代性城市与文学的现代性转型》，载王晓明主编《现代性与中国当代文学转型》，云南人民出版社 2003 年版，第 38—39 页。

证。他当时正做着小说创作，这在很大程度上是因为“当时已经流行计字数酬稿费的风气了”①。根据包天笑回忆，当时上海的小说稿酬普通是每千字2元为标准，但是有些落拓的文人为生活所迫低价向报社出售自己的作品，如向凯然从日本回国时写了一本《留东外史》，描写当时一般中国留学生在日本留学的生活状况，向凯然为生活所迫以每千字5角的低廉价格卖给书商。该书出版后广受欢迎，一印再印，销售数量非常理想。清末民初著名翻译家林纾的稿酬就很高，据包天笑说，“他的是每千字5元”②，后又涨到6元。文人可以通过自己的文学创作获得稿酬实现了经济上的独立。这就改变了传统走仕途人生的途径，使他们的人身可以从对封建皇权的依附关系上剥离开来、获得独立，并把这种独立转化到文学创作中形成人格精神的自由。因此，现代职业作家的出现，是文学现代性的一个重要的标志。

近代报刊兴起后，特别是报刊的副刊出现后，文学开始通过这个新型的平台，以新的载体形式出现。而申报馆的几个副刊，如《瀛寰琐记》《寰宇琐记》和《自由谈》等著名的副刊，对近代文学转型及现代文学品格的形成产生了巨大的影响。报刊特别是副刊完全是现代社会的一个文化标志，充分体现了文学现代性。

另一方面是在清末民初文学生产方面。由于西方科技的引进，文学的物质生产形态已经发生了变化。现代化的出版印刷技术与面向市场的大众报刊，为大众普遍地参与传播活动在技术和理念上提供了现实的可行性。中国古代印刷术取得突破后，文学传播主要是通过雕本印刷，依靠书籍的物质形态进行。进入近代后，西方报刊业开始被引入中国，文学报刊在稿酬制度的影响下开始兴盛，这又为文学提供了新的传播媒介。

新兴的报刊以比传统文学更快捷的方式进行文学传播。“《申报》馆在新创时使用的印刷机器，是用人力手摇印机，每小时只能印数百张，单面印刷、那时销数只有六百份，这部手摇机还能应付过去。后来销数增加，遂购置大印架单滚筒印机，用电力拖动，每小时可印一千份，以适应业务上的需要。”③ 据曹聚仁回忆，报刊的印刷用西方现

① 包天笑：《钏影楼回忆录》，中国大百科全书出版社2009年版，第322页。

② 同上书，第324页。

③ 徐载平、徐瑞芳：《清末四十年申报史料》，新华出版社1988年版，第73页。

代先进的印刷技术，使文学的出版周期大为缩短，出版数量急剧增加。“1872年4月间，《申报》创刊时，报馆购置了一架英国生产的手摇轮转机，每小时可以印刷二三百张报纸，而在此之前的活字印刷，一天也只能印刷三四百张，印刷技术的现代化改进，使得印刷的速度提高了十倍，开了当时的新纪元。刚刚创刊时，《申报》每两天出版一号（每号一张）。到1897年底，《申报》改用有光纸，同时采用华府台单滚筒机，用电气马达带动，每小时可印出1000张。报纸的销售数增加到7000份。1909年《申报》采用双面印的对开报纸，添购双轮转机，每小时可以印刷2000张。”① 印机的现代化也把报纸的销售推高到10000份以上。特别是文学副刊如《申报·自由谈》几乎每天出版，极大地扩大了文学的影响力，这也是现代技术的力量，充分体现了现代性。一些著名的报刊，为了能在竞争中立于不败之地，借鉴西方现代报刊的营销策略，以扩大读者群，提高销售量。著名的《申报》在刚刚创办的时候，只是上海的一家地方报纸，只在上海本地销售，到1873年年初，才开始在杭州设立分销处。慢慢地，《申报》馆又在宁波、苏州、南京、扬州等地纷纷设立自己的经销处。到1881年2月，上海以外的经销处有17处，已经渗透到报业比较发达的北方，如北京、天津。到1887年又增加了15处经销处，前后总计32处。到1907年，《申报》在西南地区的桂林、东北地区的哈尔滨，海参崴及日本、英国、法国等地纷纷建立起自己的经销处。② 从这张销售地图上我们可以发现，《申报》的营销网络已经遍布全国各主要大中城市走向世界。这种新的营销方式完全具有现代意义，使文学传播的速度与范围获得空前的扩张。

与传统的书籍相比较，成为文学传播媒介的报刊将文学受众的门槛大为降低。这突出表现在报刊的价格优势上。印刷技术的改进带来报纸销售数量的提升，销售数量的提升反而降低了生产成本，从而降低了报纸的销售价格。如《申报》1872年本埠售价每份才8文，外埠售价10文。这比购买书籍便宜得多。据统计，1875年用传统雋板形式生产的20卷本《封神演义》可以购买359份《申报》。③ 低廉的

---

① 曹聚仁：《文坛五十年》，东方出版中心2006年版，第83页。

② 徐载平、徐瑞芳：《清末四十年申报史料》，新华出版社1988年版，第73页。

③ 同上。

价格使底层普通大众可以接触文学，并参与文学，这些为文学的大众化、通俗化准备好了物质基础。对于报社来说，如何适应读者的需要就成为报刊首先所应该解决的问题。为了使自己的作品更受市民阶级的欢迎，报刊大量刊登适合市民世俗趣味的、通俗的、大众的文学作品。由于文学在中国的特殊地位，用文学来吸引读者是一个非常好的措施，比如《申报》在刚刚创办的时候，为了扩大自己的读者群，就创办了《瀛寰琐记》和《寰宇琐记》等几个文学副刊，不仅刊登小说，还用小说形式撰写新闻报道、游戏文章、灯谜等。通过为大众提供娱乐方式来吸引读者。副刊的这种导向，指引着依靠稿费而生存的职业作家，使他们的文学创作首先必须考虑读者的需求，必须贴近普通大众，写他们的喜闻乐见、悲欢离合，从而吸引更多的读者。读者的增加从另一面又提升了作家的知名度，从而使他们的稿酬水涨船高，同时也带动了报纸的销量陡增。这是一个良性的互动。

在中国古代，文学艺术主要以知识精英与高官贵胄为阅读对象。但随着近代的到来，中国报刊业日益繁荣兴盛，报纸的读者群日益扩大，报纸副刊的读者群，从封建贵族阶级的垄断主体，逐步向普通的市民阶级发生转向，读者的世俗化、大众化已经成为时代发展不可逆转的趋势。

二 报刊与文学观念的现代生成

文学生产、传播、接受等文学外部的转变，必然会体现在文学观念的转变上。在新的文学媒介背景下，文学生产者的创作应符合读者的需求，这就首先要改变传统的文学观念。

清末民初时期，文学领域较早开始现代性追求的主要是林纾的小说翻译。他通过大量的翻译小说将西方文学中西方人的现代生活情状、思想感情和价值观念等潜移默化地传达给中国的读者，影响甚大。然而比较早系统地提出文艺启蒙观念的，应是严复和夏曾佑的《本馆附印说部缘起》。该文利用西方社会进化论的思想观点来讨论中国的文学，提出可以运用小说这一民众喜闻乐见的文学形式来开发民智。“文章事实，万有不同，不能预拟。而本质之地，宗旨之所存，则在乎使民开化。”① 随后梁启超撰写了系列论文，如《论小说与群

① 《国闻报》1897年10月16—18日。

治之关系》《译印政治小说序》和《〈小说丛语〉发刊词》等，在借鉴西方人文思想来讨论文学的同时比较强调文学对世道人心及社会进化的功用，从而提出“故今日欲改良群治，必自小说界革命始。欲新民，必自新小说始”[①] 这个观点。

在启蒙文学被大力提倡的时候，审美的文学观念也在功利性的启蒙与救亡图存时代紧要关头被提出来。王国维是第一个提出以“唯美”文学观念的学者。1905 年，也就是梁启超提出文艺启蒙口号后的第三年，王国维发表了系列理论文章，如《论哲学家与美术家之天职》《古雅之在美学上之位置》《文学小言》等。在《论哲学家与美术家之天职》一文中，王国维强调的是文学与哲学的独立性，他认为文学应该排除政治因素的干扰，还原其自身的审美功能。“故美术之为物，欲者不观，观者不欲。而艺术之美所以优于自然之美，全存于使人物我之关系也。”他在此强调的是“审美自治”，以保持文学艺术本身的独立品格。王国维认为，哲学和美术是“天下万世之真理”“故不能尽与一时一国之利益合，且有时不能相容，即此神圣之存在也”[②]。在这个时期，周树人、周作人兄弟的文学观念与王国维的看法较为近似。1908 年，周树人发表了《摩罗诗力说》，他在论文中认为，人之所以要文学就是因为“一切美术之本质，皆在使观听之人，为之兴感怡悦。文章为美术之一，质亦当然”，“文章之于人生，其为用决不次于饮食、宫室、宗教、道德。”“涵养之人神思，即文章之职与用也。”[③] 启蒙现代性和审美现代性对于中国文学的现代转型的意义显得十分重要。这是因为，中国近代以来国家内忧外患，已经到了生死存亡的关头，如何挽救国家的危亡，已经成为当时各界精英普遍思考的问题。在文学思想界，激进知识分子倡导的启蒙现代性和自由知识分子坚守的审美现代性成为当时精英的两种取向。

在另一方面，现代性又有着对现代世俗生活的肯定与认同。这种肯定、认同与批判、超越，构成中国现代性的多维度及其内在张力。

---

① 梁启超：《论小说与群治之关系》，载《回读百年》，大象出版社 1999 年版，第 442 页。

② 王国维：《文学与教育》，载《王国维文集》，北京燕山出版社 1997 年版，第 264 页。

③ 周树人：《摩罗诗力说》，载《回读百年》，大象出版社 1999 年版，第 453 页。

现代性既包括世俗现代性，即现代性的肯定方面，也包括超越批判的现代性，即现代性的否定方面。现代世俗生活推动着社会现代化，批判的现代性改造着社会。而超越的现代性则抵制这现代社会功利的弊端，维护人的精神自由。所以，现代性是在世俗现代性、启蒙现代性和审美现代性的三个维度上展开的。但我们同时要注意，现代性在发展过程中，被赋予历史具体的现代意识精神，一种历史指向。在各个历史阶段，现代性的内涵有共同之处，但又很不相同。①

西方文艺复兴运动兴起后，人的个性得到张扬，世俗欲望获得认同，所有的这一切都解放了人们的感性与理性，使人们的视觉、触觉、听觉等各种感觉器官的功能开始觉醒。这种感性解放反映在文艺复兴时期的文学中就是在更深层面上，对基督教神性的放逐，放弃对上层社会生活和官方意识形态的传播功能，开始追求一种大众的、游戏的平民娱乐的世俗的生活方式、这种生存的基本特质就是走向感性，走向本能。西方现代化的过程就是一个世俗化的过程。

伴随着现代化的社会世俗化过程，在中国现代转型的文化语境中也极为相似。鸦片战争后，通过不平等条约，西方列强在开放的通商口岸倾销他们的商品。这些通商口岸及原来手工业本身就比较发达的沿海地区，商业贸易非常繁荣。另一方面，清廷统治阶层内部的一批先觉者企图以“师夷长技”来挽救国家危亡，遂开展洋务运动，兴办现代企业，特别是私人企业开始兴盛。“在1904—1908年期间，向该局登记的公司约272家，它们的核准资本总额接近一亿两银子。不过这个数字是夸大了的，因为实收到的大概只是核准的资本的半数或不足半数。这些公司也不都是近代企业。这272家公司中有44家是传统的个体经营的当铺、钱庄、中药铺，或其他批发和零售商店。不过大多数（272家中的153家）都是近代的股份有限公司。它们占全部资本积累额中的绝大部分。到1908年，它们事实上的确形成了全部中国现代化的企业。”② 商业繁荣带来了城市的发展和市民阶层的壮大，推动了市民阶层生活的世俗化。与之相呼应的通俗文学创作非常繁荣，只不过在以往的正统文学史中被遮蔽而已。

“被压抑的现代性亦泛指晚清、五四及30年代以来，种种不入

① 钱中文：《文学理论现代性问题》，《文学评论》1999年第2期。

② ［美］费正清：《剑桥晚清史》（下），中国社会科学出版社1985年版，第231页。

（主）流的文艺实验。在后续的年代里，为了服从某种单一的、可预言的进化论通途，它们曾被不少作家与读者、批评家与历史学者、甚至包括马克思主义者与弗洛伊德的信徒，否决、置换、削弱，或者嘲笑着。从科幻到狭邪、从鸳鸯蝴蝶到新感觉派、从沈从文到张爱玲，种种创作，苟若不感时忧国或呐喊彷徨，便被视为无足可观。”[①] 这是说，长期被压抑的文化现代性，在中国文学现代转型的过程中具有不可忽视的重要作用。这是因为当时文化保守主义在整个社会中具有话语霸权的地位，同时又因为通俗文学与商品经济结合得比较紧密，迎合中下层民众的需求，因而它的读者数量非常庞大。“如何为城镇市民提供带有消遣、娱乐有趣和传奇性的精神食粮就成为生存在都市的报刊所面临的一个先决条件。”[②] 因此，近代通俗文学在中国文学现代转型中占有重要的地位。

从清末时期开始，文学现代性就从三个维度上开展，形成多维的多元共生的文学格局。这一格局是因为在中国近代的大变革中，由文化上激进主义、自由主义和保守主义的多元思想格局的影响而形成的。文学现代性的三个维度直接影响到文学的创作中，形成启蒙的文学、审美的文学和通俗的现代文学格局。

三　报刊与文体、话语的现代变革

新型传播媒介的出现，必然对文学的文体产生重大的影响。小说和戏剧这些可读性强的叙事性文学，开始由边缘走向中心。中国传统文学以诗文为正统，古代作家们的创作是为了“载道”或“言志”“小说是小道”。他们的创作归根到底不是以广大市民为读者，因而，可读性强的小说等文体，在文学史上是没有地位的。班固的《汉书·艺文志》中就说：“小说家者流，盖出于稗官。街谈巷语，道听途说者之所造也。”[③] 在这里，小说家的地位就如稗官的地位一样低贱，他们所撰写的小说，也只能说是为统治阶级提供社会的真实信息，而登不了文学大雅之堂。北宋欧阳修在《归田录》中记录了北宋文人钱惟

---

① 王德威：《被压抑的现代性》，北京大学出版社 2005 年版，第 3 页。

② 郭延礼：《中国前现代文学的转型》，山东大学出版社 2007 年版，第 26 页。

③ 班固：《汉书·艺文志》，中华书局 2007 年版，第 338 页。

演的自述："平生好读书，坐则读经史，卧则读小说，上厕则读小词。"① 在这里，小说是生活的调剂品，读小说只是消闲娱乐而已。就是在小说创作繁荣的明清时代，小说的地位还是与传统的诗文无法相提并论。最能典型性展现小说家处境的个案，就是曹雪芹写出不朽名作《红楼梦》后，还是过着悲苦的生活。小说创作的成功并未为作家带来身份地位的提高和物质生活的改善。《小说林》发刊词"黄之于小说也，博弈视之，俳优视之，甚至鸩毒视之，妖孽视之，言不齿于缙绅，名不列于四部"②。在正统的读书人的观念中，小说有百害而无一是。

但是随着近代报刊业的发达，报刊与商品经济的天然纽带关联，使报刊文学逐渐为新兴的市民社会所接受和喜爱，他们成为报刊文学的主要读者群。为了满足他们的需要，报纸文艺副刊开始大量刊登小说等可读性强的文学作品，以期留住和吸纳更多的读者。稿酬制度的确立使小说的创作和作者的经济效益直接挂钩，创作小说可为作者带来物质生活上的富足。在另一方面，甲午战争后中国危亡的局势日渐急迫，有志之士开始利用报刊这个公共场域宣传维新和革命思想，从意识形态上提高小说的地位，以期通过小说的吸引力和影响力来开民智从而挽救民族的危亡。这一发展趋势渐成气候，从而使文学与现代政治联姻，这种联姻在绑架小说的同时，也提升了小说的地位。

文体观念的转变最为突出的成就，就是打破了旧有的重诗文而轻小说的文学观念，把小说提高到"文学最上乘"的突出地位。同时在文学内容上冲击了小说"意在教忠""意在教孝"和"意在教之明礼与义"的道统作用，把小说纳入鼓民力、开民智、新民德为图强救国服务的民族国家观念中来。"中国文学史上，从没有哪一个时期发生像20世纪这样的艺术形式大变革：古典诗词文一下子失去了文学的正宗地位，文言小说基本消亡了，戏剧、报告文学、散文诗歌、现代经典小说这样一些全新的文体则是前所未见。"③ 具体反映在晚清小说

① 欧阳修：《归田录》。

② 《小说林发刊词》，《小说林》1907年第1期。

③ 黄子平、陈平原、钱理群：《二十世纪中国文学三人谈·漫说文化》，北京大学出版社2004年版。

创作的繁荣上，根据阿英《晚清小说目录》分析，晚清小说创作共619种，翻译小说516种。再加上有些篇目的遗漏，阿英估计整个晚清时期小说总数在2000种以上。吴趼人对这种繁荣的局面有些吃惊："吾感夫饮冰子《小说与群治之关系》之流出，提倡改良小说，不数年而吾国之新著新译之小说，几于汗万牛充万栋，犹复日出不已而未有穷期也。"①

文体改变与有清一代的学术思想背景的转变有着密切的关联。自清代中叶开始，统治者大兴文字狱，学者为了避祸全身淡出思想，学术导向开始发生变化，学术界开始从尊崇玄虚的宋学转向注重考据，推崇实证，发展成清代显学——朴学。这种学术风气一直沿袭到晚清时期。清末，以皮锡瑞、康有为为代表的今文经学，与以章太炎、刘师培为代表的古文经学，形成了近代的今古文经学之争。这种转变明显地体现在中日甲午战争前后，龚自珍、魏源等人在西方外来文化冲击下新的历史时代背景下，崇尚经世致用的今文学，形成宣传求变，要求改革的理论。在这种大的时代背景下，西方的科技文化的输入正切合了这种求新求变的时代要求。阿英在分析晚清小说的繁荣原因时认为，"第一，当然是印刷事业的发达，没有此前那样刻书的困难；由于新闻事业的发达，在应用上需要多量生产。第二，是当时知识阶层受了西洋文化影响，从社会意义上认识了小说的重要性。第三就是清室屡挫于外敌，政治上及其失败，大家知道不足与有为，遂写作小说，以事抨击，并提倡维新与革命"②。

文学观念和文体观念的变化，必然从内到外地体现在文学话语叙事方式的改变上。清末民初文学话语方式的变革，首先体现在提倡白话文上，其次体现在大众化的叙事方式的转向，最后就是大众化叙事之中隐含的现代批判意识。

现代文体观念的变化发生了显著的变化，小说与戏曲等叙事文学地位的上升，必然带来话语方式的变革。清末民初时期，西方各种思想文化不断地被介绍到中国，并开始影响整个国家。这使整个社会对于传统的政治、经济、文化、道德等方面的观念发生变化，人们对人生、社会的理解再也不和古代一样了。这种变化在甲午战争之后越发

① 吴趼人：《月月小说序》，《月月小说》1906年第1期。

② 阿英：《晚清小说史》，江苏文艺出版社2009年版，第1页。

明显。这种新的人生观、价值观需要一种全新的现代话语方式来表达。这突出表现在大众化的叙述方式的确立上。《申报》在创刊时确定的方针，就是“文则质而不理，事则简而能详，上而学士大夫，下及农工商贾，皆能通晓”①。

清末时期开始，文学观念由传统的“文以载道”的一统文学观念逐步为启蒙、消闲、审美的多元文学观念所取代。对于启蒙的文学来说，为了实现政治救亡的意识形态目标，就必须通过向整个社会民众进行开民智、启民德的政治启蒙。但当时除了少数接受过正规教育的知识精英能够读懂艰深的古文言外，社会中下层民众难以理解文言文传达的政治意义。为广开民智，使政治思想能够变成通俗易懂的东西，在社会普遍传播开去，供他们选择的途径有两个，一是利用报刊传播的广度和速度；二是改文言文为底层民众使用的语言——通俗的白话文。这种选择非常符合现代新闻传播的大众性、易读性的特征。对于消闲的文学来说，文学就是用来娱乐、消遣、放松的。在劳累了一天之后放松心情、解疲劳的一种方式。这种以为读者提供休闲娱乐为目的的文学，不得不考虑报刊的读者（报刊的读者已经不仅仅限于知识精英，还有很多下层民众）的需求及考虑他们的阅读能力。白话文也成为其必然的选择。申报馆在通俗化方面的努力有一个很好的佐证，由于《申报》上的文字不容易为初识文字的下层劳动者所了解，但为了扩大自己的读者阅读群，申报馆决定于1876年3月30日出版《民报》，用浅显易懂的文字写作新闻报道，使那些文化水平不高的底层民众也能看得懂，并且在《民报》上的文章开始使用标点符号断句，这比“五四”白话文时期使用标点符号要早40余年。对于现代审美的文学来说，“文学是用美妙的形式将作者独特的思想和感情传达出来，使看的人能因而得到愉快的一种东西”②。能够将作者的思想感情写得越细腻，文章的艺术性就越强。要想将我们的情感思想尽可能地多写出来，最好的办法就是如胡适所说的，话怎么说，就怎么写。必如此，才能“不拘格套”，才可以“独抒性灵”。而文言文因为表达的简括，在表情达意方面远不及白话文细腻，加之晚清社会的急剧变革，外来西方新鲜事物不断涌现，文言文中已经没有相对应的

① 《本馆告白》，《申报》1872年4月30日。

② 周作人：《中国新文学的源流》，江苏文艺出版社2007年版，第2页。

词语与之相应，就更难以表达。所以说，“想要表达现在的思想感情，古文是不中用的”[1]。因此，在表情达意方面，不能不用白话文。

近代新闻传播与中国现代文学关系密切，对中国文学现代转型产生了重要影响。近代报刊在文学外部如文学的生产、传播、接受和文学的内部如文学观念、话语、文体等方面都对清末文学产生了深刻的影响，从文学外部推动了中国文学的现代转型。

① 周作人：《中国新文学的源流》，江苏文艺出版社2007年版，第60页。

第二章

近代报刊与职业作家的出现

在传统社会中，文学家的地位是以其政治地位为支撑，文学家只有依附于政治权力的庇护才具有自己的地位。因此在某种程度上来说，前现代的文人与政治建立的是一种人身依附关系，他们并未构建起自己的主体性。但近代印刷媒介出现之后，这种以大众为对象新的传播媒介提升了文人的地位。“印刷文化以一种相反但又互补的方式提升了作者、知识分子和理论家的权威。”① 对于大众来说，他们对信息的接收可以不受外界的干扰，这就排除了冲动的情感因素对接收信息的影响，从而能够独立冷静思考，这种思考能够带来思想的独立和主体人格的建构。正是近代报刊的出现，将传统文人从对封建皇权人身依附关系中解放出来，构建起自己独立的主体性，进而能够在新的文学场域中成为职业作家。作家自身主体性的建立才能成为真正意义上的现代作家，才能通过文学作品启蒙大众，才能达到真正意义上的审美。

第一节　“士”的现代转型

中国“士”的现代转型是在中国文化内部和西方科学思想的双重影响下进行的。鸦片战争后，传统的“士”在知识体系、价值观念、职业身份、人格独立等方面朝着现代转型。在知识体系方面，从以传统四书五经为主的儒家经典转化为以现代科学知识为核心；在价值观念方面，从传统的“道”转化为以科学、民主、自由、平等思想为核心的价值观念；在职业身份上，从单一的出仕到现代职业的多元化；

① ［美］马克·波斯特：《信息方式——后结构主义与社会语境》，范静哗译，商务印书馆2000年版，第115页。

在人格独立方面：从传统的依附封建皇权到现代知识分子的人格独立，具有较强的现代独立人格意识。

一　古代士阶层的终结

“士”即中国古代的知识阶层。士作为一个阶层，大约出现在春秋战国时期已成为大多学者的共识。余英时就认为：“中国知识分子之形成自觉的社会集团是在春秋战国之际才正式开始的。”① 徐复观也认为：“到了春秋时代，古代遗留下的僧侣，已经向社会知识分子演变。”② 虽然在此之前的商周时期，“士”字就出现了，但是我们根据文献知道，在商周时代，“士”主要泛指政府各部门掌事的中下层官吏。清代的顾炎武在《日知录》中就明确地指出：上古时期“谓之士者大抵皆有职之人”③。

春秋战国时代的“士”与上古时期的“士”是不同的。许慎的《说文解字》就解释说：“士，事也，数始于一，终于十，从十一。孔子曰：推十合一为士。段玉裁注曰：引申之，凡能事其事者称士。《白虎通》曰：士者事也，任事之称也。故《传》曰：通古今，辨然否，谓之士。”④ 无论“通古今，辨然否”或者“推十合一”，都是对春秋战国后“士”的一种描述。从这种描述来看，春秋时期开始，士与早期的意义不一样。从这个时期开始，士从事的不再是一些具体的、技术性的实际事务，而是创造和司掌着整个社会的知识体系和价值体系。“‘士’是精神修养和经典教育的产品，只有他们才能提供政治秩序所必需的道德操守和知识技能。”⑤ 由此，中国的士在春秋战国时代已经从“古代文武不分的‘士’转变为研究‘诗、书、礼、乐’的文士，相当于社会学家所谓‘文化事务的专家’。‘士’作为一个特殊的社会阶层正式登上中国史的舞台”⑥。

士作为一个专业的社会阶层，在战国中晚期已经正式形成。这一新兴阶级有两个最大的特色。第一，士从古代贵族的最低一级转变为

① 余英时：《士与中国文化》，上海人民出版社 2003 年版，第 80 页。

② 徐复观：《中国知识分子精神》，华东师范大学出版社 2004 年版，第 4 页。

③ 顾炎武：《日知录》，上海古籍出版社 2012 年版，第 440 页。

④ 许慎：《说文解字》，中华书局 2013 年版，第 18 页。

⑤ 余英时：《中国文化史通释》，生活 · 读书 · 新知三联书店 2012 年版，第 205 页。

⑥ 同上书，第 206 页。

新社会结构中的“四民之首”。《春秋·穀梁传》中就明确写着：“上古者有四民：有士民、有商民、有农民、有工民。”第二，由于受过精神训练和经典教育，“士”的专业主要在担任政府中各方面和各层级的领导工作；这一点至战国末期也已取得社会的共识。“士”这个阶层已经明确了以“仕”为自己的专业取向。孟子很早就说过“士之仕也，犹农夫之耕也”。这是“士”这个阶层在形成的早期就肯定了四民的社会分工，以进仕为自己的志向。

“士”作为一个知识阶层在中国的出现具有非常重要的意义。自其形成始就凭借对文化领导权的把持和对主流价值观念的守护，士阶层就积极参与到国家政治生活中，成为沟通封建君主和其他社会阶层的中介和桥梁。钱穆认为：“中国传统政治，其中央、地方之政府，尽由士人组成，当为士人政府。士人则代表民众，帝王世袭，则便于广大民众以大国之一统。而为帝王者，亦必深受士人之教育。”① 马克斯·韦伯就明确指出：“2000 多年来，士人无疑是中国的统治阶层。”②

中国传统的士人掌握着文化的领导权，凭借科举考试制度与政治联姻。“从汉到清两千年间，‘士’在文化与政治方面所占据的中心位置是和科举制度分不开的。通过科举考试，‘士’直接进入权力世界的大门，他们的仕宦前程已取得了制度的保障。”③ 科举制度与人的身份、家世、年龄、财产等没有多大的关系，原则上对封建皇权下所有的男性开放，它注重的是每位考生的能力。这种能力最基本的有两种：一是固定的考试项目，即诗文的写作能力。它以主考指定题目，考试要求上，对字数、篇章结构、韵律、典故的运用有高度的体制性要求。二是关于儒家经典作品的解读。这种解读是建立在对儒教经典作品四书五经大约 40 万字的准确背诵的基础上的。这两项能力概括一下，其实就是有无文化能力与道德能力。科举要求的固定诗文写作能力，其实就是考察考生是否具有文化能力，考试的内容儒家经典是为了考查学生是否具备道德能力。

---

① 钱穆：《晚学盲言》（上），广西师范大学出版社 2004 年版，第 317 页。

② ［德］马克斯·韦伯：《儒教与道教》，王容芬译，江苏人民出版社 2010 年版，第 116 页。

③ 余英时：《士与中国文化》，上海人民出版社 2003 年版，第 6 页。

士人与政治的联姻带来的是具有中国特色的政学合一的特色。钱穆就一针见血地指出："中国政学合。秦汉以下，政治以学术为导向，全体政治人员，自宰相以下，皆出于学。先有察举制，后有考试制，为之作规定。王室在政府之上，乃亦同受学。政治在中国，可称为一种学治，而西方则否。"[①] 士通过对"礼仪、行为规范、保存常识信条、为人类价值提供超越基础的关怀，引导他们在社会中发生与教士相比拟的作用。探明对知识、智慧、做人的尊严、社会准则、理想生活的追求，又促使他们扮演哲学家的角色"[②]，为封建统治提供一套意识形态的理论支持。由此可以看到，在封建时代中，士人要保持其在社会政治中的地位，必须肩负起文化知识承传和伦理道德坚守的双重重任。

中国社会发展到近代以后就进入一个由传统向现代社会的转型期。从这个时期开始，士作为一个阶层开始慢慢地走向终结。这个终结过程是一个漫长而痛苦的过程，是知识分子心灵挣扎的历程。知识分子内心充满了迷茫、彷徨，绝望而又充满新生涅槃般的心路与灵魂的救赎。在这种焦灼的时代背景下，中国的知识人由传统的"士"向现代的知识分子转型。到 1905 年，科举制度被废除，传统的士作为一个阶层在中国全面终结。士阶层的终结在另一种意义上说，也即中国现代知识分子的形成。现代知识分子概念是西方近代以后出现的。但是现代知识分子概念却与中国古代的"士"在很多方面有着相似的地方。余英时就敏锐地指出"西方学者所刻画的'知识分子'的基本性格竟和中国的'士'极为相似"[③]。士与知识分子在文化知识的承传和社会基本价值的维护方面，其基本精神是一致的。但是，我们却不能将中国的"士"等同于现代意义上的知识分子。传统的士与现代的知识分子的区别主要表现在知识体系、道的理解、人格身份和职业取向等方面。

二　知识体系与价值观念的转变

士是精神修养和经典教育的产品，只有他们才能提供政治次序所

① 钱穆：《晚学盲言》（上），广西师范大学出版社 2004 年版，第 161 页。

② ［美］杜维明：《道、学、政：论儒家知识分子》，钱文忠译，广西师范大学出版社 2010 年版，第 11 页。

③ 余英时：《中国文化史通释》，生活·读书·新知三联书店 2012 年版，第 205 页。

必需的道德操守和知识技能。士的这两种能力的形成是与中国的科举制度紧密相连的。2000多年的科举制度如交响乐团的指挥棒，引导着古代的读书人按照规则，构建符合封建统治的统一知识体系。这种知识体系就是科举考试内容所要求的。从西汉到南北朝的察举时代，是以推荐为主、以考试为辅。到东汉，举孝廉者，人满为患，于是就改制考试淘汰，明确考试为："诸生试家法，文吏课笺奏"①，或"儒者试经学，文吏试章奏"②。后到以科举考试为主的时代，唐代考试内容以诗赋为主。③进士科杂文专试诗赋并且录取以诗赋为重，也是在近百年时间考试的反复修改中形成的。宋初年，考试内容大致延续唐代，进士试诗、赋、论各一首，策五道，帖《论语》十帖，对《春秋》或《礼记》墨义十条。后宋神宗改制，进士考试废除诗赋、帖经墨义而改经义、论策。经义从此成为一种主要的考试内容并逐步取代诗赋。到明清三场，首场是经义三篇；二场是论、表、判等；三场是经史时务策。由此可以发现，中国古代科举考试的内容不外乎经学（家法、帖经墨义，经疑、经义）与文学（诗赋）。按现代眼光，经学则是哲学、伦理学，同时又是政治学、社会学，同时包括了人文与社会科学。④

到近代以后科举考试这种重人文方面的内容而轻科技的弊端开始受到知识精英的质疑。冯桂芬说："据西人舆图所列，不下百国。此百国中经译之书，惟明末意大利亚及今英吉利两国书数十种。其述耶稣教者，率猥鄙无足道，此外如算学、重学（按：力学）、视学（按：建筑图中的透视学）、光学、化学等，皆得格物致理，舆地书备列各国山川厄塞风土物产，多中人所不及。"⑤李鸿章在平定太平天国叛乱的过程中，逐步接受西方的先进技术，进而明白中西文化中的这一不同。"中国士大夫沉浸于章句小楷之积习，武夫悍卒又多粗蠢不加细心，以致用非所学，学非所用。无事则斥外国之利器为奇技淫巧，以为不必学，有事则惊外国之利器为变怪神奇，以为不能学。"⑥

① 《后汉书》卷六十一，《左雄传》。

② 《后汉书》卷四十四，《胡广传》。

③ 徐松：《登科记考》卷二，中华书局1984年版。

④ 何怀宏：《选举社会》，北京大学出版社2011年版。

⑤ 冯桂芬：《校邠庐抗议》，中州古籍出版社1998年版，第209页。

⑥ 蒋廷黻：《中国近代史》，上海古籍出版社2005年版，第85页。

近代中国的失败，外在于科技的失败。“科学技术是第一生产力。”“一个国家的工业化程度可以通过其机器制造业技术装备拥有的为制造机器和其他制造工具等等所用的更为精密的仪器来衡量。”① 虽然当时清政府的 GDP 总量在全世界仍然占据重要地位，茶叶、瓷器及农业产品是其主要构成成分。GDP 的质量远远低于西方以钢铁为主的科技强国。蒋廷黻就认为，“到了 19 世纪，我民族何以遇着空前的难关呢？第一是因为我们的科学不及人。人与人的竞争，民族与民族的竞争，最足以决胜负的，莫过于知识的高低。科学的知识与非科学的知识比赛，好似汽车与洋车的比赛。在嘉庆道光年间，西洋的科学基础已经打好了，而我们的祖先还在那里做八股文，讲阴阳五行”②。科技实力是现代工业文明的核心要素和重要指标。由之而带来的是内在地指向于中国现代人才的极为匮乏。但是我们实行千年的科举制度关于人才的选拔考试的支撑社会基础依然是农耕文明。这种文明在新兴的工业文明面前已经渐渐丧失其优势，并逐步凸显其与世界潮流的不合时宜性。因此，构筑于农业文明的科举制度选拔不出工业文明所需要的科技人才。

至此科举考试的内容已成为万夫所指，特别是士中的先知先觉者已经明了传统士的知识体系完全不适合时代的发展要求，更新现代的知识体系已经是箭在弦上不得不发。更新传统读书人知识体系培养现代知识分子的途径有三条：

一是广开学校输入西学。科举制度在 1905 年被废除后，大量现代学校在全国涌现。“1909 年，国内计有大学 3 所，高等学堂 24 所，高等实业学堂 127 所，共计学生 28611 人。”③ 在这个统计中还不包括当时大量出现的师范学堂、教会学校等私立学校。在另一个统计中科举前后学堂的发展有更为明显的对比：“1895 年以前，全国仅有新式学堂 20 所，1895 年至 1898 年又增加 19 所，到 1903 年就有 769 所。科举制废除后，新式学堂的增长更是如雨后春笋般发展起来。到 1909

① ［意］葛兰西：《狱中札记》，曹雷雨等译，中国社会科学出版社 2000 年版，第 6 页。

② 蒋廷黻：《中国近代史》，上海古籍出版社 2005 年版，第 3 页。

③ 李良玉：《动荡时代的知识分子》，浙江人民出版社 1990 年版，第 55 页。

年，增加到59117所，学生达1639642人。”① 新式学校兴盛的意义不在于其本身而在于其迥异于传统书院的教学内容及其欧美化的学生知识体系，这使其适应于现代社会发展的需要。特别是科举制度废除后传统的儒家经典的地位已经在新式学校急剧下降，而有关于西方的人文社科及科学知识成为主要的教学内容。换而言之，现代学校的兴起带来了西学在中国的全面输入，西学逐步取代中国传统的儒家经典成为中国知识分子知识体系的重要组成部分。

二是走出国门接受西学。由于迫切需要合格教师从事新学堂教学，清政府和各省官员从1901年开始鼓励学生出国留学，但中国学生出国留学并非开始于19世纪末，只是到20世纪初才开始成为一种潮流。在洋务运动中大约有120名青少年在1872—1881年被送到美国留学。清末民初，学生国外留学目的地一为欧洲和美国。清末民初时期留学欧美的人数较少，相对而言，对当时的社会政治经济发展影响较小。另一个留学目的地为日本。由于在日本学习比较容易，费用不高，生活比欧美便宜，导致日本在1900—1912年间成为中国青年出国寻求现代教育的普遍目的地。1897年留日学生不过数十人，到1898年增加到大约100人，到1903年已达763人。1904—1906年，每年留日学生人数在8000人左右。② 出国留学意味着读书人接受西学的方式由间接转向直接，置身于西学的文化氛围中全面感知西方的文化接受其熏染。留学国家能提供书本知识之外更多的东西，如西方人的价值观念、思维方式，生活方式以及西方现代的物质文明。西方现代文明直接刺激这些留学生们的眼睛使之产生强烈的震撼。正如梁启超指出的：“从内地来者，至香港上海，眼界一变：内地陋矣。不足道矣。至日本，眼界又一变：香港上海陋矣，不足道矣。”③

三是报刊译著普及西学。鸦片战争后在外报工作的华人在熟悉了外国人办报的理念及运作流程后开始创办华人自己主编的中文报纸，如王韬、陈霭廷等人利用报刊大量刊登介绍西学。19世纪70—80年

① 李晓英、牛海桢：《科举制废除及绅士阶层在新式教育领域中的贡献》，《甘肃社会科学》2006年第6期。

② ［美］格里德尔：《知识分子与现代中国》，单正平译，广西师范大学出版社2010年版，第141页。

③ 梁启超：《新大陆游记节录》，载《饮冰室合集》专辑卷2，上海古籍出版社1936年版，第36页。

代，中国出现了国人自办的报刊但数量不多。1870 年代，上海报业繁荣，在上海办的报刊开始走在全国的前列。同时为在中国进行维新变法达到推动朝廷变法为目标的政治目标，以康有为为代表的维新派在中国着手创办报刊宣扬维新变法思想，为变革营造舆论氛围。1895 年 6 月 23 日，康有为等在北京创办维新派的第一家报刊——《万国公报》，11 月改为《中外纪闻》。在维新派的首发影响下，国人掀起了办报的热潮。据不完全统计，在 1896 年至 1898 年的 3 年时间中，国人创办了 105 家中文报刊，而从 1873 年到 1895 年的 22 年时间里，中国人创办的中文报刊不到 20 家。这些报刊进一步推进前期对西学的译介，随着报刊发行量的提升这种西学的引进逐渐转化为普及。

清末民初，读书人通过现代学堂、出国留学、兴办报刊等多种方式，艰难地进行着知识体系的更新。随着知识体系的更新传统的“士”也慢慢地转化为现代的知识分子。

新的知识体系必然会产生一种与其相配备的价值观念。近代中国知识分子的知识体系的更新使他们对世界的认识——“道”慢慢也发生了很大的变化。传统的士人对“道”的理解导致他们对“道”的坚持以及由此而推导出的道德这一行为规范并将其作为自己的行为准则进而将其推向社会，在社会结成一张道德的大网来推行他们心目中的社会理想。那么我们就要问，“道”是什么？传统的士理解的“道”和现代知识分子所理解的“道”有什么区别和联系？以及“道”如何实现现代的话语转换？

“道”为天道。这在春秋时代孔子出现之前就形成一种大体上的认识。天道即以天道的变化来说明人事的吉凶祸福。这个观点在清代的钱大昕：“古书言天道者，皆主吉凶祸福而言。《古文尚书》：满招损，谦受益，时乃天道。天道福善而祸淫。《易传》：天道亏盈而益谦。《春秋传》：天道多在西北。天道远，人道迩。灶焉知天道！天道不滔。”由此我们可以看到，春秋以前“道”为天道，具体主管人世间的吉凶祸福。这是人类在蒙昧阶段对未来的不确定性的恐惧而导致对大自然的敬畏从而构建了天道。在中国原始的宗教中少数具有特殊能力的人可以成为沟通天与人之间沟通的媒介，如商代的卜人、周代的巫，他们是以“知天道”为自己的专业。

到春秋时期，原始的天道观念已经开始发生改变了，出现了对此观念质疑的声音。子产就说：“天道远，人道迩。非所及也，何以知之？灶焉知天道？”① 他不相信灶能够知道天道。更为重要的是，子产提出的“天道远，人道迩”的重要认识，突破了原始天道的吉凶祸福，将道德重心从天上转移到人间了。从此之后，先秦百家分别从各自的理解发展了“道”的观念。余英时就说：“大体上说，各家的道，都把天道和人道结合了起来，所以都是具有所谓天人合一的倾向。”②不同的是，他们各有侧重，如道家则侧重于天上；儒家侧重于人间的道。荀子就认为：“道者，非天之道，人之所以道者。”③ 所以从这个意义上说，中国的“道”源于古代的礼乐传统，这基本上是一个安排人间秩序的文化传统。其中虽然也含有宗教的意义，但它与其他民族的宗教性的道统截然不同。孔子云：“君子不器。”君子不像器皿一般（只有一定的实用用途）④。由此，我们可以引申为传统的士应从事的是一种超越性的、非实用的、非工具性的精神性劳动。《易经》曰：“形而上者谓之道，形而下者谓之器”，所以孔子就说：“士志于道，而耻恶衣恶食者未足与议也。”⑤ 孔子的弟子曾参更把士的道德要求提高到非常崇高的地位：“士不可以不弘毅，任重而道远。仁以为己任，不亦重乎？死而后已，不亦远乎？”⑥

但是到了近代，西方的自然科学知识被全面引进并被知识分子充实为自己新的知识体系。这种知识体系已经与构建在四书五经的儒家经典知识体系上的传统之道发生了根本性的抵触。现代知识分子开始运用科学（既包括自然科学研究、新技术技艺的发明创造，也包括科学精神、科学态度和科学方法）进行启蒙，反对愚昧、落后，破除迷信，号召人们追求真理，以求真务实的精神观察、解决宇宙和社会的各种问题，推动社会历史前进。

在1840年的中英鸦片战争中，西方坚船利炮所显示的现代科技力量开始使中国士人中的部分精英觉醒了。他们提出开眼看世界着手了解西方，著书立说，办报办刊，翻译出版西方的书籍，向国人输入西方的科技知识。“师夷长技以自强”主张的提出意义深远。它不仅

① 《左传·昭公十八年》，中华书局2009年版。

② 余英时：《士与中国文化》，上海人民出版社2003年版，第604页。

③ 《荀子·儒效》，书海出版社2001年版。

④ 杨伯峻：《论语评注》，中华书局2005年版，第17页。

⑤ 《论语·里仁》，中华书局2009年版。

⑥ 《论语·泰伯》，中华书局2009年版。

仅为科学水平明显落后的中国反抗西方强势入侵找到了切实可行的途径，更为重要的是，改变了传统藐视西洋、盲目排外的惯性思维，破除了几千年来固化在士人心头封闭、顽固、守旧的天朝中心观念，开始认识到西方文明和中华文明一样具有先进性，开始以竞争开放的眼光看待世界，主动接纳西方的自然科学。在洋务运动开展的进程中，他们逐步发现单纯学习西方军事器械，建立中国的军事企业，如江南制造总局、福建船政局，难以从根本上解决中西的差距，必须进一步从单纯的技术学习，发展到学习西方的科学理论、科学方法、科学态度和科学精神。王韬就明确指出："今近一切西法，无不从格致中出。制造机器，皆由格致为之根底，非格致无以发明机理。"[①] 这种认识已经将对单纯的军事技艺的学习推向更广更深层次的普遍意义上的自然科学的学习，如科学理论等更为深层的科学层次。

但这种西学还是建立在"中学为体，西学为用"的原则上，只是在原有的知识体系上加以补充，其精神内核没有发生质的改变。这还不足以使中国传统的价值、思想观念得以从本质上加以现代化。这种本质上的转化只有到中日黄海大战中国以强大的海军力量反而惨败于日本产生的强烈震撼，才会使中国人的认识更进一步，进入比较深的层面：由单纯的自然科学深入社会科学和思维科学。[②] 严复就说："大抵宇宙究竟与其原始，同于不可思议。不可思议云者，谓不可以名理论证也。"[③] 这种认识，就不限于把科学看作求强求富的工具，而开始探求科学原理，用科学的方法解释世界上的万事万物的构成与发展。

西方自然科学的传入改变了中国传统读书人对于世界的认识，使他们逐步获得了个体主体意识的觉醒，增添了反对理学蒙昧对封建神权的迷恋，确立了现代的科学观念。这种变化促成了传统士的"修德明道"的观念向现代知识分子的"求知"观念的转变。士大夫从传统道德守护者、弘扬者逐渐让位于探究现代知识的知识分子。许纪霖就说："晚清以后，在西方科学思想的催化和中国思想传统内部发酵的双重因素之下，传统的天理观逐渐演变为科学的公理观，以道德为中心的规范逐步让位于以科学为中心的自然知识。而能够掌握、控制这

---

① 王韬：《格致书院丙午年课艺序》，载《格致书院课艺》，1893 年。

② 郭延礼：《中国文学系精神》，山东教育出版社 2003 年版，第 78 页。

③ 严复：《天演论·新反》，译林出版社 2011 年版。

一新的科学知识的生产流通和消费的整个过程的，正是从传统士大夫那里蜕变而来的现代知识分子。”① “科学”这一中心观念到“五四”全面取代传统的“道”，被现代知识分子作为一面高举的大旗，成为现代中国的主题。

三　职业身份与独立人格的形成

现代知识分子通过各种途径学习近代西方自然科学和社会科学知识，形成了相对来说比较完整的知识体系。这种知识体系使他们的世界观、价值观发生了巨大的变化。加上科举制度被废除，“学而优则仕”的老路已经走不通了，他们转而在文化、教育、新闻、出版、医疗、卫生等各种新型的机构中寻求新的出路。周作人曾说：“前清时代士人所走的道路，除了科举是正路之外，还有几条岔路可以走得。其一是做塾师，其二是做医师，可以号称儒医，比普通的医生要阔气些。其三是学幕，即做幕友，给地方官做‘佐治’，称作‘师爷’，是绍兴人的一种专业。其四则是学生意，但也就是钱业和典当两种职业，此外便不是穿长袍的人所当做的了。”②

现代知识分子的职业化是构建在中国近代实业的发展和城市兴起的基础之上的。近代中国饱受外强欺凌，这激发了国人的救国热情从而转向学习西人。自洋务派为制造西方先进的枪炮船械，先后创办大批军用工业，如江南制造局、福州船政局等。同时，为解决军用工业遇到的燃料、原料和交通运输及经费等方面的问题，从 19 世纪 70 年代开始，洋务派兴办了大批的民用工业。据统计，到甲午战争前，民用企业达 20 多家。这些新式的军用民用工业加上先前出现在通商口岸的外国人办的企业，据统计，19 世纪 90 年代，洋务工矿工人就达到 36810 人。现代企业的发展提供了大量的就业岗位。同时，现代企业需要大量的新式人才。为解决人才的问题，国家又开始兴办现代意义上的学校，培养企业需要的人才。这些学校在培养人才的同时，又为读书人提供了新的职业。如在洋务运动中，被送往美国留学的 120 名留学生，尽管绝大多数尚未学成，就因为清政府的错误决策回国，但他们回国后“分布在海关、铁路、矿务、外交、电报、商业及律

① 许纪霖：《中国知识分子十论》，复旦大学出版社 2011 年版，第 7 页。

② 周作人：《知堂回忆录》（上），河北教育出版社 2002 年版，第 62 页。

师、教师、编辑、医生、政府官员各界”①。

同时，近代城市的发展为现代职业提供了可能性。自近代以来，东南沿海的城市发展是由殖民者入侵带来的副产品。东南漫长的海岸线上散布着许多城市：广州、香港、厦门、泉州、福州、宁波、上海、杭州、苏州等。这些近代中国最早发展起来的城市加上西方列强强迫开放的长江通商口岸城市：南京、无锡、芜湖、安庆、九江等，构成了东南沿海最集中的城市群。到20世纪初，逐步形成了以北京、上海、广州为中心的大小城市群。据统计，20世纪初，中国有2万人口以上的城市312个，其中人口2万到5万的216个，5万到10万的46个，10万到50万的41个，50万以上9个。② 特别是以上海、南京为中心的江浙两省不仅城市数量多，而且城市人口数量也居全国前列。1921年，上海人口已经超过150万居全国第一。1911年杭州人口68万，1912年宁波人口65万，1916年南京人口近38万。保守估计，20世纪初全国城市人口当在2000万以上。③ 城市对外贸易和其商业生产以及由此引起的商业服务业的繁荣，为社会提供了各种赚钱盈利、就业谋生的机会，“在上海的中国人中许多是外地人、他们是被各种各样的就业机会吸引到这里来的”④。

这些城市聚集着大量的工厂、企业及设立大量的学校、西人创办的教会学校以及对西学的引入。这些都使城市成为全国各地区最早的近代工业制造中心，新式教育中心和西学传播中心。许纪霖就说："晚清的知识分子与传统的士大夫相比较，有诸多的不同。……读书人的出路变化了，不再是像过去那样只有仕途一条路，他们与国家的制度化联系随着科举制度的废除被切断，知识分子不再是国家精英，他们成为自由浮动资源，开始流向社会：军队、商业、金融、实业、媒体、出版业和学院，也有一部分生存在社会正式结构的边缘和外

① 杜百然、楼庆元、郭金彬：《洋务运动与中国近代科技》，辽宁教育出版社1991年版，第196页。

② 竺可桢：《论江浙两省人口之密度》，《东方杂志》第23卷第1期。

③ 郑大华、彭平一：《社会结构变迁与近代文化转型》，四川人民出版社2008年版，第186页。

④ 《海关十年报告1882—1891》，载《上海近代社会经济发展史概况（1882—1931）》，徐雪筠等译编，上海社会科学院出版社1985年版，第21页。

围，成为国家的反叛者和造反者。”①

由于人们的职业不同，这导致他们的经济收入和社会地位的改变。“在现代城市里，买办、富家、大资本家、大投资人是社会的上层，一般商人、小资本家、政府职员、技术工人、编辑、教师、医生、律师、记者、自由撰稿人等是社会中层，工人、小手工业者以及大量小商贩是社会下层，而广大苦力、佣工、娼妓是社会下层之下层。”② 在传统的社会序列“士、农、工、商”的排序中，士为四民之首，是社会的上层，而商为四民之末。到清末民初，那些经商致富的买办、富商、大资本家、大投资人成了社会的上层，而读书人如教师、编辑、律师、医生、记者、自由撰稿人等下降到了社会的中层。

职业的多元化带来一个重要的结果就是知识分子独立性的增强和价值取向的多元化。现代知识分子经济独立了，不再像原来的士人一样必须依靠封建皇权。这就使知识分子能够从对政治的依附中疏离出来，获得精神上的独立。朱自清说：“过去士大夫的知识都用在政治上，用来做官。现在则除了做官以外，知识分子还有别的路可走。像工程师，除了劳心之外，还要同时动动手。士大夫是从封建社会来的，与从工业化的都市产生的新知识分子不同。旧知识分子——士大夫，是靠着皇帝生存的，新知识分子则不一定靠皇帝（或军阀）生存，所以新知识分子是比较自由的。”③

中国传统的“士”履行平生所学，实现其自身价值的唯一途径就是出仕，走向封建政治，实现学政合一，为封建统治者提供统治伦理依据和意识形态的支持。在封建政治体制的支持下，依附于封建皇权，依仗皇权的政治势力，来推行并实现自己的学术理想。在某种程度上，传统的士是缺少人身自由和意识形态自由的。封建统治者通过科举制度一方面加强对传统士人的人身和思想控制；另一方面，又充分利用士人建功立业的心态，将读书人纳入封建统治机器，为其实现统治的长治久安服务。许立群尖锐地指出：“统治阶级实行科举并不

① 许纪霖：《“断裂社会”中的知识分子》，载许纪霖编《20世纪中国知识分子史论》，新星出版社2005年版，第2页。

② 郑大华、彭平一：《社会结构变迁与近代文化转型》，四川人民出版社2008年版，第220页。

③ 朱自清：《知识分子今天的任务》，《中建》1948年第3期。

是真的想选拔什么人才，他的真正目的是要使知识分子终日想着‘十年寒窗，一举成名’，把精力耗费到几本经书中去，再也无暇想到别的事情了。除此之外，又可以使经书里讲的奴才要服从于主子的大道理渐渐地深入人心，这样一来，统治者的江山便坐得安稳了。”①

读书人被纳入封建统治体系之中，他们维护的是整体的封建制度的完善和高效运行，而不仅仅效忠于某一位统治者。因此，他们必须担负起封建皇权和其他社会阶层之间的勾连作用。“儒家知识分子在特定意义上通常被视作为看门狗，不仅要看住王室，也要看住平民百姓。他们能够帮助少数统治者在社会中维持法律与秩序，拥有某种矫枉过正的强制力量。一般情况下，他们会以教师身份通过道德说教施展影响。同时，他们也会代表人民，向上级官吏申冤。当他们认为王朝的过失尚可以弥补时，就充当批评者与监察者，假如他们觉得当今王朝的腐败过程不可扭转，也会预言新王朝的诞生。”② 但是在封建皇权的强大力量的控制下，这种努力是有限度的，必须保持在皇权一定容忍的限度之下。

但是到封建末期以后，读书人开始反思封建皇权对于人的压制，而出现像顾炎武、黄宗羲这样的封建叛逆者。近代开始后，由于西方的枪炮，中国国门打开，西方现代文明的引进加速了知识分子对于封建皇权疏离朝现代转型的步伐。魏源《海国图志》就介绍了美国的民主政治：“议事听新，选官举能，皆自下始，众可可之，众否否之，众好好之，众恶恶之，三占从二，舍独徇同。”③ 徐继畬《瀛寰志略》中也盛赞美国的选举：“得国而传子孙，是私也，牧民之任，宜择有德者为之。”选举时“或官吏，或庶民，不拘资格”。④ 郑观应说：“泰西各国……其都域设有上下议院，上院以国之守室勋戚及各大员当之，以其近于君也。下院以绅耆士商，才优望重者充之，以其迩于民也。凡有国事，先令下院议定，详达上院；上院议定，奏闻国主。若两院意议符合，则国主决其从违；倘彼此参差，则或令停止不议，

① 许立群：《中国史话》，中华书局2005年版，第116—117页。

② ［美］杜维明：《道·学·政：论儒家知识分子》，广西师范大学出版社2010年版，第28页。

③ 魏源：《海国图志》卷五十九，岳麓书社2011年版。

④ 徐继畬：《瀛寰志略》卷下，台湾文海出版社手稿影印本，第208—209页。

或复而后令。故泰西政事，举国咸知，所以通上下之情，期措施之善。”①

但中国读书人传统价值观念的动摇肇始于1895年的中日战争，清政府的失败宣告洋务派学习西方技术路线的彻底破产。知识分子开始认识到“只变皮毛，不变根本”是不行的。部分先驱产生了效法西方民主政治的主张。正是在这种大的时代背景下，更多的西方政治理论被译介到中国国内。1898年，《天演论》和《民约论》的出版发行影响巨大。梁启超就说：“及卢梭出，以为人者，生而有平等与之权，即生而当享有自由之福，此天之所以与我，无贵贱也。于是著《民约论》，大倡此义，谓国家之所以成立，及由人民合群结构，以众力而自得其生命财富者也。——各以其意之自由，自定约而自守之，自立法而自遵之，故一切平等，皆此统一行，欧洲学界，如平地一霹雳，如暗界放一光明。”② 自此之后，民主观念渐入读书人的心间。“天即赋人以性命，则比畀以顾此性命之权。天即备人以物，则必畀与以得其身家之权。然天不自为也，以其权赋之于民，而天视自民视，天听自民听，天聪自民聪，天明自民明，加以民之所欲，天必从之，是天下之权，惟民是主，然民亦不可自为也，选立君上以为其权。”③

从此以后，民主、自由、平等的思想逐渐内化为中国现代知识分子的一种核心的价值观念。现代知识分子确信：“人生来即享有生存、自由、平等，追求幸福、财产的权利，人的这些权利是不能被剥夺和侵犯的。”④ 近代转型期，歌颂自由、民主精神的文学作品非常多，主要表现在两个方面：一是批判封建皇权的专制；二是歌颂自由、平等、民主，如“吾辈爱自由，勉励自由一杯酒”，“自由有真价，赤血与黑铁。不纳自由价，休作自由想”⑤。

知识分子现代转型的过程，是一个充满了血与泪的心灵挣扎与洗礼的心路历程。首先是知识结构变了，从“四书五经”变为亦中亦西的新学，从伦理政治的规范性知识变为应用性的自然知识；其次是知

① 郑观应：《论议政》。

② 梁启超：《论学术之势力左右世界》。

③ 何启、胡礼垣：《〈劝学篇〉书后·正权篇辨》，载《中国近代启蒙思潮》，社会科学文献出版社1999年版，第288页。

④ 郭延礼：《中国前现代文学的转型》，山东大学出版社2005年版，第96页。

⑤ 《楚公自由吟》，《湖北学术界》第5期。

识的空间变化了，从过去的私塾、书院变为中西混杂的洋学堂，到民国以后又变为西方式的以科学化为中心的学校体制，以及由此带来的现代知识分子职业的多样化和价值观念的多元化。这种变化使近代转型期的知识分子逐渐分化为三种取向：一是疏离政治走向象牙塔坚守学术理想；二是再次走向政治，为社会大众启蒙和国家救亡奔走呼号；三是顺应日益发达的现代都市文明与商品市场结合，走一条世俗化的道路。但不管知识分子选择的道路是什么样，知识分子赖以安身立命的东西还是知识以及由此而形成的意识形态话语。正是凭借这种特长，知识分子在近代转型过程中扮演了十分重要的角色，在生产知识的同时，牢牢地把握文化的领导权，正如许纪霖说的那样，与传统社会一样，“现代社会是一个以知识为中心的社会，知识取代宗教和道德成为社会正当性的来源，也同时成为政治文化和社会权力的来源。知识的再生产，就是权力的再生产，知识分子在生产知识的同时，也不断地强化着他们的文化权力”①。

并非每个时代的知识分子都能成为真正意义上的迎新送旧的过渡一代。正是他们的点滴改良，正是他们瞻前顾后的探索，正是他们徘徊歧路甚至落水，真正体现了这一历史进程的复杂与艰难。他们在这种艰难中体现出的正义守护和真理的追求永远值得后人学习。正如萨义德所说：“真正的知识分子在受到形而上的热情以及正义、真理的超然无私的原则感召时斥责腐败，保卫弱者，反抗不完美的或压迫的权威，这才是他们的本色。”②

第二节　知识分子走向现代传媒

清末民初，西洋现代传媒被引入中国。现代传媒因自身的特性，成为勾连中西的桥梁，成为沟通中国上下的桥梁，成为连接知识分子群体的纽带。同时，由于新闻出版业繁荣，在都市形成一个全新的传媒产业，培育了一个繁荣的文化市场。这个市场需要大量的文化人

---

① 许纪霖：《中国知识分子十论》，复旦大学出版社 2011 年版，第 8 页。

② ［美］萨义德：《知识分子论》，单德兴译，生活·读书·新知三联书店 2002 年版，第 13 页。

才。在另一方面，由于1905年科举制度被废除，新的官员选拔制度迟迟没有建立起来，这使传统读书通仕的道路被阻断。这就意味着，知识分子与政治之间的通道被关闭。如何重新介入政治的问题，就成为知识分子一个首先需要面对的问题，而现代印刷传媒为知识分子介入政治提供了一个非常好的途径。“运用这些印刷媒介以他们认为合适的方式来说明、阐释乃至神话国内事务、国际局势和民族的历史。在此过程中，他们重新构建了自我的形象、彼此的认同与官方大众之间的关系，并通过印刷媒介赋予这一切以正确性、合法性乃至神圣性。”① 知识分子通过走向现代传媒争夺话语权，进而介入政治。

一 知识分子走向现代传媒的两种途径

第一，知识分子走向西方人创办的报刊。一是走向传教士创办的报刊。自西方传教士第一次创办中文报刊时，就有中国人参与其中，如马礼逊、米怜在马六甲创办第一家中文报刊《察世俗每月统记传》（下称《察世俗》）时，中国人梁发等人就参与了其创办。尽管梁发只是在乡下私塾接受过4年中国旧式教育，是下层读书人，严格意义上来讲还不能算作文人，但他能以“学善者”“学善居士”的笔名在《察世俗》上写稿。他被马礼逊称为“报童的祖师”，成为“我国之第一基督教新教教士亦正式服务报界之第一人也”。② 我国近代报刊先驱王韬也是《六合丛谈》的撰稿人，他本名王利宾。1849年，他进入传教士创办的上海墨海书馆，担任中文助手，从事翻译工作，直到1862年。王韬以王利宾的本名在《六合丛谈》发表的文章仅一篇，即第一卷第9号的《反用强说》。但报中未署名的文章中有王韬所撰写和翻译的文章，例如发表在《六合丛谈》的《重学浅说》《西洋原始考》《西国天学源流》和《华英通商事略》这些文章均未署名，但后来在上海华美书院出版王韬的《西学辑存六种》将这四篇文章收录其中。除了王韬还有两位中国人为《六合丛谈》写稿。他们是第一卷第四号《用强说》的作者韩应陛；第一卷第二号《海外异人传：该撒》的作者蒋敦复。

① ［美］马克·波斯特：《信息方式——后结构主义与社会语境》，范静晔译，商务印书馆2000年版，第72页。

② 戈公振：《中国报学史》，岳麓书社2011年版，第65页。

传教士林乐知等西方传教士创办的《万国公报》聘用了沈毓桂、蔡尔康、任廷旭、范炜等人为中文编辑，“他们都有旧学功底，了解西方概况，有的还曾留学美国，因此他们与林乐知等共同主持编译，并直接分题作文，便极大地有助于刊物成为沟通中西的桥梁”①。沈毓桂自己说：“余交林君为之襄理报牍，在林君创行新报之五年。”② 除了这些中国人担任编校外，直接为其写稿的中国知识分子还有王韬、郑观应、胡礼垣、宋恕发、康有为、孙中山等人。《圣教杂志》是上海天主教教会在上海创办的。它的编撰班子主要由中国人组成，其历任主编为：1912—1921 年为潘谷声、张鱼珊；1922—1923 年为孔明道，张百禄、杨维时；1923—1924 年为杨维时、徐宗泽；1924—1938 年为徐宗泽。

二是走向西方商人创办的报刊。《申报》和《新闻报》为使报纸尽可能地中国化，编辑和经理的工作全部聘请中国人担任，外国人只在幕后指挥，很少公开出场。报纸的文字和版面安排尽量可能地迎合中国读者的阅读习惯。在这些外国商人创办的商业报刊中活跃着一批报坛知识分子，其中有赵逸如，席子眉、席子佩（《申报》）；汪汉溪（《新闻报》）那样的业务经理人，也有董明铺（《上海新报》）、吴子让、蒋芷湘、钱昕伯、黄式权、蔡尔康、袁祖志（《申报》）、郁岱生、孙玉声、金熙生（《新闻报》）、高太痴、周品珊（《沪报》）等那样的编辑和主笔。这些人大多数出身封建耕读之家，生长于上海这个十里洋场，既受过传统教育，精通于儒家经典和诗文修辞，又熟悉洋务，接触过西洋文化。其中，有些知识分子还与洋务派关系密切，甚至经办过洋务，如吴子让曾经担任过曾国藩的幕僚；袁祖志曾任上海县丞，并充招商局总办唐镜星的幕僚，还随唐出过国。他们聚集到这些报刊，成为活跃那一时期报坛上的洋场才子。

第二，中国知识分子自办报刊。一是自办政治报刊介入政治。19世纪 60 年代后，随着中国资产阶级的成长，部分具有资产阶级观点的知识分子开展了要求改革现状和发展资本主义的政治改良运动。早在鸦片战争时期，在一部分具有资产阶级观点的开明官吏和地主阶级

---

① 朱维铮：《万国公报文选 · 导言》，李天刚编校，生活 · 读书 · 新知三联书店 1998 年版，第 15—16 页。

② 沈毓桂：《辞万国公报主笔启》，《万国公报》第 6 册，光绪二十年正月。

的知识分子当中，就已经出现了政治改良思想的萌芽。他们主张向西方学习其生产技术知识，发展中国现代经济，摆脱西方列强对中国的控制。但老一辈主张改良的人士一般是通过著书和师友之间的书信往来的方式来传播他们的改良思想，还没意识到报刊的传播影响力。

自 19 世纪 50 年代起，先是在香港，稍后是在广州、上海、汉口、福州等地，出现了中国人自己办的近代报刊。伍廷芳 1858 年在香港创办《中外新报》，陈霭廷 1864 年创办《华字日报》，黄平浦、王韬、潘兰史、赖文山、林于虬等人先后担任该报的主笔。到 80 年代末，在上海、广州等地，知识分子也创办了一系列报刊：容闳 1874 年创办《汇报》，管有才、朱莲生等人先后担任主编；1879 年创办的《维新日报》，陆冀纯、陆建康、黄道生等人任编辑。参加创办这些报刊的知识分子，多数是亦官亦商，或者亦绅亦商。不少人和外商及洋务派关系密切，有的本人就曾在外商企业中任职，或为洋务派集团中的成员。如伍廷芳在外报中担任过译员，后来在洋务部门长期服官，担任过清国驻美大使和会办商务大臣；陈霭廷也在外报从事过翻译工作，后来也参与过洋务派的外交活动；容闳是中国第一位留美学生，也办过洋务企业和教育。

到 19 世纪 70 年代，以王韬为代表的知识分子才开始意识到现代传媒在传播思想的力量。1874 年 1 月 5 日，王韬在香港创办《循环日报》，极力鼓吹变法自强。方汉奇先生就明确说："它不仅是中国报刊史上第一个以政治为主的报纸，而且是这一时期具有资产阶级观点的改良派人士宣传他们政治思想观点的重要平台。"① 他们为 1890 年代的维新变法和那一代寻找真理的人们提供了不少有益的思想材料起了重要的桥梁作用。

1895 年 4 月，改良维新领袖康有为在北京发动公车上书，后又着手组建学会组织变法知识分子推动维新变革。为扩大维新思想的影响，他们非常重视报刊的宣传组织作用。在给夏曾佑的信中，梁启超说："在都开设报馆，已略有端绪。此举有成，其于重心力量颇大也。"② 创办报刊，开展变法维新的宣传，已经成为他们的重要任务。在整个运动期间，他们一共创办了 30 多种报刊。一方面，以书报为

① 方汉奇：《中国近代报刊史》，山西人民出版社 1981 年版，第 57 页。

② 丁文江、赵丰田：《梁任公先生年谱长编初稿》，中华书局 2010 年版，第 43 页。

起点为组织学会服务；另一方面，依靠学会团体的力量出版报纸来团结士群，制造变法的舆论来推动运动。我们明显地看出，这一思想启蒙运动主要是通过组织学会出版译著和创办报刊来进行。报刊宣传在这过程中起了十分突出的作用，“他们有效地利用了报刊这一武器，打动了数以千万计的知识分子读者”①。

二是创办文艺报刊，推进思想启蒙。清末民初的新小说始终将启蒙、开民智作为创作的动力和宗旨，主要通过新小说来传播新思想、新知识和新事物。林纾有句很有名的话将清末民初新小说运动的原因揭示得很透彻：“吾谓欲开民智，必立学堂；学堂功缓，不如立会演说；演说又不易举，终之惟有译述。”② 这段话正好符合晚清思想启蒙运动某一方面的过程和方式——开学堂，办学会，搞演说，最后选择了译著小说。1902 年，梁启超在日本东京创办《新小说》。其宗旨有二：一为思想启蒙，“专在借小说家言以发起民国政治思想，激励其爱国精神”；二为促进中国新小说的诞生，“欲为中国说部创一新境界”。③《新小说》上面登刊的文学作品大多体现了启蒙目的，梁启超希望以小说成为社会变革开启民智的舆论工具。新小说不再是以市井大众“娱心”为目的而是追求重塑国民政治思想激励其爱国精神的品格。李伯元主编《绣像小说》，也是在梁启超的《新小说》的感召下创办的，其宗旨也与《新小说》一致：“以醒齐民之耳目，或对人群之积弊而下针砭，或为国家之危险而立鉴，揆其立意，无一非裨国利民。”④ 但是从其发表的小说作品看，《绣像小说》已经没有了《新小说》那些政治理想的抒发，更没有改革之后的规划而是集中地反映社会和批判社会。《文明小史》《活地狱》和《老残游记》等小说从批判的角度描写了官场、商界、教会、学界、出版界、司法界等社会的各个方面，写了官僚、洋人、维新人士、商人、囚徒等各色人种。吴趼人主笔《月月小说》，他与梁启超在小说的社会功用的看法上也是一致的。他认为：“今日欲救中国，当以改良社会为起点；欲改良社

① 方汉奇：《中国近代报刊史》，山西人民出版社 1981 年版，第 129 页。

② 林纾：《译林序》，《译林》第一册，1901 年。

③ 梁启超：《中国唯一之文学报〈新小说〉》，《新民丛报》第 14 号，1902 年。

④ 《本馆编印绣像小说缘起》，《绣像小说》第 1 号，1903 年。

会，当以新著小说为前驱。”① 吴趼人认为，应将小说作为道德教化的手段，创作小说“务使导之以入乎道德范围之内”。强调寓教于乐：“读小说者，其专注在寻绎趣味、而新知识实即暗寓于趣味之中，故随趣味而输入而不自觉也。”② 《新小说》《绣像小说》《月月小说》《新新小说》等刊物都是主编负责制，梁启超、李伯元、吴趼人等人都是刊物的主编。主编的思想和政治观点往往就是小说刊物的办刊方针，他们的创办者是思想启蒙者兼新闻工作者，他们是从思想启蒙和社会批判的角度来看待文学。因此他们创办的文学期刊就自然带有思想启蒙和社会批判的色彩。

三是疏离政治转向文艺审美。1897 年创办《游戏报》的李伯元将该报的读者锁定为当时的市民阶层。报名虽为“游戏”，但实际上李伯元还是希望借着“游戏”来达到“觉世”的目的：“或托寓言，或设诸讽咏，无非欲唤醒痴愚，破除烦恼。”③ 1906 年，寅半生在杭州创办《游戏世界》。在该报发刊词中，寅半生说：“西人有三大自由，曰思想自由，言论自由，出版自由，吾则请增为四大自由——曰游戏自由。”④ 在他们的思想观念中，游戏是失意的知识分子寻找另一种生命寄托的方式。当功利的科举制度消散之后，另外一种个体寻求与社会交流的无功利的方式就成为他们的一种价值取向。乐堂无虚我生在《游戏世界叙》中说：

> 世界人众，竟谈自由，而吾谓以世界未必果有其自由之权力也。世界之独可以自由者，惟吾性情、性情之可以发达自由者，惟吾笔墨。笔墨之可以挥洒自由者，惟游戏文章。⑤

《小说林》是名副其实的同人刊物。该刊物是在小说林社志同道合的一群人畅谈国内文坛创作现象的激情中创办起来的。他们开始的时候也赞同梁启超们的观点，认为文学应该承担起启蒙的重任，但是

---

① 天缪生：《论小说与改良社会之关系》，《月月小说》第 1 年第 9 号，1906 年。

② 吴趼人：《月月小说序》，《月月小说》第 1 年第 1 号，1906 年。

③ 李伯元：《论〈游戏报〉之本意》，《游戏报》第 623 号，1897 年。

④ 寅半生：《游戏世界发刊词》，《游戏世界》1906 年第 1 期。

⑤ 乐堂无虚我生：《游戏世界・序》，《游戏世界》1906 年第 1 期。

大量功利性的文学创作在艺术上的粗制滥造，让他们看到了功利文学的弊端。因此《小说林》办刊方针发生了重要的转变，同时开始重视从理论上来重新认识文学基本的价值功能，因此小说林社的同人们展现出一种浓厚的理论色彩。我们可以发现，创办《小说林》的同人都是典型的中国传统文人，在大的时代变局中投身到了报刊业，主要以创作出版小说为生。但是他们这群人大多自学并掌握了一门外语，自己能够翻译西方的文学作品和文学理论。正是在翻译国外的优秀文学作品，特别是文学理论的过程中不断地汲取西方文学精华。因此与梁启超等人不同，《小说林》的同人是用文学本体的眼光来看待文学的。《小说林》抛弃了"载道""觉世"唤醒等观念，用"美""审美""理性""理想"等西方现代的美学将小说由思想化、教化的功利，回复到文艺的"美"的位置上。摩西就说："微论小说，文学之有高格可循者，一属于审美之情操，尚不暇求真际而择法语也。"①

四是拥抱世俗，注重消闲趣味。辛亥革命后，袁世凯的专制及复辟遭到当时中国舆论界的一致谴责。作为对抗，袁世凯政府对报界实行政治高压，大量取缔政治报刊，这导致辛亥革命后政治报刊锐减：1912 年有 500 多家报刊，到 1913 年仅为 139 家，这种局面直至袁世凯去世。被关闭的报刊为寻找出路纷纷转向远离政治的文艺。在另一方面，小说经由清末民初启蒙者刻意抬高宣传已经为广大知识阶层及市民阶层所接受欢迎。正是由于这种对政治高压的规避和出版社对商业利益的诉求，使这个时期知识分子的社会批判性大为削弱，取而代之的是消闲、娱乐和趣味。1914 年，王钝根、周瘦鹃等创办《礼拜六》，王钝根在《〈礼拜六〉出版宣言》中提出三个办刊方针：一是为适应人们的"休暇"而创办；二是让读者读《礼拜六》"省俭而安乐"；三是这个刊物比其他刊物更加"轻松有趣"。在这个方针的指引下，《礼拜六》聚集了很多通俗文学作家成为当时通俗作家的大本营。

中国文学期刊发展到《小说日报》，趣味性、消闲性、游戏性就成为一种自觉的价值取向。它明显地表现在三个方面：一是开始大量刊载关注妓女的作品；二是改变前期的启蒙意识，注重以小说为本体，以读者需求为根本，趋众意识开始凸显出来；三是对当时的名优名伶卖力吹捧。现代化都市的发展形成一个与传统迥异的现代商业文

---

① 《〈小说林〉发刊词》，《小说林》1907 年第 1 期。

化环境，为适应这种新环境，文人们回归到一种历史悠久的传统：他们采取了一种“游戏”的态度。古代文人若感到怀才不遇，对世界不满又无能为力的时候，常常以这种游戏人生的生活形态表现出来。游戏的态度因此也就成了一个容易被别人认出的符号。他们一方面以这种方式表示自己对现代都市商业的不满，另一方面为自己放下身段投身于商业文化市场寻找一个体面的台阶。

二 知识分子走向现代传媒的三种类型

知识分子走向现代传媒的第一种类型是来自传统的中上层士大夫。一是具有政治理想的士大夫，企图通过创办报刊，重入官场，实现自己的政治理想。二是对官场失望的士大夫转身投入报刊，通过文学创作实现自己的理想。最具有典型性的人物就是曾朴。曾朴出生于士大夫家庭，家境富裕，有人评论说：“他一生无论做官开书店，总是由家里往外用钱，好在他家里是常熟数一数二的地主，倒也不愁这个力量。”① 曾朴19岁就以县试第一名、府试第二、院试第七的好成绩中秀才，20岁中举人，可谓“年少才雄，登第后，文名藉甚，意气凌轩一世”②。但曾朴考进士却屡考屡败。曾父为儿子着想，捐资为其谋得内阁郎中一职。于是年轻的曾朴就在京城供职于这个闲散的部曹。对于一般无理想抱负的纨绔子弟来说，这样的部门既轻松又体面，确实是个不错的选择。但对于曾朴这个想干番事业的人来说，在这样的环境中自己的政治理想抱负无从实现，反而在官场这个大染缸中有可能被熏染而堕落。年轻的曾朴在与各位同僚的交往过程中，日益发现清政府官场的黑暗政治的腐朽，“所接近的都是四方的俊彦，所闻见的都是清廷腐败的隐秘，一腔热血，满腹牢骚，还有什么心情再留恋这个鸡肋的中书舍人呢？”③ 特别是中日战争，使曾朴真正地看透了清廷的无能及其带来的亡国灭种的危机。他从自小受传统教育所树立的建功立业的政治理想中最终脱离出来，开始认识到腐败的政府必须改革，需要从政治到文化上进行一场革新自强运动。

---

① 且居：《曾孟朴》，《亦报》1951年1月24日。

② 曾虚白：《曾孟朴年谱》，载魏绍昌编《孽海花资料》，上海古籍出版社1982年版，第155页。

③ 同上书，第158页。

1896年的事件最终促使曾朴决绝官场自我放逐，主动结束自己短暂的官场生涯。曾朴的性格不适合在官场那样的环境中生存，他太耿直，应对不了官场中那样阴险狡诈的人际交往。辞官回到家乡，从1900年起曾朴大病三年，三年卧榻彻底改变了他的生活方式，“这个转变整个地改变了先生生活的方式，可以说是把先生前期的社会生活暂告一个小小的结束，可是由动入静，先生已经在准备着以后几年文学活动的基础了”①。在他的启蒙老师陈季同的引导下，曾朴迷恋上了法国文学。他倾全力翻译了法国大作家雨果、左拉等人的小说，“卧病时期中三个年头研讨法国文学的结果，先生真切地意识到，小说在文学上的特殊地位，因此，想要打破一般学者轻视小说的心理，聚集同志，创立一家书店，专以发行小说为目的，就命名为小说林”②。正是由于曾朴认识到了文学的价值，便决定投身于文学，通过文学来实现自己的人生理想。1904年，曾朴在上海投资开办小说林书社。1907年，又与同乡人创办《小说林》杂志，通过现代传媒，走向文学。

知识分子走向现代传媒的第二种类型是落魄的下层失意文人。清末民初还有一批读书人是在与“科名”失之交臂或在有意无意之际，沦落为社会边缘人的状态，进而介入文学界创作小说。第一种是屡试不第从而对科举失去信心，抛却科场功名的诱惑，转身投向文化商场走向文学传媒的文人，如李伯元“少擅制艺及诗赋”，曾经以第一名的身份高中秀才，但后来却“累举不第”。③ 到30多岁时，李伯元对科举制度彻底绝望，放弃进仕，携全家到上海办报。第二种是被科举制度抛弃的读书人。1905年科举制度被废除，大批寒窗苦读的生员、秀才被断了阶进的途径，被政治抛弃成为社会改革的牺牲品。他们在嗟叹命途多舛的时节，有幸碰到现代传媒。他们中具有文学才华者将半生苦读的知识积累与人生无常的痛苦体验，通过小说创作呈现出来，如寅半生，“八应秋试，六次出房，两次堂备”，“辛卯科以取，

---

① 曾虚白：《曾孟朴年谱》，载魏绍昌编《孽海花资料》，上海古籍出版社1982年版，第165页。

② 同上书，第167页。

③ 鲁迅：《中国小说史略》，中华书局2010年版，第181页。

临榜终被黜”,[①] 经历24年的煎熬终于被取为举人，但却因为科场的舞弊案连带使他“临榜被黜”。1905年的事件最终完全断绝了他的科举念想，不得不走向现代传媒。

知识分子走向现代传媒的第三种类型是接受过新式教育的青年学生，因不是本书讨论的重点，在此不再展开。

三　走向现代传媒的原因

哈贝马斯在《公共领域的结构转型》中就指出，政府当局向公众发布公告，一般是针对所有臣民的。但是依靠这一途径，公告的信息不能到达“普通人”那里，最多只能到达“有教养的阶层”。“随着现代国家机器的形成，出现了一个新的阶层，即市民阶层，他们在‘公众’的范围内，并据核心地位。他们主要由政府官员组成，此外还有医生、牧师、军官和教授、学者等——他们处于顶层，通过牧师和撰稿人和民众发生联系。”[②] 这就是哈贝马斯所描述的知识分子通过报刊等现代传媒及社团组织，形成了一个独立于政府权力之外的一个公共的空间。

在中国传统文学的传播形式中，并没有现代意义上的报刊。比较之下，现代文学与传统文学的一个明显的差别，就是报刊文学的出现。这是一种全新的文学，而不仅仅是一种文学传播形式的改变。在这种新的文学形态中，创作者与受众之间的传统关系发生了根本的变化，这种改变还涉及作者和受众双方对文学的认知，对文学功能的诉求及对彼此地位认识上所发生的相应变化。繁荣的近代报刊成为中国市民阶层和民间社会信息传播的主要途径。这种新的信息形成、传播与反馈形式的出现，不仅仅改变了民间信息严重滞后，道听途说的封闭落后的局面，更为关键的是它改变了传统信息的生成与传播模式。在这种新的信息生成与传播模式中，官方不再是唯一的信息生产者和权威的发布者，更不再是唯一的拥有者。在官方之外，逐渐形成了一个新的中间力量，一种可能对官方信息进行理性批评并进行转述传播的报刊文人阶层。

---

① 《自叙诗》，《游戏世界》1906年第1期。

② ［德］哈贝马斯：《公共领域的结构转型》，曹卫东等译，学林出版社1999年版，第21页。

清末启蒙运动的参与者大都携带着明确的政治目的。北洋政权建立后，以康梁为代表的启蒙知识分子受到政治压迫，想通过政治来实现他们改造中国的理想难以实现。从另一方面来说，这促使他们从外在的政治诉求集体性转向文化诉求，企图通过对中国传统文化的改良来实现改造中国社会的目的，“1919 年前，新文化运动的一个方面就是在政治家和知识分子之间划了一条清晰的界线，这对将来有持久的影响。虽然部分重新卷入政治生活，但就整体而言，知识分子形成了一个独立阶层的自我意识”①。

以康梁为代表的具有巨大社会影响力的现代知识分子开始有意识地由“政治家”向“文化启蒙者”的角色转变。这种转型使他们通过现代传媒获得了一个全新的表达自己参与政治的途径。由此，借助以近代报刊为主的现代传媒，在清末民初逐步形成了一个独立的知识阶层。这个阶层自觉地承担起了成为政府和社会公众之间沟通桥梁的角色。他们在上层社会与下层民众之间的勾连，充分展现了知识分子的中介作用。一方面，他们通过著书立说，在上层社会之间宣传政治变革与民族救亡的运动。另一方面，他们又通过现代大众传媒对下层民众进行启蒙，引导广大社会民众形成强大的舆论影响力，并将这种舆论通过报刊等现代传媒表达出来，形成对上层社会的强大舆论压力。通过这种双向的中介勾连，他们明确了中国知识分子自己通过现代传媒展现出力量达到参与政治的目的，继而实现他们改造中国社会和政治救亡的诉求。

《国闻报》《清议报》《新民丛报》等的创办者想通过创办报刊来开拓民智，推进思想改良。在创办报刊的过程中，他们找到了文学这一利器，通过提倡小说，重视文学的政治改良社会功能，来推进思想改良，从而达到改造中国社会的目的。但是，这些报刊由于重视思想性和明确的功利性政治因素，使它们离下层民众较为遥远。在另一方面，由于娱乐性较强的世俗性报刊能够紧贴下层民众，受到市民阶层的欢迎。但是这些文艺报刊又太过于世俗化，太注重于消闲功能，在思想性上存在形而下倾向的缺陷，这注定文艺小报难以承担起下层民众的启蒙重任。

---

① ［美］费正清：《剑桥民国史》，杨品尔等译，中国社会科学出版社 1998 年版，第 471—473 页。

第三节　报刊与商业市场的拓展及稿酬制度的确立

稿酬制度是现代报纸副刊发展过程中一项具有重大意义的事件。中国近代稿酬制度的确立与申报馆有着密切的关联，申报馆为在激烈的报业竞争中取得主动，通过为新闻记者及其副刊的文学作者支付稿酬来扩大稿源、提高稿件质量，为读者提供优质的服务。申报馆实行稿酬制度逐步为当时其他的报馆所接受并推广，最后在全社会形成稿酬契约。稿酬制度对报纸副刊的稿源质量、作家队伍、读者群体产生了重要的影响，使现代文学的创作开始贴近大众、走向平民，使文学观念、文学功能发生了变化。

一　现代稿酬制度的确立

《申报》是美查及其兄在上海创办的。他们兄弟俩原本是在中国做商业贸易生意，在经商过程中出现了亏本，为了扭转经济上的亏空，他们决定改行办报。《申报》初创时期，几个投资人总出资1600两白银，他们约定把《申报》办成一个股份有限公司形式的企业，所以《申报》在本质上是一份由商人创办的以营利为目的的商业报纸。商人办报与作家办报最大的不同在于，为追逐商业利益，为了办报盈利，他们就不得不扩大发行量。因此，他们办报的一切都是从读者的角度及需要来考虑问题。商业报纸的读者是社会大众，在中国近代，城市市民及青年学生构成了《申报》的主要读者群。

他们在办报的时候，首先考虑的是如何吸引读者并逐步扩大自己的读者群。《申报》采取的第一个措施就是免费刊登中国文人的文学作品。美查是个中国通，他深知文学在中国的影响力。中国历来就是个文学大国，文学在中国有很高的社会地位及巨大的社会影响力和广阔的社会读者群。因此，刊登文学作品就能吸引到更多的读者，从而扩大《申报》的发行量，实现盈利的目的，并在与其他商业报纸的竞争中立于不败之地。但在另一方面，中国传统文人出书发表作品是与出版环节分离的，文人要发表作品，需要向出版商支付费用。但大多数中国的文人都比较穷，除有支付能力的少数外。这种状况就极大地限制了《申报》文学作品的稿源，不能满足读者对文学作品的数量和质量的要求。

为扩大稿源，同时调动文人创作的热情，《申报》在中国上海创刊的时候，就在头版刊登了《申报馆条例》。该条例郑重声明“如有骚人韵士有愿以短什长篇惠教者，如天下各名区竹枝词，及长歌记事之类，概不取值；如有名言谠论，实有系乎国计民生、地利水源之类者，上关皇朝经济之需，下知小民稼穑之苦，附登斯报，概不取酬”①。《申报》在这则启事中声明，他们愿意免费给那些文学创作者提供一个发表文学作品的展示平台，不收他们的费用，在此之前中国古代的文学家出书、刊登作品大多由自己掏腰包。这预示着文学与报刊、文学与商业结合的时代的到来。而且根据申报馆条例，作家在《申报》上免费发表文学作品，《申报》也不向其发放稿酬。但却规定，报馆向作者免费赠送一份价值8文的《申报》和一本价格为80文的《瀛寰琐记》，这就相当于用实物向作者发放稿酬，是一种真正意义上的实物稿酬。

申报馆不但出报纸，还印刷出版各类图书。美查偶因购买并出版《后水浒》书稿，而大赚一笔，这给了他极大的刺激及启示。1878年3月7日，美查亲自撰写了《搜书》启事，并在《申报》反复刊登。在启事中，《申报》表示愿意出钱刊登文人手中的文学作品，并且特别强调：“启者，本馆以刷印各种书籍发售为常。如远近诸君子，有已成未刊之著作，拟将问世，本馆愿出价购稿，代为排印。抑或俟装订好后，送书数十或数百部，以申酬谢之意，亦无不可，总视书之易售与否而斟酌焉。”② 并表示这些内容是报馆非常欢迎的。这充分说明了申报馆愿意出钱购买作家的作品，并且愿意出高价。也就是说，作家的作品可以通过报馆获得经济上的回报。鲁湘元把这则启事看作“中国稿酬社会契约”的起源。他认为，“购书稿严格来说，是一种商业行为，而超越个人与个人和地域界线的全社会购稿契约”③。

申报馆实行的免费刊登文学作品和出钱购买书稿，以及向读者赠送书刊的行为方式，慢慢向报刊的投稿方向发展。几年后，申报馆开

---

① 《申报馆条例》，《申报》1872年4月30日。

② 《搜书启事》，《申报》1878年3月7日。

③ 鲁湘元：《申报与中国近现代报刊文学》，《中国现代文学研究丛刊》2001年第2期。

始对报刊的投稿开始付报酬，虽然主要针对的是书画作品，不是文学作品。如对申报馆旗下的《点石斋画报》的刊登用稿给予报酬，同时对稿酬多少也有具体的说明。

1884年6月4日，申报馆在《申报》上刊登征稿启事："本斋印售画报月凡数次，业已盛行。惟各外埠所有奇奇怪怪之事，除已登《申报》外，能绘入画图者，尚复指不胜屈。故本斋特请海内大画家，如遇本处有可惊可喜之事，以洁白纸新鲜浓墨绘成画幅，另纸书明事之原委，函寄本斋。如果惟妙惟肖，足以列入画报者，每幅酬笔资洋两元。其原稿无论用与不用，概不寄还。画幅直里须中尺一尺三寸四分，横里须中尺一尺六寸，除题头应空少许外，必须尽行画足，里居姓氏亦须示知。其画收到后当付收条一张，一俟印入画报，即凭本斋原条取洋。如不入报，收条作为废纸，以免两误。"① 这则启事实际上是一则征稿广告。它公开表示愿意付给作者经济报酬，更为重要的是对给予多少报酬有一个量化的可计算的详细说明。这是我们在资料中查到的最早的申报馆申明对报刊发表的作品付稿费。"它的出现无疑就成为近代报刊建立稿酬制度开始的标志。"② 我们可以从王韬在19世纪80年代，给画报的作品《淞隐漫录》中可以找到关于《点石斋画报》给付稿酬的资料佐证。王韬写道："七月杪，《淞隐漫录》已盈十二卷，主者意将告止。因画报阅者渐少，月不满万五千册，颇费支持。然韬月中所入，又少佛饼四十枚矣。"③

二　稿酬制度对文学期刊的影响

申报馆开启的现代稿酬制度逐步被其他新闻报刊所认同并最终在整个新闻出版行业被确立为制度。现代稿酬制度对于报纸期刊影响巨大，其影响主要集中在以下几个方面：

一是保证了报纸副刊及文学杂志稳定的高质量的稿源。《申报》实施给付稿酬制度后，吸引了大量的投稿者，保证了优质稿源，提升了刊登作品质量。在《申报》登出免费刊登作品声明后，文人的诗词

① 《征稿启事》，《申报》1884年6月4日。

② 鲁湘元：《申报与中国近现代报刊文学》，《中国现代文学研究丛刊》2001年第2期。

③ 王韬：《淞隐漫录》，人民文学出版社1999年版，第123页。

歌赋一类的文学作品日渐增多，以至于《申报》的版面容纳不下这么多来稿，因而报馆决定出版文学专刊《瀛寰琐记》等文学作品的专刊，形成申报馆的一报一刊。《瀛寰琐记》1872 年 11 月 11 日作为附刊，随同《申报》一起刊发。这是我们在可以查找到的资料中发现的中国近代最早文学月刊杂志。在《瀛寰琐记》的第一期中，主要内容包括这些专栏目录："开辟讨论源""地震附见""日星地月各球总论""海外见闻杂记十五则""花史二则""鱼乐国记""眉子砚南曲白""桃花诗社唱和偶集"。这些栏目中的绝大多数稿件都是外来投稿。

《大公报》"星期论文"在全国影响非常大，其中一个重要的原因就是高稿酬。张季鸾、胡政之在首次与北平学界的面谈会上就特别说明"星期论文"的"稿件除抵触法律者外，绝不干涉内容，不更改字义，以尊重作者，文长 3000 字最为宜，刊出后当致稿酬 40 块大洋"。而"战前一袋面粉售价 4 元，这就相当于 10 袋面粉的价钱，而一般职员的月薪不过二三十元，这应该说是高标准了"①。这一说法可以从陶希圣当时的文章中找到佐证。陶希圣在回忆张季鸾的文章中提到"约请北大和南开的教授写星期论文，四十块银圆一篇，而礼貌更加隆重"②。

二是为文学报刊培养了一支稳定的职业化作家队伍。科举制度废除后，读书人的通仕梦想彻底破灭，他们只得寻找新的出路。读书人除了能够操弄文字之外没有别的生活技能，他们只有寻找能够适合他们发挥技能的职业。在旧中国很少行业需要文人这样的人并向他们提供就业的机会，也就是说他们的就业范围很狭窄，但是他们很幸运，现代传媒业的发达给文人的就业提供了一个全新的行业。他们发现，他们能够通过向报刊出版业写稿从而获得经济报酬，从而改变自己的经济待遇，来改善他们困顿的生活，这一发现，让他们文学创作的热情高涨，慢慢地以报刊文艺副刊为阵地逐渐聚集起一批职业作家，他们同时也成为报刊稳定的文学作品来源。包天笑刚到《时报》担任编辑的时候，《时报》馆每月付给他的薪水是 80 元，但条件是他每个月

---

① 名家执笔的"星期论文"。参见周雨《大公报史（1902—1949）》，江苏古籍出版社 1993 年版，第 144 页。

② 陶希圣：《遨游于公卿之间的张季鸾》，《传记文学》1977 年第 6 期。

要为《时报》写6篇论说，还要求包天笑为《时报》创作小说。而当时上海的出版发行业中有不成文的规定，每篇论说文大概是5元，小说则按字数来计算，每一千字2元。这个薪水的数目不算菲薄。当时包天笑的一个同乡孙东吴，他比包天笑早两年进入《时报》馆当编辑，《时报》馆付给孙东吴的薪水只有28元。就是每月28元，孙东吴也认为比在苏州坐馆地考书院好得多。每月80元，比包天笑在山东当中学校长的50元工资还要多30元。因为《时报》馆上午不需要上班，包天笑又接受了《小说林》的聘请，到《小说林》兼职。每天上午九时到十二时，星期日休假，每月的薪水40元。这样包天笑一个月就有120元的收入，这还不包括他的小说创作的收入。据郑逸梅说，当时10元可以购得白米160斤。这么说，包天笑的身价很高了。①

但在另一方面，他们又逐步对报刊产生依赖，依靠为报刊写作而生存。作家“首先必须为发表（出版）而写作”，“古典时代的作家如果不认同正统文学，他尚可退隐田园，从事一种自娱式文学，现代作家则退无可退，因为文学本身已经被纳入到社会生产规范，在这样一个按照工业化标准建立起来的社会里，文学只被允许是一种职业，你可以不从事这个职业，但如果从事的话，就不能以别的方式和身份”②。这在某种程度上可以说，以知识积累、文学想象力、写作技巧等精神软资源为谋生资本，以写作为职业的职业文人就开始在中国形成了。从近代19世纪中期时期以王韬为代表的作家，到晚清民初的韩邦庆、包天笑、曾朴、周瘦鹃、欧阳钜源、李涵秋、李伯元、毕倚红、吴趼人、徐枕亚、徐天啸、吴双热、范烟桥、胡寄尘、李定夷等一批聚集在现代城市中的职业作家，从经济上完成了从传统的乡土向现代城市的转型，成为生活在中国现代都市中最早的一批以文学创作为职业的作家。现代发达的传媒提供的庞大文化市场给他们提供了一个生存的大环境，在这个文化市场环境中，结构复杂的市民成为文化产品的主要消费群体。这些职业作家或者在某一家报馆担任一定的职位，如编辑，或者他们自己创办或主编一份报刊，在从事于文学创作

① 郑逸梅：《书报话旧》，中华书局2005年版，第35页。

② 李洁非：《现代性城市与文学的现代性转型》，载王晓明主编《现代性与中国当代文学转型》，云南人民出版社2003年版，第38—39页。

的同时，兼职赚取稿酬、版税、编辑费，在获取必要的生活资料的同时，自由地安排自己的生活方式，他们离不开市场，离不开以市民为中心的消费群体，在某种程度上说，他们本身就是现代商业市场中市民消费群体中的一分子。

三是拓展了文学报刊新的读者群。在中国古代，文学艺术主要以知识精英与高官贵胄为阅读对象。但自近代以来，中国报刊业日益繁荣兴盛，报纸的读者群日益扩大，报刊的读者群从封建贵族阶级的垄断主体逐步向普通的市民阶级发生转向，读者的世俗化、大众化已经成为时代发展不可逆转的趋势。为了使自己的作品更受市民阶级的欢迎，报刊大量刊登适合市民世俗趣味的、通俗的、大众的文学作品。报刊的这种导向指引着依靠稿费而生存的职业作家，使他们的文学创作首先必须考虑读者的需求，必须贴近普通大众写他们喜闻乐见、悲欢离合，从而吸引等多的读者。读者的增加从另一面又提升了作家的知名度，从而使他们的稿酬水涨船高，同时也带动了报刊的销量陡增，这是一个良性的互动。因此我们可以认为，现代稿酬制度的确立对文艺报刊的繁荣兴盛具有关键性的推动作用。

三　稿酬制度对现代文学的影响

在中国古代，在印刷术取得突破后，特别是通过雕版印刷，文学的传播开始依靠书籍的物质形态进行传播。进入近代后，西方报刊业开始被引入中国，文学报刊在稿酬制度的影响下开始兴盛，这又为文学提供了新的传播媒介。新兴的报刊能比传统文学更快捷地进行文学传播，但是在另一方面，这种新型的传播媒介必然对文学形态产生重大的影响。

一是文学注重消费功能，特别凸显文学的商品性。1910 年，清政府参照日本和西方的法律体系出台了中国历史上第一部完整的著作权法《大清著作权律》，对著作权的概念、范围、内容、期限，取得著作权的程序以及侵权与处罚等问题做了详细的规定，从法律上对作者和出版商的经济和精神权利给予保护。这一法律肯定了作为民间社会的《申报》开始实行的稿酬制度。从此文学被纳入市场经济法制运行体系轨道，“中国市场经济文学体制正式形成”①。“1872 年《申报》

① 鲁湘元：《稿酬怎样搅动文坛——市场经济与中国近现代文学》，红旗出版社 1998 年版，第 147 页。

的创刊，标志着中国文学进入狭义的市场经济的体制”，“以申报馆的一报一刊和几个书局为代表。其特点是，文学资本家、以市场求生存的报刊文学、书籍文学和稿酬社会契约的出现”①。

文学进入市场就必须满足作为消费者——读者的需求，适应并满足广大市民的兴趣爱好及阅读口味。这是一种以市场经济为导向的文学生产机制，它决定着报刊文学天然的商品属性。文学像其他物质商品一样是可以用来买卖和消费的，是文人作家可以用来养家糊口的资本。

二是对现代文学文体观念产生影响，小说等可读性强的文学体裁开始由边缘走向中心。中国传统文学以诗文为正统，中国古代作家们的文学创作是为了“言志”，是为了“载道”，他们普遍认为，“小说是小道”。因此在某种程度上说，他们的创作说穿了不是以广大的市民为读者，因此可读性强的小说等文体在文学史上是没有地位的。但是随着近代报刊业的发达，报刊文学逐渐为新兴的市民社会所接受、喜爱，他们成为报刊文学的主要读者群。为了满足他们的需要，报纸文艺副刊开始大量刊登小说等可读性强的文学作品，以期留住和吸纳更多的读者。《申报》在创刊时确定的方针就是“文则质而不理，事则简而能详，上而学士大夫，下及农工商贾，皆能通晓”②。为刊登更多、更好的小说，稿酬制度发挥了较大的影响。20 世纪初，虽然稿酬制度已经确立，但是并不是所有的文学作品都能拿到稿酬，只有读者欢迎的小说才能付稿酬，包天笑在书中说：“当时报纸除小说外，别无稿酬，写稿的人，亦动于兴趣，并不索稿酬的。”③ 稿酬的刺激和倾斜，使小说的创作在近代取代了巨大的成就。仅据日本学者尊本照雄《新编清末民初小说目录》统计，1840 年至 1919 年，中国有创作小说 7466 种，翻译小说 2545 种，合计 10011 种；而主要创作又是在 1898 年至 1919 年 20 年间，这期间创作小说 7388 种，翻译小说 2525 种，共计 9913 种。④

---

① 鲁湘元：《稿酬怎样搅动文坛——市场经济与中国近现代文学》，红旗出版社 1998 年版，第 257 页。

② 《本馆告白》，《申报》1872 年 4 月 30 日。

③ 包天笑：《钏影楼回忆录》，中国大百科全书出版社 2009 年版，第 349 页。

④ 郭延礼：《近代西学与中国文学》，百花洲文艺出版社 2000 年版，第 329 页。

在另一方面，以梁启超、严复为代表的近代文艺理论家非常敏锐地洞察到了小说这种文体对广大普通市民的启蒙意义。出于“救国”的政治需要，他们在文学界发动了著名的“小说界革命”，从理论的高度将小说的地位提升到文学的中心地位。他们分析了小说“易传行远”的特点，并以“欧、美、东瀛，其开化之时，往往得小说之助”为根据，提倡一种“使民开化”的有着教科书功用的“新小说”，引起了数量众多的士大夫的关注，并吸引他们加入小说创作队伍。① 梁启超更是将小说抬高到群治的高度。② 在这几个方面的力量作用下，小说逐步取代传统的诗歌，从文学的边缘走向中心成为文学的主流文体。

三是对文学价值观念产生影响形成了多元共生的文学现象，消费的文学、启蒙的文学和审美的文学等多元共存。报刊的主要功能是向受众传播信息，因此对于受众来说，这种信息是一种消费的商品。以近代报刊为平台的文学必然也是以这种价值取向而进行文学创作，特别是在稿酬制度的影响下，职业作家的最为重要的写作目的就是满足大众的消费需求。这种创作为主旨的文学创作价值取向是文学在市场经济的生态环境中的必然反映。特别是在中国现代城市的崛起过程中，文学的主要消费者不是底层的民众，而是城市小市民，他们代表了城市文学创作的价值观念中的一个重要的组成部分。在另一方面，中国近代的危亡使文学有承担其民族救亡的任务，在这个过程中文学承继了中国传统文学的载道功能，肩负着启蒙的重任。从梁启超等人开启的新文学运动开始到“五四”一代一直延续到20世纪80年代，启蒙的文学长盛不衰。特别是在“五四”之后，中国多元的文学共生被启蒙的文学一枝独秀所取代。“五四”一代在对鸳鸯蝴蝶派围剿中建立起启蒙的霸主地位，从此消费的文学被完全压抑。在文学的艺术性的追求方面，也是发轫于清末的黄摩西等人创办的《小说林》杂志。小说林同人在看到新小说家们强烈的启蒙功利取向之后，在他们接触西洋文学的过程中，发现文学本身的艺术价值在于其审美的价值功能。他们首先在自己的创作中展现出这种审美的追求。其后王国维

① 严复、夏曾佑：《国闻报馆附印说部缘起》，载舒芜等编《近代文论选》，人民文学出版社1959年版，第200页。

② 梁启超：《论小说与群治之关系》，载《中华文学评论百年精华》，人民文学出版社2002年版，第1页。

等人借用西方的哲学思想阐明文学的美学价值，更是对文学审美功能的哲学层面的高屋建瓴的观照。清末民初关于文学艺术性的追求影响到后来的文学发展，如后来的湖畔诗社、晨钟社等流派的文学艺术的追求，特别是新月派诗人的为艺术而艺术的文学价值取向。可以这么说，清末民初开启的是文学价值的多元格局。

从稿酬制度的角度来研究其对报纸副刊的影响，具有特别重要的意义。稿酬制度的确立促进了现代报纸副刊的繁荣、发展，对中国文学的现代化产生了较大的影响。中国稿酬制度的确立又与《申报》馆有着密不可分的联系。申报馆稿酬制度的形成，对报纸文艺副刊的繁荣产生了重大的影响，从而影响了中国现代文学的转型，在某种程度上塑造了新文学的品格。

第四节　现代职业作家的身份认同

对于清末民初这一代作家来说，在现代传媒建立的文学生态的场域中，职业作家的身份很容易建立起来。但这仅仅是作家个体或者集体的自然力量的一种反应，而并不一定能产生一种别人对自己的认同或者自己对自我的认同。也就是说在个体的身份和身份认同之间存在一个非常重要的差别："身份被理解为个体或集体的自然力量的一种反应，而身份认同被理解为别人对自己行使权力的一种结果。"① 身份认同是"对社会成员所处的位置和角色进行类别区分，通过赋予不同类别及角色以不同的权利、责任和义务，以在群体大的公共生活中形成'支配—服从'的社会秩序"②。同时，我们也要看到，身份认同产生的过程有建构性和被建构性的双重特征，"身份既是由地位、权力、声望等外部的客观实体因素决定，同时也取决于自我身份构建的主观认识"③。把自己看成是所期望的对象，并表现出与对象类似的态

① ［英］詹姆斯·库兰：《大众传媒与社会》，杨击译，华夏出版社 2006 年版，第 46 页。

② 张静：《身份认同研究：观念、态度、理据》，上海人民出版社 2006 年版，第 3 页。

③ 邱戈：《传媒身份论：中国媒体身份危机与重建》，中国传媒大学出版社 2008 年版，第 16 页。

度与行为。“这是一种将对象内投的心理机制。”① 这是浓缩在现代文化中那些被特殊的力量感受到的道德命令。他们出自一系列持久存在的道德观念，如自由、仁慈和对日常生活的肯定等。作为这种发展的继承，“我们特别强烈地感受到对普遍正义和善良的要求，对平等权利的敏感性，感受到当成自明的公理的自由和自治的要求，并把避免死亡和痛苦放到极其重要的位置上”②。

一　职业作家身份的想象

清末民初的文人在构建自我身份的时候刻意去围绕着一个核心，然后逐步推开，层层推进展开阐述形成波浪式的延展。他们围绕的核心就是吉登斯所指出的“自我认同的核心”——理想的自我。理想的自我一般意义上讲，并不是社会现实中的自我，而是本我对自己未来自我形象的设想与规划。这是一种弗洛伊德所说的超我的想象。这在某种程度上来说，理想的自我是一种想象的自我，只有通过社会中的自我，依据心中的蓝图进行自我想象。进一步引申来说，对自我的认同就是本我在追求理想化过程中的自我想象。

这种想象的原因在于“社会转型期的身份认同，原本就是一种焦虑与希冀，痛苦与欣悦并存的主体体验”③。晚清以后，中国文人社会地位的边缘化。“一般报馆主笔、访员在当时均为不名誉之职业，不仅官场中人仇视之，即社会上一般人，也以其搬弄是非而轻薄之。”④ 高官斥责为“江浙文人无赖”⑤，市井小民“不顾廉耻的斯文败类”⑥。“所摭拾报告者，大率里巷琐闻，无关宏旨、国家大政事大计划，微论无从探访，即得之已决不敢形诸笔墨。”⑦ “怀才抱德之士，有昨为主笔，而今作执政者，亦有朝罢枢府，而夕进报馆者。” “上自国政，下迄民情，中权人事……载无不周，采无不遍，务期至新至真，裨一

① 荆其成：《简明心理百科全书》，湖南教育出版社 1991 年版，第 397 页。

② ［加拿大］查尔斯·泰勒：《自我的根源——现代认同的形成》，韩震等译，译林出版社 2012 年版，第 724 页。

③ 陶家俊：《身份认同导论》，《外国文学》2004 年第 2 期。

④ 姚公鹤：《上海小报史》，《东方杂志》第 14 卷第 6 号，1917 年。

⑤ 姚公鹤：《上海闲话》，上海商务书店 1925 年版，第 35 页。

⑥ 汤志钧：《戊戌变化史》，上海社会科学院出版社 2003 年版，第 652 页。

⑦ 雷瑨：《申报馆之过去状况》，载申报馆编《最近之五十年》，1922 年。

览之余即可了如指掌。”① 正是出于这样的社会轻视心态，迫使他们更加重视自己身份的建构，于是他们采用想象的方式以理想自我为中心展开想象。清末民初借自我想象以消极的方式否定了现实身份的种种污名的同时，以想象中理想的自我为引导积极地将一种新的职业价值、职业品格、职业规范贯注到报人的活动实践中去，铸造一种全新的身份认同。②

商业化的出版业迅速繁荣给文人提供了诸多工作岗位，增加了他们公开发声的机会。上海附近、位于长江入海口的江南一带素来以教育繁荣著称，但连年的战争使许多教育设施被毁坏，并产生了一批需要工作的知识分子。上海的现代化生活深深地吸引了这些文人，现代化都市的新鲜令他们兴奋。这些知识分子从小形成了一种观念——必然在所在的地方担当起道德领袖的角色，但是他们来到上海后必须以卖文为生，经常要为外国人打工不免感到边缘化。失去了传统角色的文人阶层得面对一个随之而来的问题：中国的贫弱和现代大都会现代性同时并存在上海这个大舞台上，在这样一个地方，他们如何定义自己，如何定义生存的意义？

对这些知识分子来说，现代传媒就是他们每天生活的来源和依靠，新的文学样式是他们的稿件。许多文人来到大都市，想办法用他们唯一的资本——写作来谋生，而现代传媒给了他们这样的机会。1860—1890 年，来到大都市的文人们能够找到工作的位置大致是：报社、出版社、书馆等这些与文学文字有关的机构。到 20 世纪初，许多中国人开始自己办报办刊，有的甚至开始自己经营出版社。由于上海在知识、观念、信息和娱乐的市场主导发展潮流，带动了社会娱乐的发达，娱乐的发达又带动了娱乐出版业。如在前文中提到的《申报》与文学联姻的时候，我们就谈到《申报》早期刊登的竹枝词及其娱乐报道之类的花边新闻。但到 19 世纪 80 年代中期，商业市场的进一步发展与繁荣，促使画报、娱乐界指南等单独发行的娱乐出版物的产生。在娱乐的市场中，文人在商业都市中寻找自己的身份和角色。当他们把自己的文学技能用于新的事业的时候，新的文学类型和媒体也就应运而生。娱乐出版业最受欢迎的新体裁是一种都市混合语言，

① 《本馆告白》，《中外新闻七日报》1872 年 4 月 6 日。

② 徐国源：《知识分子与大众传媒》，中国书籍出版社 2012 年版，第 14 页。

如《娱乐小报》刊登传统旧诗词，报纸在传统的竹枝词格式之中增加入完全不同的环境，期刊开始连载小说。这些出版物所身处的新环境，印刷的新技术，以及包装发行和方式，创造出了一种新鲜刺激的新旧结合。

在这种商业化的传媒市场中，文人形象中透露出更多的自信和创造力。社会变了，知识分子的社会角色也发生了变化，上海等大城市给文人提供了令人尊敬的地位和社会影响力。文人们再也不需要与其他绅士的对比来定义自身，而更多地把自己看成有独立身份的新兴城市阶层。随着时代的发展，他们就自己宣布自己是全国的思想领袖。

借着文人之手和现代传媒的力量，最早上海的竹枝词成了文化界的标准性元素，也成了表达公众意见最早的本土形式。竹枝词数量众多，又简单易懂，这种文学类型对新的文学和娱乐市场极为重要。同时，它为文人作者们提供了一个新的方式，去塑造公众对现代大都市的舆论。在报刊上经常发表诗词，这使文人们日益为大众所熟悉，有的文人甚至获得了明星般的社会地位。这也是一种塑造和探求文人公众形象的新方式。媒体让他们在各个层面上迅速地为读者所了解，这一转变改变了媒体的使命。每日出版的《娱乐小报》也称为“小报”，它就是娱乐新闻的阵地。小报问世于 19 世纪 90 年代，这说明新的休闲文化已经站稳了脚跟。这些报纸倡导一种看待时间和休闲的新方式，它生来就是属于城市的。报纸上的文学格调高雅、庸俗的都有，报道的内容包括诗歌、笑话、八卦、小说等，无所不包，甚至还有犀利的政治批评。1896 年春天，李伯元来到上海的时候只有 29 岁，没有人知道他是谁。1896 年他创办了《指南报》，几个月之后，他就成了新兴中文《娱乐小报》最知名的记者。但在办报过程中，最为重要的问题是盈利的能力。通过各种广告宣传，李伯元证明了《娱乐小报》也能针对特定的读者提供文化产品，诸如图书、书法和画作等。而且在发行过程中，他们敏锐地发现连载小说能有助于稳定读者。

上海成为中国出版业的中心之后，这个迅速发展的市场对人才管理的需求也日益迫切。专业写作、广告、照相、绘画和插图等新的岗位空缺，把年轻的作家和商业艺术家吸引到了上海。随着都市休闲的兴盛，各种娱乐出版物的发展也制造了不少新的生计方式。特别是上海租界的特殊多民族文化和明显不同的商业倾向，刺激着一个个作家、记者、画家和插图画家。都市休闲迅速增长的需求，滋养了各种各样的娱乐出版物的发展，上海出版业不仅有能力，而且愿意关注这个市场，设计出了相对便宜又引人入胜的媒体产品来加以开发。这不同于传统口语交流时期，无论说书场还是剧院，传统艺人和读者之间都是互动关系。现代传媒现在却替代了这种传统的互动，读者成了被动的顾客。不过，它也让读者在一定程度上积极参与，读者可以写信给报社，与编辑交流，也可以参与评选活动，但这是在一定范围内进行的。

上海的传媒业之所以能够成功，是因为它把西方文学出版物的形式与按传统道德观加以呈现的新闻结合在一起。当越来越多的都市人离不开休闲的时候，就需要一直有新产品来填补这个时间空缺。文人们发现，在都市传媒业中，他们用得上他们的技能。他们曾经怀有通过科举考试，成为一方道德领袖、社会楷模的理想，现在，他们在都市传媒市场中，担任记者和编辑，这就为他们提供了一个平台，让他们可以在另一个背景下公开扮演这个角色。这些传媒的现代娱乐性，保证了其盈利能力，还给了文人们一个满意的文化角色。但在另一方面，这些报刊在刊登娱乐新闻之外，也连载针砭时弊的小说与批评政府的讽刺文学。在谋生需要和扮演公共角色的愿望间，文人们找到了一个可以接受的这种方案，他们对自己的新角色更加自信了。

清末民初，西方文化的强力刺激使明清两代已经潜在增值的都市文化心理中的商品经济意识迅速复苏，并直接渗透到其时的文学创作中。明清时期，当然作为物化形态的文学作品也进入商品流通领域，但作家本人却很少直接介入商品经济中去，他们的商品经济意识还不是那么直接。清末民初则不同，写作诗文尤其是写作小说、戏曲，以牟利为目的的人，可谓比比皆是，纯精神的文学创作中渗进了浓郁的商品意识。但正是这种商品意识外在地增强了文人作家们在千年大变局时代的自我意识。

二　作家身份构建的途径

正如瓦特分析西方现代小说的兴起时谈到的，现代小说也以多种方式表现了这种意识（对日常生活的肯定），并通过这种意识来构建起一个共同的记忆及对现代的认同。笛福、理查森和菲尔丁写的新型小说，进一步牢固树立了对日常生活的平等肯定，这一写作形式包含着平等化，这一叙述形式有时记录生活细节把一切事件和生活放在相同文体上。现代小说越来越牢固了我们叙述文学的规范，这使古老的文体区分，对我们来说似乎是奇怪而又难以接受。新型现代小说在细节描写方面坚决抵抗所有以前的文学作品，它违反了传统情节和典型情节，并摆脱古典式的对一般和普遍的偏爱，它叙述个别人的生活细节。社会认同一般是在那些获得社会角色和材料基础上进行构建和创造。卡斯特指出，身份认同的来源十分广泛，包括“历史、地理、生物、生产与在生产制度、集体记忆与个人幻想、权力、机器及宗教启示”①。那一时期的文人们通过以下几种途径来构建自己的身份。

一是对西方文学进行想象，提升文学（小说）的社会地位。为了构建作家在新时代的全新主体身份，他们在想象中抬高西方文学在西方社会中的地位，以期告诉国人，西方国家之所以强大，是由于文学提供的强大支持及发生的重要作用。中国要富国强兵，须向西方学习。既然要向西方学习，那么我们就必须提升文学的社会地位，发挥文学的功能。所以，严复在论中西文学的不同的时候，刻意抬高西方文学在西方国家发展中的作用，而着力批判中国文学对国家的拖累。他说：“中之人好古而忽今，西之人力今以胜古；中之人以一治一乱、一盛一衰，既治不可复乱为学术政化之极则。”“中国人最重三纲，而西人首明平等；中国亲亲，而西人隆民。中国贵一道而同风，而西人喜党居而州处；中国人多重讳，而西人重讥评。其于财用也，中国人重节流，而西人重开源；中国追淳朴，而西人求欢娱、其接物也。中国美谦屈，而西人尊新知。其于祸灾也，中国委天数，而西人持人力。”② 他在《译〈天演论〉自序》中进一步指出：“近二百年，欧洲学术之盛，远迈古初，其得以为名理、公例者，在在见极，不可复摇。……风气渐通，士知弁陋为耻，西学之事，问途日多。然亦有一二臣子，遆然谓彼之所精，不外像、数、形下之末，彼之所务，不越功利之间。讨论国闻，审敌自镜之道，又断断乎不如是也。”③

梁启超在文化上也全力推崇西方文化，特别是西方的哲学。他说，德国的古典哲学，正是有了康德，才“一跃而十九世纪学术史之第一位者”。“康德实为德国学界独一无二之代表也。”他又说：“以

① ［英］曼纽尔·卡斯特：《认同的力量》，南京大学出版社 2001 年版，第 4 页。

② 严复：《论世变之亟》，《严复集》第一册（上），中华书局 1986 年版，第 3 页。

③ 严复：《译〈天演论〉自序》，《天演论》，商务印书馆 1981 年版，第 4—5 页。

康德比诸东方古哲，则其言空理也似释迦，言实行也似孔子，以空理贯诸实行也似王阳明。以康德比诸希腊古哲，则其立身似苏格拉底，其论理似柏拉图，其博学似亚里士多德。其在近世，则远达培根、笛卡儿而去其弊，近撷谦休谟、莱布尼茨之精而异其撰，下开黑格尔、费希特二派而发其华。”① 梁启超也非常推崇古希腊罗马哲学。他认为古希腊罗马哲学是西方哲学的发源地和精神的源头。他指出：“古希腊者，欧罗巴之母也。政治出于是，学术出于是，文学出于是，技术出于是，乃至言语风俗有形无形之事物，无一不出于是。虽谓无希腊则无欧罗巴，非过言也。”② 应该承认，梁启超在维新变化运动之后，做了大量的富有成效的思想启蒙工作。帮助许多人特别是青年学生拓宽了知识面，同时打开了他们的眼界，并且让青年学生在保守落后的封建文化和现代的先进资产阶级文化的论争之中，进一步看到了中华民族在世界文化进入现代社会之后，显现出的文化制度及精神层面的落后，正是在看到了这种差距，他们才会表现出一种更强烈的救国热情及推进文化变革的决心。

为达到他们政治救亡及改良中国社会的政治目的，在中国推进上层社会的政治救亡在下层社会开展启蒙运动，他们开始有目的、有计划地推动和抬升文学的社会作用，把文学的地位放到一个非常重要的位置上，以文学来推动民众的国民性改造计划。梁启超在《论小说与群治之关系》开篇就说：“欲新一国之民，不可不新一国之小说（文学）。”③ 他把文学与新造一国相提并论，突出文学的社会政治功能。他进一步指出，文学有非常重要的作用是因为文学有四种功能：一是文学的熏染。正是文学能让人在阅读的过程中，在不知不觉之间为文学作品所熏染使其精神为之神清气爽。随着时间的推移，文学的种子就在人们的心中生根发芽，从而提升人们的素质和品位。二是文学的浸染功能。他指出，熏浸的功能是在不知不觉之中，人们读文学作品往往读完放下书本后，数日或者数月还浸染在作品之中不能释然，这

① 梁启超：《近世第一大哲学家康德之学说》，《饮冰室合集》第二册，中华书局1915年版，第49页。

② 梁启超：《论希腊古代学术》，《饮冰室合集》第二册，中华书局1915年版，第61页。

③ 梁启超：《论小说与群治之关系》，载《回读百年》，大象出版社1999年版，第442页。

是因为文学的浸染的功能在发挥作用。三是文学“刺”的功能。前两种是在不知不觉之间，但刺却是在骤然之间给人启示和启迪。四是文学的提升功能。文学作品能够提升人们的审美趣味和境界，使人脱离低级趣味，从而达到一个全新的审美境界。正是因为文学（小说）具有这样一些功能，使它可以承担起改良社会群治改造国民的历史重任。

为了进一步证明文学的重要作用，梁启超对文学在西方国家所发挥的作用进行了刻意的夸张与想象。通过这种想象，来构建文学在西方民族国家建设中的重要形象。他说：“在昔欧洲各国变革之始，其魁儒硕学，仁人志士，往往以其身之所经历，及胸中所怀，政治之议论，一寄之与小说（文学），于是彼中辍学之子，黉塾之暇，手指口之；下而兵丁，而市侩，而农民，而工匠，而车夫马卒，而妇女，而童孺，靡不手指口之。往往每一书出，而全国之议论为之一变。彼美、英、德、法、奥、意、日本各国政界之日进，则政治小说，为功最高焉。英名士曰：小说（文学）为国民之魂。”①文学在欧美现代民族国家的建立及发展过程中发挥了一定的作用，但不一定像梁启超所说的那样具有举足轻重的地位，他这里只是一种想象。梁启超之所以这样想象的主观目的，在于通过对西方文学在欧美世界的想象，建立其中国文学的理想化自我身份，从而构建起作为文学创作主体的作家的身份，来提升文学在中国文化改造中的社会地位，从而实现其政治救国的目的。

清末民初的时候，在这一目的指导下，对于未来中国的美好想象，受到了西方文学特别是西方乌托邦文学和思想的影响，出现了一系列的科幻小说作品，如被誉为中国第一部科幻小说的《月球殖民地》，连载于1904年和1905年的《绣像小说》。小说人物大概是一群爱国志士，带着满腹牢骚，坐着热气球游历欧美各大都会，小说将月球作为作者心中的乌托邦进行想象。1906年《月月小说》刊登《乌托邦游记》，也说到了主人公乘坐飞艇进入乌托邦的情节。在这艘飞艇上，不仅有博物馆、图书馆，还有制造厂。飞艇上还配备了能望到10万里之外的望远镜。在图书馆中，更是堆满了世界各地的文学作

① 梁启超：《译印政治小说序》，载《中华文学评论百年精华》，人民文学出版社2002年版，第1页。

品。1902年，梁启超受从西方翻译的《百年一觉》的影响，构思了一部叫《新中国未来记》的政治小说。从小说完成的前5回来看，小说写60年后的中国，即1962年的中国，此时中国已经维新成功、国力日益强大。

从这个角度可以看出，我们在对西方文学翻译过程是通过对他者的“经典”加以想象。这种想象包含了诸多一厢情愿的主观成分和道听途说的讹传。我们在翻译西方文学的时候，往往聚焦于与当时文学潮流合拍或与中国实际需要紧密结合的作家作品。文学翻译作为对西方文明想象后进入中国，反映了中国作家们在自我身份认同的过程中，主动选择的取向。这种根源在于最初康梁等都是通过书本形式，通过第一代出洋者们出乎意料的赞叹声的方式来了解西方，就在他们自己开始形成对西方文化印象的时候，无形中将西方更加理想化了。

二是在中国古典文学的源头寻找理论支持。在构建自我身份的时候，清末民初的文人作家们一方面竭尽全力地追慕、抬高、效法西方的著名作家的理论，同时也开始在中国文学传统的源头上寻找权威的人物或思想作为文化资源，来获得作为身份想象与认同合法性的途径。现代作家在构建身份认同的时候，竭力追溯中国上古陈诗采风的传统政治习俗。对晚清的知识分子来说，陈诗采风只是记载在经史子集中的集体记忆，那是早已经消失的远古理想言论秩序和政治风景。但是近代报刊的发达却再次激发了这批知识分子对中国传统的陈诗采风的集体想象的热情。他们这一代知识分子对这种中国传统文化的热情超过了中国历史上任何一代知识分子，就像葛兆光先生所指出的那样：“古已有之的传统拥有时间赋予的权威和自明性。”① 报人将陈诗采风想象为近代报刊的远古渊源，这不仅赋予了报人的合法性，更赋予了他们自己身份有一种历史的“权威和自明性”。

除了到上古去寻找陈诗采风的历史渊源外，现代作家们还将视点从晚清向前延伸，聚焦在晚明。周作人在论证新文化合理性的时候，就将源头上溯到晚明，他说晚明的文学及文学运动孕育了新文化的种子，成为“五四”新文化的源头：“那一次（晚明）的文学运动和民

① 葛兆光：《中国思想史》，复旦大学出版社2005年版，第27页。

国以来的这次文学革命运动，很有些相像的地方。两次的主张趋势，几乎很相同，更奇怪的是，有许多主张趋势，几乎很相似。胡适之、冰心和徐志摩的作品，像公安派的清新透明。”①

三　作家身份认同的功用

第一，自我认同建构了作家群体的共同价值观念。一个新的行业（职业）的形成，其中最为重要的构成就是具备行业中绝大多数人所认同并且分享的共同的价值观念。同时，这种价值观念必须超越狭隘的个人或行业利益，以服务于公众为归宿，营造合法的价值框架和精神世界，从而使具体的从业者受到工作的尊重和享受职业带来的意义。这种共同的普遍的价值观念在这种新的职业中处于一个重要的基础地位，并且形成职业发展中的核心推动力。

新小说家从启蒙的角度切入域外小说，最先感受到的是其鲜明的民主、自由、独立、权力等思想意识和强烈的爱国思想。随着晚清知识分子对西方政治社会学的大量输入，以卢梭“民约论”和赫胥黎“天演论”为代表的西方文化精神和思潮，以及在这种文化思潮影响下形成的有关于“自由、平等、主权在民”的现代社会观念，与中国传统的以“民为本”的思想观念相印证，进一步丰富了新小说家的思想资源，并进一步在文学创作中表现出来。这种意识投射在文学创作中，就是作家笔下人物自由独立的价值观念。李伯元的《文明小史》很多处写到青年学子的这种独立自主的自由价值观念。这种观念在先前的传统作家看来几乎不可能，只有到了清末民初在西方文化的刺激下，人们逐渐对传统的那种封建人身依附关系产生了疏离。特别是现代传媒对新知识的传播，现代传媒的辐射性及扩大化传播的效应使原来在小范围内被接受的价值观念，逐渐在广大社会范围内得以传播开来。随着新的知识分子的继续鼓吹逐渐为大多数读书人所接受，“知识分子强烈的身份认同意识，催生了他们离心倾向，在文学上鲜明地表露为批判精神的强化”②。

第二，自我认同推动了作家群体的相互认同。中国自古以来既有“文人相轻”的传统，文人之间的认同不是那么强烈。清末民初时期，

---

① 周作人：《中国新文化的源头》，江苏文艺出版社 2007 年版，第 27 页。

② 贺根民：《中国小说观念的近代化进程》，齐鲁书社 2011 年版，第 79 页。

文人之间的认同有所改进，如《申报》创办后刊登文学作品如竹枝词，这些词的作者们就开始尝试着一种全新的文人之间的认同方式——相互借助和援引，但从消极方面说就是相互吹捧。这种文人之间的认同方式是在现代传媒发生之后开始出现，它反映了一种全新的文人群体的心态。借助于这种群体性的认同，文人们开始借由现代传媒走进一个全新的文学场域。

但是这一时期还是存在作家群体之间认同的不和谐因素，特别是作为传统精英姿态出现的作家，对那些写世俗风情的作家怀有浓烈的轻视情绪。吴趼人在论述早期《申报》文人的时候，就对他们爱吟风月、卿卿我我的写作取向表现出明显的轻视，这种轻视在不自觉的状态下流露在他的作品《二十年目睹之怪现状》中。在小说中作家假托小说中的人物，在阅读1884年的《申报》后指责《申报》的文人们“诲淫诲盗”，讽其轻狂：“那一般斗方名士，结识了两个报馆主笔，天天弄些诗去登报，要借此博个诗翁的名色，自己便狂得个杜甫不死，李白复生的气概。”① 但随后，这种文人之间的相轻倾向慢慢改变，逐渐为文人之间的认同所替代。黄遵宪的例子很好说明了这种转变。1880年，在上海卖文的作家陈鸿诰（字宴寿）到日本谋生，同样身在日本的黄遵宪听闻此事。他在给日本友人的信中就提到陈氏：“近有一好事人曰陈宴寿来神户，能诗与书。”我们从黄遵宪的叙述口气，特别是“好事人”一说的口吻，透露出黄对陈有些看不起。但两年后，黄遵宪离开日本到美国，却给同样身为卖文为生的李士棻寄赠买醉的资金。这种转变在一定程度上说明了原来黄遵宪看不入眼的那些靠卖文为生的文人开始得到认同。这些文人自身也通过诗酒追逐应酬的方式，呼朋引类，互相认同。

另一个例子也很好地说明了精英作家之间的认同。黄遵宪阅读了王韬寄给他的《蘅华馆诗录》后，以“才人之诗，千古而无对也”进行高度赞扬，评价非常高。他甚至抬出在古典文学中的大家苏轼、袁枚来与之比较。“弟每读近人诗，求其无龌龊气，无羞涩态者，殊不可多得。先生之诗尽洗而空之，凡意中之所欲言，笔皆随之，婉转屈曲，夭矫灵变而无不达。古人中惟苏长公、袁才子有此快事，然其

① 吴趼人：《二十年目睹之怪现状》第八回，载《新小说》第八号，1904年第10期。

身世之所说，耳目之所见，奇奇怪怪，皆不及吾兄甚远。”① 在黄的眼中，古代才子首推苏、袁，但王韬却能胜之。王韬的作品固然好，但超苏、袁却值得商榷。我们权且把这种过高的评价看作在某种程度上是一种对同类的认同，是对作家群体认同的一种表现。

以上列举了两种形态作家之间的认同，一是精英作家之间；二是精英作家对职业作家的认同。其实这种作家群体的认同对于职业作家来说更为重要，职业作家群体的认同能够构起作家们之间的地位确认，并且共同培养一个稳定而繁荣的文化商业市场来确保他们的职业生存环境。在知名职业作家之间是如此，知名作家对后起作家的提携更是如此，毕倚虹的代表作《人间地狱》从 1922 年到 1924 年在周瘦鹃主编的《申报》副刊“自由谈”上连载，后由上海自由杂志出单行本时，周瘦鹃又为其作序称此小说：“妙在写实，每写一个人，犹能曲写其口吻行动，至于一一毕肖、掩卷一思，既觉跃然纸上，栩栩如活。”更说：“清末民初的社会小说，除《孽海花》外，当推《人间地狱》，可首屈一指。”

第三，自我认同促进了作家群体的社会认同。中国文学在几千年的发展历程中，始终是作为文人们的副业而存在。文学是传统文人官场交际的花瓶，抑或是茶余饭后的消闲方式，再或是他们仕途失意时精神寄托的方式。文学在中国几千年的发展过程中，从未成为一种独立的职业。虽然传统文人们也把文学的地位抬得很高，什么“文章经国之大业”，但这种大业的创作者大多是业余的文学作者，是他们主业之外的副产品。到了清末民初，由于现代传播业的发达和繁荣，这个新的文学传播媒介打破了传统文化的传播机制，这使创作文学作品能获得经济回报，初步形成了一个以依靠创作文学作品来生存的现代文学职业——职业作家。

再加上清末科举制度的废除，更多的传统文人走上了文学创作的道路，文学作为一种职业开始初步成型。职业文学家们通过对西方文学地位进行集体的想象，这种想象又通过现代传媒的扩大传播，逐步构建起了职业作家们的主体身份认同。在另一方面，现代传播的进一步繁荣，进一步培养了广大的读者群体。日益扩大的读者群体使对文学作品的需

① 《1880 年 10 月 1 日与王韬函》，载《黄遵宪研究资料选编》，天马图书有限公司 2002 年版，第 362 页。

求进一步扩大，从而培养了一个繁荣的现代文化商业市场。现代职业作家创作是根据市场的需求而进行的。他们的创作必须考虑满足日益扩大的读者需求。正是因为这种需求，使职业作家们有的成为畅销作家，进而成为现代文化商业市场中的娱乐明星，如徐枕亚的《玉梨魂》一出，众相争读，一时洛阳纸贵。徐枕亚不但赚得盆满钵满，更赢得了明星般的社会声誉。通过职业的文学创作，他们寻找到了他们已经失去的社会地位和民众的认同。这种经济上的自我认同和社会地位认同组合在一起，使现代职业作家形成一种全新的价值观念：创作必须面向市场，面向读者。读者成为职业作家们创作之前及创作过程中必须考虑的重要因素，这与传统的作家创作不同。传统的作家创作主体在创作的时候一般不是很考虑和迎合读者，写什么和怎么写完全取决于创作主体的意愿，而现代职业作家就不一样。他们在创作文学作品的时候，要考虑自己的作品是不是热销。销售量是他们必须考虑的因素，因为这与他们的经济收入挂钩。在经济效益之外，如果作品受到读者的热捧，他们会名声大振，成为社会追捧的明星人物。这会让他们获得一种巨大精神性的社会认同。正是这种以读者为中心的价值观念，对现代职业作家这个群体的形成起到了十分重要的作用。这种价值观念逐步为现代职业作家所接受，成为他们繁忙而多产的文学创作的动力。但是我们要注意到，现代作家又不是完全地迎合读者，他们可以通过文学作品来引领文学读者的成长。此为后话。

当时上海的租界中出现了下层文化的事实，换而言之，上海平民文化是在不受上层文化控制的情况下形成的。上海平民无任何传统道德的负担，十分乐意于接受新鲜事物，如西方的物质文明。上海平民文化后来的确影响了上海文人产生的市民趣味，使后来新一代知识分子自我艺术成熟并重新企图影响塑造下层文化。

中下层失落的落拓文人放弃了传统的学术道路，但他们并没有转向西学。他们开创的是一种市民文化。这种文化介于上层文化和下层文化趣味之间，它产生于租界并与租界的日常生活环境密切相关。这是受文人们爱城市平民文化影响的结果。他们的读者是城市小市民，而不是为数更多的底层民众。这些文学描写，表达的是小市民的生活，而不是底层民众的生活。正如构成平民文化中最活跃的也并不是在数量上占更多数的劳工阶层。传统士大夫的诗词、绘画要求高雅，这些洋场才子们却写竹枝词，歌咏电灯、煤气、马车、酒楼、茶馆。

出身绅士阶层，而且本人中过秀才的李伯元在上海租界办小报，首创为妓女开花榜的先例。上海的洋场才子们并不忌讳他们的人生态度。对于他们来说，洋场是他们的游乐场，对于科举没有希望的他们来说，流连这个物欲横流的花花世界，本是一个很好的出路，如韩邦庆的《海上花列传》便是他狎妓多年的心得之作，甚至还托名写《海上游戏图说》这样的游玩上海的指南。

这种物欲化的认同为正统的知识精英所不容，郑振铎大骂这些平民趣味的作家："鸳鸯蝴蝶派的大本营是在上海，他们对文学的态度，完全抱着游戏的态度的。他们对人生也便是抱着这样的游戏态度的。他们没有一点的热情，没有一点的同情心，只是应和着当时社会的一时下流嗜好，在喋喋地闲谈着，在装小丑，说笑着，写着大量的黑幕小说，以及鸳鸯蝴蝶派的小说来维持他们的'花天酒地'的颓废的生活。"① 郑振铎的批判在一定程度上说，虽然带有一定的情绪，但总体来说还是比较中肯的。这批职业作家洋场才子们开创的市民文化，不仅仅是文学流派，它代表的是一种文化，这种文化介于上层文化和下层文化之间。虽然这种文化或者说文字在表达上基本还是文言或近文言，但表达的内容却是离士大夫的高雅趣味相去甚远。他们的处境及自我的定位又是怎样的呢？他们的传统特权随着他们来到现代大都市而失去，他们受雇于洋人，经济收入当然比劳工高，但上海有非常多的洋行工作的人、买办，这些人比他们在经济上优越得多。同时，现代都市又是一个只认金钱的社会。传统的贵贱标准早就让位于金钱，所以他们深感被社会边缘化。历来文人们也曾有过落魄潦倒的时候，但像现在在大都市中，文人们身边充斥着大量没有受过教育的暴发户，因为有钱而过着比他们更为优越的生活，这给他们心理上造成了很大的冲击，形成了心理上的不平衡。一方面他们选择在大都市生活，享受着现代都市物质文明的成果；但在另一方面，他们对文人们在商业文化带来的现代文明的冲击，造成他们的社会地位的下降和尊严的丧失，却无法容忍。于是他们又重新拾起他们一度放弃的传统道德的捍卫者的角色，企图充当起传统社会中的绅士的社会角色。正是这种复杂的心理造成文人们一方面游戏文章，落拓不羁，沉醉青楼，但在另一方面，却忧心世风日下、道德沦丧。

---

① 魏绍昌：《我看鸳鸯蝴蝶派》，中华书局1990年版，第9页。

第三章

报刊与作家交往空间

第一节　报刊与作家的交往网络

知识分子用印刷媒介以他们认为合适的方式说明、阐释乃至神话国内事务、国际局势和国族的历史。在此过程中，他们重新建构了自我的形象、彼此的认同及与官方、大众之间的关系，并通过印刷媒介赋予这一切以正确性、合法性乃至神圣性。在某种程度上可以说印刷媒介改变了知识分子获得权力的方式和运作权力的环境，更进一步说，当新知识分子开始自觉地与大规模的信息传播的网络相辅相成，一种无须真正谋面只需借助印刷媒介的交往就产生了。本节我们将探讨近代知识分子如何迁移，为什么迁移，迁移的影响等方面的问题。我们将进一步阐释报刊的作用：一是报刊的平台功能；二是报刊的勾连作用，在海内外之间发生作用但很脆弱；三是报刊从大城市向乡村辐射的功能。这些带来的后果就是文人的职业化及读者的都市化。

一　城市发展与文人流动

中国自近代以来，随着商品贸易的发展及市场经济的繁荣，原有的城市规模在不断地发展和进一步扩容。根据施坚雅的研究，在鸦片战争前夕中国就有 1 万人口以上的城市 292 个。[①] 但是在西方外来冲击之前，中国城市的发展在性质上还是传统的。那时中国的商品经济和市场行为不发达，城市作用主要体现在它提供的“盛民”的功能，传统的城市是作为政治中心或者军事战略要地的功能而存在。作为现

---

① ［美］施坚雅：《中国封建社会晚期城市研究》，王旭等译，吉林教育出版社 1991 年版，第 94 页。

代意义上的城市其主要价值功能还是体现在城“市”上，体现其在经济中心的价值功能。在中国封建时期的城市中虽然也存在着比较繁荣的手工业和一定程度上的商业贸易，如东南地区的苏杭一带。但这些手工业和商业的主要目的在于本城邦居民的自我消费，其主要出发点在于解决城市自身自我服务的价值取向，这与现代城市经济中心的价值取向有着较大的偏差，胡如雷就明确地指出：“中国封建城市的一般面貌，大体上可以描述如下：政治、军事意义大于经济意义，消费意义大于生产意义。”① 如果没有外来的冲击，中国的城市现代转型不会那么快，虽然随着中国封建晚期资本主义经济在封建小农经济中的萌芽，城市也在相应地转型，但由于封建晚期的封闭政策，这种转变速度非常缓慢。外来的冲击力加速了中国城市由传统向现代转型，这种冲击起始于 1840 年的鸦片战争。正是由于中国城市的现代转型是在外来力量的直接冲击下加速，所以我们可以很明显地看到中国城市的转型路线是：从通商口岸城市开始然后辐射到港口城市附近的二级城市，再由二级城市向中小城市，中小城市向乡镇农村逐级转型的过程。西方列强通过数次不平等条约强迫中国开放了一系列城市。据相关统计，到马关条约签订前清政府对外开放通商的城市就已经达到了 37 个，这些开放口岸城市分布在当时清政府 18 个行省中的每一个行省。② 这些口岸城市已然遍布中华大地：“北至于牛庄，南至于琼崖，外至于大海，内至于长江。”③ 特别是在这些通商口岸城市中，列强还强迫清政府专门开辟地方设立租界作为列强侨民的专门留居地。据统计，鸦片战争以来列强在中国开放的租界就达 26 个，其中特别有名且对中国城市社会发展产生了较大影响的是上海的租界。通商口岸城市及租界在客观上促进了中国城市的社会功能由传统政治军事中心向现代经济贸易中心转型。

但是由于通商口岸城市的地理位置和现代化程度的不同，他们的影响力也就呈现出一种参差的状态。同时近代城市的影响力也出现了一个此消彼长的发展态势，如上海这座城市在太平天国运动前还是一

① 胡如雷：《中国封建社会形态研究》，生活·读书·新知三联书店 1979 年版，第 252 页。

② 中国第二历史档案馆编：《1921 年前中国已开商埠》，《历史档案》1984 年第 2 期。

③ 王韬：《弢园文录外编》，中华书局 1959 年版，第 132—133 页。

个小县城，短短的时间之后上海的发展势头就超过了香港成为远东的第一大城市。而与上海临近的苏杭原本是中国东南繁华的城市，却因为上海的兴起而相对衰落。正是由于这种地理位置的不同逐渐形成了“以上海为中心，成波浪圈形向周围扩散的时代特点”。离上海越近、与上海的联系越紧密，其辐射力就越大；反之，就越小。

中国城市的现代化产生了很多重要的影响，其中一个重要的影响就是导致社会人口从农村向城市的流动。现代城市创办了大量的现代企业，这些企业需要大量的工业劳动人口。与此同时，随着现代城市的发展，社会进一步分工就显得越发重要，新兴的行业不断产生。这些新兴的行业也提供了大量的就业机会。在另一方面，由于社会资源向城市转移，新的技术在城市结出果实。现代城市物质文明程度较高，为现代的消闲娱乐提供了可能。那些有钱有闲阶层为享受现代物质生活开始向这些大城市迁移。与此同时，由于中国人多地少加之近代以来频发的自然灾害和战火形成了事实上存在的大量流民，他们也开始涌进城市寻找就业机会。

现代城市的兴起与发展带来的影响是多方面的，但由于本节主要讨论作家的迁移与流动，所以我们把焦点聚集在城市发展所带来的人口流动方面。近代人口流动对于文化知识人流动的双向影响十分明显，这种人口流动与西方文化传播呈反向发展。人口流动包括两种流动方式：一是由于各种原因如战争，大量的人口从内地的乡镇农村或内地城市向通商口岸城市流动。他们来到大城市之后为现代都市文明所吸引而留下来，成为大城市里的新居民，不再回到原来的出生地或居住地。他们或者在这些大城市待了一段时间后又回到原居住地，但这些人占流动人口的少数。二是由于一些原因，来自内地城市或农村的人口在通商城市做短暂停留时接受了通商口岸城市的西方文化及现代物质文明的影响，如刘光第返乡探亲和康有为科举考试途经上海，上海的现代文明与繁华给他们留下了深刻的印象。

上面我们梳理人口的地域流动，但人口的流动不仅仅是地域方面，其实还应该包含着阶层之间的流动，这种流动对于文人的迁移反而影响更大。在传统的社会中，士、民、工、商之间有一定的流动，但整体上社会阶层之间的流动性非常差。在总体上说，“四民社会”是一个封闭的社会。“士”为四民之首，其流动性相对来说是一种封闭型的内部流动而不向其他阶层流动。到清末民初，特别是科举制度被废除加上城市造就的新行业使士人们开始参与社会流动，而且这种流动呈现出多向性与广泛性。根据李明伟的研究："甲午战争后，士绅阶层打破只走官场仕途这一单一的流动模式，开始向企业家、股东、自由职业者、新军流动；到20世纪初，城市中参加流动的人数大大增加。"[①] 士绅阶层除了流向工商企业外，还创办学校发行报刊，积极投身于现代教育文化事业。王先明对此做了专门的研究。他制作了一份20世纪初报刊主笔、编辑、记者的出身统计表。根据这份表，在48名主笔、编辑、记者中，有42位是有功名的士绅。[②] 在另一方面，由于城市专业化分工旧的职业发生分化新的职业不断涌现，新的就业职位越来越多，这些新的职业身份打破了中国传统社会的固定模式。

二　文人迁移与传媒交往网络

谈文人的现代流动，一个绕不开的话题就是西学东渐以及西方文化在中国社会的传播。西方文化在中国传播与西方商品通过口岸城市然后再经口岸城市辐射到内地其他城市和广大农村一样，西方文化也是沿着这一途径，主要通过以下几种方式进行上述模式进行传播。

第一，出版西方的文化书籍。熊月之在《西学东渐与晚清社会》一书中就对西方人在中国设置的出版机构和出版的介绍西方文化的书籍进行了统计。根据他的统计，在鸦片战争后到1860年总计出版了434种介绍西方文化的书籍，这些书绝大多数是宗教宣传品，达329种之多，其余则包括天文、地理、数学、医学、历史、经济等方面有105种。与此同时，中国人自己也出版了大量的介绍西方文化的书籍。1843—1898年，中国人出版的各种有关于西方的书籍达561种。这些书绝大多数是在口岸城市出版，然后通过行政系统、教会组织、邮递等各种渠道销售到全国各地。

第二，创办近代报刊。中国近代报刊是从西方引进的，可以说它是西学东渐的产物，但是进入中国后它又成为传播西方文化的载体和工具。"中国人最早知道达尔文的大名，是通过《申报》的一条消息。

---

① 李明伟：《清末民初中国城市社会阶层研究》，社会科学文献出版社2005年版，第522—523页。

② 王先明：《近代绅士阶层的分化》，《社会科学战线》1987年第3期。

中国人最早知道马克思，是通过《万国公报》的一篇文章。中国人最早知道人猿同祖论，是通过《格致汇编》的一篇文章。中国人最早知道三权分立、社会契约论、进化论、八大行星说、化学元素等等都与报刊的介绍有关。”① 中国近代报刊的创办也是遵循由港口城市向内地辐射的模式。1870年前，所有的中文报刊都在口岸城市出版。1911年以前，全国1753种中文报刊中623种在广州、上海、宁波、福州、厦门等地出版，其中在上海创办的报刊最多。近代报刊与中国古代的邸报不同的地方在于，邸报主要是给皇帝和大臣们阅读的，而近代报刊的读者却是社会大众。为扩大读者群，那些在通商口岸城市出版的报刊也开始在全国设立销售点，如1874年王韬在香港创办《循环日报》，“在全国各省会市镇及别府州并外国诸埠，凡华人驻足之处，皆有专人代理销售业务”②。该报在全国各地及海外设立的销售点达30多个。《格致汇编》更是在全国及海外40个地方设有51个代销处。其每期的印数最少为3000册，一般6000册，最高为9000册。作为一本重学术的报刊，这在当时是个非常大的销售量。随着这些创办在通商口岸城市的报刊在全国各地的销售，报刊承载的文化也就很自然地从口岸城市辐射到了中国内地城市和农村。

第三，创办新型的现代学校。鸦片战争后中国人在开眼看世界的过程中，现代的新型学校也伴随着这个潮流而出现。中国近代的新型学校大致可以把它分成三类：一是西方人创办的学校，其中主要是教会组织及传教士个人创办的教会学校。二是洋务派的洋务学校为培养洋务人才而创办。三是私人所创办的新式学校及短期的培训学校、培训班，这些学校也大多是在通商口岸城市创办。到1860年后，教会学校开设向内地拓进，在中国内地出现了教会学校。洋务学校及私人学校也大致呈这种发展格局。新式学校最初的生源大多来自学校创办地，但是也有很多学校开始招收外地的学生，特别是像上海这样的港口城市对全国各地的学生有巨大的吸引力，许多外地学生会舍近求远来到上海求学。我们如果从传播学的角度来分析新式学校新知识的传播特点，我们可以发现新式学校的传播知识的方式与报刊传播知识的方式不同。报刊是通过不断更换传播知识的内容来吸引读者，而新式

① 张仲礼：《东南沿海城市与中国近代化》，上海人民出版社1996年版，第770页。

② 《循环日报》1874年5月20日。

学校传播知识的内容相对固定，它侧重不断更换传播对象来扩大传播的范围。

自晚清以来中国传统的儒家文化在西方外来文化的冲击下全面溃败。作为中国传统文化承传者的士大夫们就面临着他们曾经共同拥有的价值观念、知识背景、文化趣味和社会身份全面解体的严峻形势，也正是因为这种解体促使中国新式知识分子群体形成了。但是新式知识人缺乏传统士绅那样共同的意识形态，这使他们在形成新的群体之后就面临内部意识形态的分裂。在这种大的时代背景下，具有不同知识背景、价值观念和知识趣味的知识分子就通过结社和现代传媒迅速组织起来。由于各个团体之间的价值取向和知识背景不同，形成了事实上各异的意识形态组织团体，这反映到文学上就形成了多元共生的文学发展格局。

知识分子组成了团体，但是由于受到中国传统文化中的“君子群而不党”的价值观念影响，他们的结社活动很少以团体组织的名义来开展。他们开展活动一个重要的方式就是以社团为依靠，通过创办同人报刊并以此为中心来开展活动。通过这个共同的刊物来聚集具有共同的意识形态价值取向的知识分子同人，形成一个相对来说比较松散的但却是志同道合的同人共同体，如“五四”时期以《新青年》为中心的知识分子群体；再如胡适自 20 世纪 20 年代到 40 年代组织的多个同人共同体都是以刊物为中心：20 年代的《努力周报》、30 年代的《独立评论》、40 年代的《独立时论》。在中国现代文学史上这种以同人刊物聚集具有共同创作观念和价值取向的作家也是中国现代文学一个重要的特点，如清末民初时期《小说林》就是以浙人为中心的同人文学作家群体。后来的许多文学社团，如文学研究会、创造社、晨钟社、草社，新月社等都有自己的同人刊物并以刊物为中心来聚集作家。

从这里我们可以看出知识分子介入社会的路径：具有共同价值观念取向的知识分子通过结社组成团体创办同人刊物，然后通过刊物来介入社会。简而言之，现代知识分子是通过现代传媒（报纸、杂志）来制造社会舆论，介入公共生活并以此为中心凝聚形成一个庞大而又错综复杂的社会交往公共网络。

按照埃斯皮卡在《文学社会学》中提出的观点，文学是由生产—传播—消费这一整体环节构成的。现代传媒在文学传播中又占有相当重要的地位，它不仅控制了文学的生产和消费，而且在世界—作家—作品—读者这四个要素中，它连接着作家与作品；作家与读者；作品与读者这三组要素。因此在某种程度上说，现代传媒也控制了作家的交往及知识分子交往空间的拓展，生产和再生产出了文学的公共舆论。这种公共舆论又是通过近代的报纸、杂志的放大与辐射使更多分散在全国各地的知识分子有可能聚集为一个统一时空下的整体从而形成一个“想象的共同体”。

自近代以来知识分子在社会上层开展救亡运动在社会下层推动启蒙运动。上层的救亡运动是知识分子内部形成一种共识的过程，他们的交往早期通过书信往来的方式或者著书立说，这种交往的方式影响面有限。到维新运动前后，知识分子通过组织社团吸引更多的文人参与到政治变革运动中。这种文人的活动又通过他们创办的近代报刊放大影响的空间越来越大，使越来越多的文人形成救亡的共识，这就在知识分子内部形成了通过维新来建立现代立宪国家的想象。

在知识分子开展的下层启蒙运动中现代传媒的作用就越发重要。启蒙的知识分子其实并不直接面对下层民众，他们与下层民众的联系是通过近代报刊的连接而与下层民众发生关联。通过近代传媒报刊制造的知识公众是通过阅读报刊而在特定时间空间聚集起来的不同阶层的知识人。这些报刊的读者通常是社会基层的小知识分子。在这里需要明确地指出，现代传媒网络是有等级性的分层的现代网络，不同等级的传媒面对不同的社会公众。因此启蒙与被启蒙者都是相对而言的，他们所处的位置可以发生位移，就如许纪霖指出的那样：“全国性的大报的读者，可能是地方报纸的作者，而地方报纸的读者，又可能成为家乡小报的作者。”① 随着现代传媒的等级由上海、北京等大城市向全国各地的等级拓展，形成了一个以上海为中心以中等城市为中介然后向中小城市乡镇乃至农村地区辐射的知识分子交往网络。

三　报刊在文人交往中的作用

一是报刊提供的交往空间，文人们通过报社提供的场所开展交往。在这些场所中最具有代表性的莫过于上海《时报》馆开辟的“息楼”。我们可以从包天笑的回忆中来还原当年《时报》开辟“息楼”

① 许纪霖：《近代中国知识分子交往空间》，上海人民出版社2008年版，第20页。

的原因、息楼的特点及通过息楼进行交往的知识人整体状态与特点。包天笑认为，息楼“无非是聊供休息之需，有许多朋友来访、闲谈，便请在息楼室里憩坐。在报馆里是同人，工作之余，也在息楼休息一下。或有朋友来访，就可以在息楼中会客。息楼的那间房子，由报馆供给，供客人浏览，所费无多，而得益匪浅。也有朋友在息楼里吃点心的，好在《时报》馆在福州路望平街，临近读书点心店，面餐馆，叫茶坊去唤他们送来，吃自惠钞，很多方便”①。从包天笑的回忆表述来看，时报馆开辟息楼的主要功能就是为报馆的主笔、编辑、记者等内部人员提供休息、交往的空间。同时息楼又承担起了报馆接待来访者（可以是报馆之外的朋友或者普通的读者）的会客厅功能。据狄楚青所说，开辟一个馆内同人相互学习互相交流的场所，通过这些交流来促进报纸业务的提升，同时增进报社内部人员之间的凝聚力，增进彼此之间的情感与对报馆的认同感。他说：“在报馆里天天见面，大家亲切有味，有什么问题，可以互相讨论。便是写论说，也可以对新闻上，有所讨论商酌，每一个报馆常有论调与人不同之处，论说上还有必须修改之处，仅仅是闭门造车，我以为是不大相宜的。”② 在围绕息楼开展的各种聚会交往中，陈景韩和雷奋作为中心人物出现，参加聚会的人物不仅有时报馆中的文人，也有与报馆工作人员相熟悉交往的或对时报馆的价值观念比较认同的馆外文人。通过息楼开展的活动比较轻松自由，据包天笑的说法就是“谈谈说说，庄谐杂作，谈笑风生”。③ 甚至息楼还会组织开展一些宴会、打扑克、玩麻将等娱乐活动，通过这些活动逐步形成了一个相对来说自由的松散的文人交往的圈子。我们根据包天笑的回忆录进行整理，经常参加息楼聚会的人物有狄楚青、陈景韩、雷奋、包天笑、沈恩孚、袁希涛、黄炎培、龚子英、林祖潜、史量才、吴馨、朱少屏、杨士照、杨廷栋、叶养吾、杨荫孙、杨景森等。这些人物大多来自江苏，这反映了传统的地域同乡观念在一定程度上影响了息楼开展的公共交往。

参与息楼交往活动的人物大多是当时上海的精英人物，每一个人都有极大的可以调动的社会资源及人脉关系。他们通过《时报》的

① 包天笑：《钏影楼回忆录》，中国大百科全书出版社 2009 年版，第 329 页。

② 方平：《晚清上海的公共空间》，上海人民出版社 2007 年版，第 239 页。

③ 包天笑：《钏影楼回忆录》，中国大百科全书出版社 2009 年版，第 338 页。

“息楼”这样一个公共交往空间并以此为纽带，结成了互相交叉连接的网状现代社会交往网络。在息楼这个社会关系网络及公共空间中，他们的个体身份并不是单一的影响，也不是单一的而是呈现为一种多元的辐射状。他们之所以能够在息楼经常性地聚集，除了一般的社会交往因素外，更为重要的是他们具有相同或者相近的价值观念及政治理想，并且以息楼这一特定的公共空间群起群聚，在一起高谈阔论，营造了一个舆论的空间。这种在息楼产生的小范围的公共舆论通过对《时报》等报刊的主笔、编辑、记者等人物的影响，然后通过《时报》等近代大众报刊的公共传播，将这种小范围的舆论扩大到整个地区进而延伸到整个国家层面进而影响全国的舆论。参与息楼的交往活动者在此时就获得了一个更大的舞台，他们对社会发展产生了影响。由此我们可以比较清晰地看到，现代传媒对知识分子的现代交往的影响。

二是报刊在海外知识分子和国内知识分子之间的勾连作用。上文中我们提到的围绕息楼开展的文人交往群体一个非常特别的地方就是他们中有很多人具有留学海外的经历。他们有的留学过日本，如陈景韩、雷奋、朱少屏、杨廷栋、叶养吾等；有的留学欧美，如杨荫孙留学比利时，杨景森留学美国。还有一些参加聚会的人也有过短暂的出国学习考察的经历如沈恩孚、杨自民等，他们这些人既有中国传统文化的深厚功底，同时又接受了西方文化的影响。他们对西方文化、政治制度十分感兴趣并且倾心于将西方的文化民主制度引进到中国，按西方的模式在中国建立现代民族国家。正如王尔敏先生指出的那样：他们是群“政治上协商、文化上整合、社会上沟通者”①。这些留学归来的知识分子或具有留学经历的文人通过现代传媒的勾连进而聚集交往。但是问题还不仅仅只这么简单，这只是报刊连接留学归国人员的一种方式。

对于那些滞留国外的留学生或流亡海外的知识精英，报刊在他们与国内联系之间也起到一种勾连的作用。在西方文化的冲击下，中国当时有大量的青年学生走出国门，到西方现代工业强国留学。前文已经谈到中国留学生的主要目的地有两个：一是欧美；一是日本。由于日本与中国地理位置的相邻，文化习俗与中国文化的相近性及其相对

① 王尔敏：《中间地带：晚清报人与宪政运动》，《学术月刊》2003年第11期。

于欧美低廉的留学费用，使日本成为中国留学生的主要目的地。留学欧美也主要集中于英、美、德、法等欧洲强国的大城市。同时由于国内部分知识分子积极介入参与国内的政治活动，在政治运动失败后，他们受到政府的政治迫害被迫出国流亡，参与维新运动的一批知识精英，如梁启超等流亡日本，康有为等流亡欧美。

随着中国时局的进一步恶化列强加紧侵吞瓜分中国，国家的危亡牵动着海外留学生和流亡人士的心。但由于身处国外，他们与国内的联系主要是通过书信和现代传媒。由于书信的私密性对国内的影响不是很大，我们在此不作为主要的讨论对象，我们主要关注的是现代传媒在海内外知识分子交往中的作用。现代传媒的放大效应使其传播的信息具有波浪般层层扩展的辐射效应，海外知识分子对国内的影响通过现代传媒就会产生非常大的影响。在这个过程中，现代传媒就在中国和海外之间起到一种勾连的作用。“在日本出版《清议报》《新民丛报》《民报》以及《游学译编》《江苏》《国民报》《开智录》等留日学生刊物，或秘密流入上海，或公开在沪设立派报处。”① 文学方面的勾连也在发生作用，海外大城市和国内大城市之间的文学联系比较紧密。当时在日本的留学生数量非常庞大，他们积极投身于国家的前途讨论并将日本最新的文化介绍到国内，“壬寅、癸卯间，译述之业特盛；定期出版之杂志不下数十种，日本每一新书出版，译者动数家；新思想之输入，如火如荼矣”②。从日本的东京到中国的上海之间，其实存在着一个特别庞大的文学生产、出版、发行、销售的网络。不少知识分子就是因为“颇穷困”而投身于文学创作，如马君武、周作人、鲁迅等人。马君武就自述他刚到日本时“颇穷困，则作文投诸报馆以谋自给，故壬、癸间作文最多”③。鲁迅和周作人兄弟给《河南》杂志投稿，目的其实也有两个，一个是在文学思想上表述他们一种全新的文学主张，另一个是为了赚稿费来贴补他们在日本的开销。周作人在给友人的信中明确地说出了他们从事文学创作与编译的目的：“固然其一在于发挥文学上的主张，其一则重在经济，冀得稿

---

① 方平：《晚清上海的公共领域》，上海人民出版社 2007 年版，第 77 页。

② 梁启超：《清代学术概论》，东方出版社 1996 年版，第 89 页。

③ 马君武：《〈马君武诗稿〉自序》，载黄世祥编《马君武集》，华中师范大学出版社 1991 年版，第 391 页。

酬补贴生活”[①]。但是我们要看到报刊这种海内外的勾连是脆弱的，当国内政治环境恶化或者这些留学生在政治上的激进性增强煽动暴力革命的时候，政府就会加强对这些报刊的审查力度和查处力度。这种监管力度的转变往往让报刊的勾连作用显得有些脆弱。

三是近代报刊连接大都市与内陆地区的知识分子，使知识分子出现由内地向大城市的位移，从内地小城镇向上海等大城市的位移。位移的原因是科举制度废除之后传统的进仕途径被切断，文人们开始进入现代城市寻找新的人生发展途径。同时现代城市的发展又为他们提供了新的行业和就业机会，“在城市中，相继出现了一些新的职业领域，如各种自由职业、新闻和出版业，以及现代教育和文化机构”[②]。这些新型的文化机构为文人们提供了赖以生存的职业。这是他们在城市之中赖以安身立命的经济来源，而这种文人由内地向大城市聚集的中心纽带就是新闻出版社业提供的物质基础。加上现代稿酬制度和版权制度的确立更进一步在制度上确保了作家们的经济来源，作家们可以通过自己的写作在城市安身立命。在某种程度上来说，这使文人们成为职业作家变得可能。

上面我们仅仅从文学创作的主体方面来说，但问题不仅仅是这么简单，文人向现代城市聚集还有另一个重要的原因，即现代城市市民阶层的壮大。现代城市的发展使社会人口发生了大的流动导致现代城市人口的激增。城市人口的增加特别是城市中产阶级及小资产阶级的形成，事实上造就了一个全新的文化需求主体。但在中国传统的社会中，文化的需求主体是读书人，是传统的士绅阶层，广大的下层民众是被排除在文化需求的对象之外。自近代以来随着现代城市的发展及科举制度的废除，文化出现了一个下移的发展倾向。这种倾向表现在文化的创作主体、接受主体的现代转变，特别是文化接受主体由传统的知识精英向现代城市市民的转型导致了一种全新的文化需求。新的文化创作主体正好与这种新的文化需求一拍即合，这种结合是在现代传媒业的发达提供了可能的条件下进行的。而且这种发展是一种良性的互动式发展，市民阶级越壮大对文化的需求就越大，文化需求越大现代传媒的市场就越大。文化市场的不断开拓提供了更多的就业岗

① 《周作人致吴海发信》，《鲁迅研究动态》1987年第9期。

② ［美］费正清：《剑桥中华民国史》第1部，上海人民出版社1991年版，第38页。

位，需要更多的创作主体参与到现代传媒业的发展中去。现代传媒业的吸附作用导致知识分子不断地从内地乡镇向城市聚集，从小城镇向大城市聚集。在另一方面，新的人才加入现代传媒业，不仅在数量上补充了文化创作的主体，而且在质量上也全面提升了文人的素质。早期进入城市投身现代传媒的文人大多是落拓文人，他们没什么功名，社会地位也不高。但是到清末民初时期特别是科举制度废除后高素质的文人开始加入现代传媒业。随着一大批有进士、举人功名的文人加盟报刊文化业，这全面提升了现代传媒业的从业者的整体水平，进而也提升了文化创作作品的质量。

清末民初，大城市北京与上海之间的作家围绕报刊发生了两次大的位移：一次是从上海向北京位移；一次是从北京再次南移上海。在第一次位移过程中，具有代表性的就是《新青年》由上海迁移到上海。1917 年，陈独秀应蔡元培的邀请入北京大学主掌文科，《新青年》编辑部也随陈独秀迁移到北京，《新青年》的作家群也随之迁移到北京。在陈独秀的大力推荐下，《新青年》的作家群大多同时在北京大学任教。正是凭借北京大学的影响《新青年》成为影响全国的知名刊物，陈独秀迅速成为全国的青年舆论领袖。特别典型的是胡适从一个名不见经传的青年，一夜之间成为全国的青年楷模。《新青年》的作家群也在不断扩大，更多的作家参与进来。第二次作家转移是在“五四”文化运动退潮的背景下进行的。随着新文化阵营的分化，陈独秀、李大钊等人的思想观念的左转，加之北京政治的高压，大批文人作家南下。在作家位移的过程中逐步形成了中国作家的京派与海派。

第二节　报刊与作家的交往时空的拓展

1915 年以前，人们认为空间和时间仅仅是个固定的舞台，事件在其上发生，但舞台不受发生事件的影响，甚至在狭义相对论中也是如此。物体运动，力吸引和排斥，但按时间和空间简单地延续而不受影响。人们很自然地认为空间和时间会永远延伸下去。然而，广义相对论中情况完全不同。现在时间和空间是动力量：当一个物体运动时，或者一个力作用时，它影响空间和时间的曲率——而时空结构反过来也影响物体和力作用的方式。空间和时间不仅影响宇宙中发生的一切，而且受后者的影响。——霍金《时间简史》①

时间在现代社会中的作用是无与伦比的，现代社会秩序、价值观念和思维方式都是构建在现代时间的基础之上并由此开拓出现代的都市空间。现代时间和空间新的拓展对现代人的生活方式及心理和思维方式影响巨大。对处于现代转型期的中国人来说，现代时间观念从西方文明中引进，西方现代时间是建立在现代物质技术发展的基础之上。现代时间比中国传统的计时方式更为精细更为严密，它展示出一种时间的线性发展观念和思维方式。在这种时间观念的影响下，现代转型期的中国文人的生活方式、交往方式以及背后的价值观念和思维方式都将发生重大的转变。而近代报刊对于西方时间在中国的传播接受产生了重要的影响。

一　报刊与现代时间的传播

一种文化和生活方式向另一种文明的输入要依靠几个相互关联的社会要素：一是载体，承载着这种文化或生活方式的物质载体；二是传播途径和方式，关于这种文化和生活方式是如何输入的；三是接受的主体及其社会基础。作为现代西方文化和生活方式标志的现代时间在晚清就开始输入中国，西方时间输入的载体有专门介绍西方历史地理的相关著作和近代报刊。现代城市发展过程中兴起的商业活动特别是涉及中外之间的商业贸易以及在这些活动中确立的时间观念为西方现代时间观念的输入提供了社会基础。因为本节主要要讨论现代西方时间是如何通过近代报刊输入中国，所以重点将放在现代时间在中国的输入方式和传播途径上。

一是近代报刊引进西方通行的公元纪年。从晚清到民初由于现代传媒的发展及繁荣形成了一个强大的传媒网络。近代报刊作为那个时期最为重要的社会公共传播媒介，它在推动当时的中国知识精英及城市市民和部分底层劳动者接受西方现代时间观念起到了重要的媒介作用。这种媒介引进同时也促进了中国社会采用西方的时间方式，更为

① ［英］史蒂芬·霍金：《时间简史》，吴忠超译，湖南科技出版社2010年版，第42页。

重要的是它使人们形成了一种完全不同于传统农耕社会对时间的感知方式。近代报刊在传播信息的同时对现代西方时间也进行了传播，这一方面反映在将西方的公元纪年及计时方式呈现给清末民初的中国读者。

对于到底哪家中文报刊率先采用西方公元纪年，李欧梵先生曾经在演讲中明确表示：在公共场合最早使用西历的是《申报》。[①] 我们翻阅《申报》发现，其在 1875 年开始在报头标注西方的公元纪年。但从已有的资料可以明确地发现在《申报》之前，同在上海的《上海新报》已经在报头开始使用了西历，只不过其是用英文标注："1868. July. 30th"。这样的标注一直延续到该报 1873 年停刊。所以我们可以认为，至少在 1868 年西方的公元纪年就通过报刊开始输入中国。报头是报纸的显著位置非常重要，在报头标注西方纪年具有标志性的意义。

如果我们不寻找报纸报头这样重要的位置而是细读报纸的新闻内容，可以发现在 1868 年 6 月 30 日之前，《上海新报》刊登的新闻中就已经出现了西方的纪年方式："英八月初七日即中华六月廿三日鹰洋价每员价银八钱零八厘，本洋每员八钱一分。"[②] 但相对《上海新报》来说，后起的《申报》更为懂得现代传媒的经营之道。《申报》自 1872 年创刊到 1949 年终刊历时 77 年之久，在这么长的时间中，它凭借着自己的独特风格引领中国报业发展之潮流，其影响力远非《上海新报》所比，也许这是李欧梵先生观点的一个依据。《申报》刚创办时采用中历纪年，在创刊号中其报头就是用中国传统历法："大清同治壬申三月二十二日"。到 1875 年《申报》报头中就同时出现了中西历并举纪年的时间方式，其用大字标注"大清同治甲戌十一月廿四日"，同时又用小字将西历"一千八百七十五年正月初一即礼拜五"标出，这种中西两并举的方式一直被其沿用。这虽然是《申报》在公元纪年上的一个小小的改变，但其象征意义非常明显也很重要，它是西方现代时间输入中国的一个重要的标志。同时因为现代时间是西方文化的一个重要标志，这就进一步强化了这种标示性的意义。

---

① 李欧梵：《未完成的现代性》，北京大学出版社 2006 年版，第 5 页。

② 《上海新报》第 219 号，同治三年六月廿四日，第 1 页。

进一步查阅《申报》就会发现，在其刊登的商业广告中大量地存在采用西方的历法和纪年方式，如一家轮船公司的广告："本公司准于是年五月初五将英国一千八百七十一年十月一号起至一千八百七十二年三月三十号止，所溢之息每股切息银六两，凡各有股份者，请携股份来行，乃可收取至装。"① 这种纪年方式反映出当时城市中的商业阶层基本上接受了现代西方的纪年方式。但还不足以证明整个市民阶层对西方纪年方式的接受。但我们可以从《申报》的另一个事件中找到市民阶层对西方现代纪年方式的接受。《申报》在推销自己的行为中有一个措施就是随报附送"月份牌"，李欧梵先生在《上海摩登》一书中提到过。月份牌不仅有中西历对照表，还附有各星期数目和二十四节气，几乎满足了各式读者对时间的需求，从而大受广大读者的欢迎。"月份牌"这一营销方式的成功，在很大程度上说明市民阶层在那个时期已经普遍接受了现代时间制度。

二是近代报刊对于"时间"的追逐。现代时间的一个突出特点就是它已经与效率联系起来，可以用金钱来衡量。在现代商业化的社会中，时间与货币是联系在一起的，"时间就是金钱"。因此现代社会追逐的是速度和效率，并且将其与市民社会的日常生活关联起来。近代报刊为广大市民阶层及其他方面的读者及时提供了各方面的信息，使他们对整个社会的动态、娱乐、休闲、商业交换、市场行情及出行、求职等方面信息的了解与把握上更为得心应手。正是由读者这些方面的需求，《申报》开办了"本埠新闻""时评""国内专电""国内要闻""商业市况"等栏目来报道时事政治，反映本地的市井生活介绍商业信息。

但自近代以来，城市中的报刊如雨后春笋般涌现出来，特别是那些依靠商业市场生存的近代报刊之间的竞争是非常激烈的。鉴于读者对报刊的重要性，各报刊展开了激烈的读者争夺战。对于读者来说，信息的真实性和信息的时效性是至关重要的，因此对于各报刊来说获取新闻的速度和数量也就变得至关重要。对于报刊新闻时效性的要求上，近代著名的报人和通俗文学家包天笑有着深刻的体验："在报馆编新闻，于每日的时间，很有关系。编要闻，时间最晚，因为要等北京的专电到来。那种专电，往往要到夜里十二点钟以后，甚至于到午

① 《申报》同治十一年五月初二，第5页。

夜两三点钟送到，也说不定。"① 这种时间的追求又与报刊发行的特点相一致。报刊定时出版发行不能随意更改出版时间，它必须最快地提供最新的各类信息。这就决定了报刊与时间之间的关系。

同时都市社会的节奏变化在不停地加快，社会每时每刻都在变化，但是身处其中的都市人在面对这种多变的环境时却难以把握与驾驭，从而产生一种深深的内在焦虑。人们本能地要求掌握更多的信息来把握变化发展的社会，从而跟上社会发展的步伐而不至于被社会抛弃。在此同时，近代报刊不断提供最新最快的资讯，不断地满足着都市读者的心理需求。在此基础上，报刊和它的读者之间建立了一种同构关系，这种关系在都市小报上反映得特别明显。《立报》之副刊《言林》就公开地说："本报的标语有句是'五分钟能知天下事'，因此我的开场白只能花费阅读者的五秒钟。小型报刊跟短文章，现在很流行，这是因为大家需要他们的缘故。现代人过着劳苦的挣扎的日子，只能看看小型报跟短文章。"② 正是新闻报刊对现代时间的追逐使清末民初的作家善于把握广大市民读者的阅读心理期望，投其所好制作了大量的新奇刺激性的通俗小说。这些作家大多形成了自己熟悉的写作套路，同时他们大多又身兼数职，甚至还同时为不同的报馆写作。有时他们为了应付写作任务按期完成写作要求准时交差，"半月一部大著，三日一篇鸿文，日草万言"。这是小报过于追求实效而带来的负效应。这种彻底的商业化写作提前透支了那些原本非常有才华的作家的生命灵气，使他们在现代物质化的商业社会中全面沦失向商业写作投诚，这到"五四"时期成为新文化运动干将们批判的一个重要原因。

现代时间对文人生活方式也产生了重要的影响，他们的工作时间与休闲时间得到了区分，"在日常生活逻辑上，他们更多地是依据市民社会的生活逻辑和世俗欲求（如视日常休闲享乐为正务，具有道德合法性），通过市场消费的方式，选择适合自己的精神生活方式"③。这在《申报》刊登的当时文人所创作的竹枝词中有明确的表现："第

① 包天笑：《钏影楼回忆录》，中国大百科全书出版社 2009 年版，第 320 页。

② 谢六逸：《开场白》，《立报》1935 年 9 月 21 日。

③ 叶中强：《从想象到现场——都市文化的社会生态研究》，译林出版社 2005 年版，第 66 页。

一开心逢礼拜，家家车马候临门。娘姨寻客司空惯，不向书场向戏园。”① “洋场随处足逍遥，漫把情形笔墨描。大小戏园开满路，笙歌夜夜似元宵。”② 这些竹枝词展示出来的当时人们的生活方式与传统的生活方式相比有了较大的改变，工作时间和生活时间得到了区分，夜生活的开展使这一时期文人的生活方式变得更为丰富了。这在某种程度上说明现代文人的生活方式开始凸显其世俗化的一面。要注意的是这种现代的生活方式已经不仅仅体现在上层社会的生活中，据《申报》所载对当时生活情况的介绍，城市各阶层在整体上展现出了这种现代世俗的生活方式的转向。“身非富人，依人作嫁，或为商伙，或为馆师，则碌碌终朝，当夕阳西匿，瞑色未昏，亦将行此数者，以适一时之意，以解一日之烦。”③ 从这篇文章的叙述来看，我们可以从中发现休闲的生活方式从最初为中上层社会阶层所独有的行为方式，逐渐地为广大市民社会阶层所接受。休闲娱乐活动逐渐地走向大众社会，出现现代大众化日常化和消费化的趋势，这种趋势使传统的生活方式得以改变，一种全新的范式被广泛地接受。更为重要的是现代时间带来的生活方式的变化影响了文人之间交往方式的改变，它改变了传统社会中人际交往的随意性，而变得更为遵守严格的现代时间要求。

二　报刊开拓交往空间

在传统社会中，文人们之间的社会交往由于受到社会地域空间的限制，其交往呈现出一种社会活动的空间分布的结构状态，这种分布结构式以交往的主体（个体的人或群体）为中心，以其居住地为起点直到他所能达到的最近点为终点，这个交往半径形成了一个中心圆心的辐射状的交往扇形区域。如果我们动态地来看，其交往半径越小则交往的地域就越窄，这种交往就具有鲜明的地域色彩；反之，其交往空间就越大。这种传统的交往方式常常是和农耕社会中的血缘关系、地缘关系紧密相连，实事上呈现一种社会交往的地域特色。但是随着现代城市的发展，特别是城市发展中的现代文化事业的发达，这为文

① 鸳湖隐名氏：《洋场竹枝词》，《申报》1872 年 7 月 12 日。

② 晟溪养浩主人：《戏园竹枝词》，《申报》1872 年 7 月 9 日。

③ 《上海乐事解》，《申报》1877 年 10 月 13 日。

人们提供了新的职业如新闻出版业。新兴的行业提供了大量的就业机会，这对于文人们来说是一种全新的现代职业。以共同的职业为纽带形成的文人交往就在传统的交往关系中增添了一种以职业为中心的社会交往关系。这种新的以职业为中心的交往行为又与传统的以地缘、血缘的交往方式相融合，形成了清末民初中国文人交往的鲜明特色。

以近代报刊出版业开创的现代文人新型的行业就业对现代文人的交往产生巨大的影响。它为现代文人们提供了职业依托，使他们的交往有着坚实的物质基础保障。在传统社会中文人们没有明显的职业观念，他们的出路大致有三种：一是读书考取功名从而进仕；二是不能进仕就做私塾老师，找一处馆地招收些学生开馆以咨取养家糊口；三是依靠家族的雄厚财力从事著书立说，承传文化的工作。这种传统的职业取向很大程度上受制于地域空间的影响，进而影响到文人们的交往空间开拓。到清末民初，科举制度的日益式微直至被废除，这使传统文人进仕和私塾教师的职业失去了依附的制度基础。当读书不再成为进仕的途径，乡村的私塾教育也就失去了存在的理由，特别是现代教育的兴起与发展更是给私塾当头一棒，加速了其解体的过程。首先，呈现出的是私塾教师的收入急剧减少，据包天笑回忆，他年轻时做私塾教师一个月的收入是 2 元，不足以养活家人。同时由于科举制度的变化及现代资本主义商业的发展，缺少持续的经济来源传统的官宦大家族也日渐式微。传统的家族收入主要依靠家族那些考取功名的人带来的经济收入。当科举废除之后，家族的财源就受到威胁，传统大家族走向衰落将不可避免。那些依靠家族生存著书立说的文人的生活方式也受到了极大的挑战，他们不但不能继续依靠家族反而要承担起中兴家族的责任。胡适的家族及其本人的经历就很好说明了这种变化。由于家道中落，年轻的胡适不得不早早离开家族的荫护只身到外地游学。据胡适自己的日记记载，他需要从自己的留学经费中省出一部分寄回家贴补家用。至其留学归国在北大任教后，更是将其薪水大部分寄回家。如果胡适的例子还不足以说明这种家族的变化趋势，那么对于中国现代文学非常重要的作家鲁迅的经历就更能佐证这个观点。

以上我们分析了传统文人的职业在现代社会中的全面瓦解，这种瓦解给文人们带来的影响是深远的，体验是深刻的。这种个体的生命体验后来又与国家民族的前途结合在一起，形成了中国清末民初文人们一种特殊的心理和特殊的价值观念。这对现代文化价值观念的影响是巨大的，后文我们讨论文学观念的时候将作进一步的探讨。在变化的时代中，文人们适逢千年未遇的大变局，个人的前途就成为他们首先必须要面对和解决的问题。前文已经讨论了文人的知识储备与现代职业的关联性，在此我们将重点放在新兴的现代传媒业的发达对文人们的社会交往空间的影响上，这种影响表现在以下两个方面：

一是报刊对都市地域空间的开拓。当传统的职业失去，寻找新的职业作为替代就成了文人们自觉的选择。现代都市中的新闻出版业的繁荣让他们看到了自己的机遇。这种新型的现代文化职业绝大多数是在城市中发生发展繁荣，这使大批文化人从传统农耕文化的地域突破向现代城市迁移。前文在讨论“文人的迁移”部分已经进行了详细的讨论，我们在此将讨论的重点放在来到城市中的文人们是如何开拓城市的物理空间，新的城市地域空间的开拓是如何影响文人们的交往以及这种交往对文学创作的影响。

文人们迁移聚集到城市中来寻求一份现代的职业以获安身立命之资本，这就决定了他们必须离开传统的居住地，离开传统的交往空间与交往网络，生活在一个全新的地域都市空间中。但人是需要群体性交往的动物，交往就成为刚到都市的文人们首先要解决的问题。对于现代文化人来说，虽然来自不同地域空间，但他们又是以共同的新闻传媒业的职业身份凝聚起来的，这种以现代职业为中心的社会交往就成为现代文人们交往的一个重要的途径。由于传统价值观念对处于社会转型期的文人的影响还很大，他们在公开的文字中很少谈及他们之间交往的功利性因素。但庆幸的是当时的报人、通俗文学作家包天笑解放后的一部回忆录详细记载了清末民初他与文人们交往的点点滴滴，这为我们进一步研究他们在交往过程中如何对现代城市空间进行开拓提供了很直观的材料。根据包天笑的回忆录我们知道，包天笑第一次到上海是因为受人委托承办金粟斋译书处，他在上海度过了三年时光。但是包天笑刚到上海这样的大城市，“阮囊羞涩之人，也不敢有所交游”①。仅有的交往就是和同事偶尔到小酒馆喝喝酒，或在家里和同事谈天说地。他们的交往空间与传统的空间并未有太大的开拓，这种交往是处于城市边缘的传统交往方式。但三年后包天笑重来上海

① 包天笑：《钏影楼回忆录》，中国大百科全书出版社 2009 年版，第 247 页。

的时候，情势就发生了较大的变化。1906 年，他受邀担任《时报》的撰述员，职业稳定，收入也稳定。据他自己说每月 80 元的固定收入（《时报》馆给定），加上他给《小说林》做兼职编辑每个月 40 元的酬劳，两者相加每个月就有 120 元的固定收入。而他的家庭开销“至多不过五六十元而已”①。在这两项固定的收入之外，包天笑还创作小说，有额外的稿酬收入。后来随着职位的提高收入也就增加了，他接替陈景韩的职位后，《时报》馆的月薪也提高到 150 元。同时业务量减少也增加了他的业余时间，便“向别处写小说，编杂志，可两倍于时报薪水”②。这样算起来包天笑每个月的收入将近 450 元，这已经进入了高收入的阶层了。而几年后胡适刚到北大每个月拿 300 元的薪水，为此胡适还写信给母亲夸耀收入高。

包天笑在经济收入稳定之后就开始寻找安居乐业之住所，但从他选择住所的地理位置的思考方式，交往清晰地反映出他代表的城市外来文人的思维方式。包天笑选择住所有三个考虑因素在其中：一是近于同乡朋友的居住地要便于互访和招呼。二是从熟悉的环境起步进而把握和开拓更为广阔的城市空间。这是一种新移民的普遍心态。三是选择与工作地相近便于工作。在这三个寻找住所的条件中，社会交往是他首先要考虑的因素，因为包天笑从苏州乡下来到大上海并站稳脚跟，朋友的帮助至关重要，因此他十分重视并积极开拓这种人际交往的圈子。在日常的生活中，在住的方面体现出社会交往的重要性。我们可以通过包天笑的回忆，在吃的方面就进而体现出文人们是如何进一步开拓城市的空间的。新闻报刊业由于受到行业特性的影响，文人们经常不能在家吃饭而要到外面应酬。这种应酬也展现出一种显著的社会交往的特性。从他的回忆来看，这种吃饭的日常生活与社会交往对都市空间的开拓是联系在一起的。这种对都市空间的开拓是以工作地——报馆为中心延展性地展开。首先他们经常出入的地方是他们任职报馆附近的路边酒店、饭馆。包天笑回忆说，他在《时报》馆编外埠新闻，每晚要等北京发来的新闻专电，专电经常要到夜里 12 点，有时甚至一两点。包天笑认为这段时间最难熬，因为八九点钟其他工作就已经完成，只等专电，又不能回家。于是他便经常约同事——近

① 包天笑：《钏影楼回忆录》，中国大百科全书出版社 2009 年版，第 324 页。

② 同上书，第 414 页。

代著名作家毕倚虹利用这段空隙时间到报馆外面吃饭和游玩，深夜才回报馆完成最后的工作。据包天笑回忆，他和毕倚虹经常去的地方有“悦宾楼”“一家春”“一枝香”及广东小馆子。

二是近代报刊开辟虚拟想象空间。上述的那些都是包天笑他们这些文人自身家庭之外的日常生活空间，是他们自身的生活经验世界之中的生活空间。但是上海等大城市在他们的生活经验世界之外，还存在另一种不同的都市生活空间，对他们来说是一种全新的现代西方的生活方式的空间。在他们经济条件许可的能力之下，包天笑、毕倚虹等文人就着手进一步开拓这种对他们来说充满神秘色彩的另一种现代都市欲望的生活空间。他们的探秘和体验的欲望驱使他们开始走进外国人经常光顾的高级西餐厅来体验西方人的生活方式。这些都市的空间一般只有少数经常和外国人打交道的高级华人才会去光顾。这种趋新逐奇的癖好使他们在体验了西方的生活方式之后，重新回到他们熟悉的四马路，他们曾经的经验世界已不再是传统的经验世界，而是在传统的经验之中又糅合了一种西方文化的生活方式的体验。当他们将这种复杂的体验形诸文字，用报纸杂志等印刷文字媒介呈现出来的时候，就形成了这批文人最初关于现代性的想象，这种想象进一步拓展了现代的都市空间。这种想象的都市空间不再仅仅作为一种物体形式的客观存在，而是被现代传媒抽象为一种虚拟的想象空间。当这种全新的空间被现代传媒放大成为全体社会大众的共同的想象空间的时候，一种关于现代性的想象与认同就在所有的民众中形成。

在此需要注意一个重要问题，清末民初文人们对都市空间的开拓与想象是通过现代传媒为主体的印刷媒体来进行想象的，因为大多数现代作家都来自农村及小城镇或内陆地区。他们进入都市之后，对现代文明的接受和应对的能力是不一样的。对大多数通俗作家们来说，他们尽量去适应这种都市文化及市民阶层的文化需求，尽快地改变现代都市带来的不适状态，从而构建起这种对世俗的现代性的想象空间。对于现代派作家来说，他们的生长环境是现代大都市因而更为熟悉现代的都市物欲文明，因此他们的创作也就更直面现代物质的欲望化，对声、光、电、化等现代物质文明给现代都市人带来的从身体到心理的全面冲击的体验也就更为深刻。后来的穆时英、施蛰存、刘纳欧等人的现代小说是一种更为现代生活的体验，这种体验和小市民日常体验的生活空间是不一致的。这种快节奏的生活，将昼夜界限划分得十分明确，丰富的夜生活充满了欲望与喧嚣。而在清末民初的通俗作家的笔下，现代都市空间的生活比较闲暇从容，生活节奏较慢。这两种文学对现代都市空间的开拓与想象是在共同认同都市文化的前提下进行的。

但并不是所有的文人都能很快地适应这种快节奏的都市生活，就像茅盾在《子夜》中开头部分描写的，都市声、光、电、化冲击着吴老太爷的眼球和神经导致其死去。小说的这种处理虽然有些夸张，但从另一方面也足以说明一些来自乡村的文人初到都市的不适应。这种不适应使他们身处都市空间，但心灵上却转向文学的虚拟空间，想象一个“理想化”的他们曾经居住的乡村空间。在这个想象的空间中充满了美好是适合人生存的最佳状态。之所以说，他们在文学中构建的乡村空间是想象的，是因为现实生活中的乡村并不如他们笔下描绘的那样甜美宁静，而是一种虚构的乌托邦，以反衬现代都市文明的那种快节奏的生活及无边夸张的生活空间对人的压抑，及他们在面对这种快节奏的生活和空间变化时的无力感。他们的这种乡村与都市截然不同的生命体验越强烈，这种想象的成分就越明显，笔下构建的乡村空间就越发美丽动人。如果这仅仅是作家们自己单独的生命体验，这种想象的空间还不足以获得都市读者的广泛认同。只有当作家们虚拟的想象的乡村空间与都市读者的生命体验融为一体的时候，一个全新的都市中想象的乡村空间就完全被构建起来，并获得广泛的认同。

以上关于都市空间和乡村空间（包括想象的都市空间和想象的乡村空间）的开拓，都是由以报刊为主的印刷媒介来进行想象和构建的。当报刊的读者在同一时间中面对同一话题进行讨论的时候，一个公共的空间就被建构起来。[①] 对于上海这样的大城市以外的民众来说，现代性并不是先客观地存在，而是先有对现代性的想象。而这种想象如何从大都市向内地进行传播？如何由文人的体验向普通民众普及？这就需要依靠现代传媒。现代传媒的功用有赖于其抽象性和散播性，印刷媒介制造的空间事实上是可以无限扩大的。而在另一方面，作家的日常生活空间和他的文学创作空间有着密切的关系，近代报刊可以将日常生活转化为创作的重要素材资源，从而构建起一个报刊的阅读空间和话语空间。

---

① 安德森的观点，见《想象的共同体》一书。

三 交往空间对文人的影响

一是对现代文人心理机制的形成与主体的建构产生影响。近代报刊开拓的现代交往空间对现代作家的心理机制的形成产生了较大的影响，改变了他们感知世界的方式和方法。特别是现代时间观念的形成及都市空间的开拓使他们对世界的体验发生了根本性的改变。时间的虚拟化使现代作家对时间流的感知越发紧迫，线性时间使他们对未来国家和个人的发展有一种不同的全新体验与感知，这对于他们接受西方的进化论观点有着重要的影响。地域空间的开拓使作家们交往的地理广度大为扩展，这种交往的地域扩大在很大程度上增加了他们感知不同地域的可能性，从而能有机会把这种不同的体验通过文学文本加以体现。特别是从农耕文明到都市文明两种截然不同地域的文明方式冲突更是冲击着作家们的神经，更是成为现代作家们的文学主题。下面我们将以胡适和沈从文这两位现代文学史上重要的作家为代表，来分析近代报刊开拓的现代时空交往空间对他们心理机制的形成及主体建构的影响。之所以选这两位作家，是因为他们一个是“五四”新文化运动前就从乡村来到都市，后来出国留学；一个是在“五四”运动爆发后从湘西农村只身来到北京，他们的经历对于我们的研究具有典型性和说服力。

虽然胡适在上海出生，但他出生不久父亲就在上海的任上去世，很快他就随母亲回到老家安徽，他的童年在安徽乡下度过。由于父亲临终交代一定要让胡适读书，胡适的母亲在他少年时候就送他到上海求学。胡适在上海读书期间，由于他在同学中旧学根基较好受到好评，但他对于西学还不是很了解。有一次学堂里的老师布置了一篇关于《原日本之所由强》的作业，就难住了胡适。正在胡适为难的时候，他家中来人报信说家里有急事让他即刻回家。原来他的三哥病危，不久去世。老师就让胡适将作业带回家去完成。胡适在家办完丧事后，向他的二哥汇报他在上海求学的有关情况时就提到老师布置的这篇作业。他二哥常年在外经商见多识广，接触到许多新兴的事物。于是二哥便给他找来了很多相关的资料，其中就包括《新民丛报汇编》。胡适从《新民丛报》上读到了梁启超的文章并为梁文的思想光芒和真挚的热情所感染。这次充满偶然性的阅读经历使胡适对梁启超的文章变得如痴如醉，遂成为梁的忠实信徒。回到上海后胡适就开始以新派人物自居。在与同学的日常讨论中，胡适就自称为梁启超“未曾谋面的弟子”。胡适在自己的日记及后来的回忆文章中，直言不讳地提到自己曾经在梁启超那里得到教诲和收获。胡适认为，梁启超的文章“明白晓畅之中，带着浓挚的热情，使读的人不能不跟着他走，不能不跟着他想”。他承认“我个人受了梁先生无穷的恩惠”①。而梁启超对胡适影响最大的还是《新民论》。胡适就认为，《新民论》是梁启超“全副心思贯注”之所在。胡适将新民就理解为“要改造中国的民族，要把这老大的病夫民族改造成一个新鲜活泼的民族”。这种青年时期的认识遂成为胡适终身坐而言起而行想要实现的目标。

梁启超的影响不仅使胡适确立了认识价值目标，而且还打开了胡适的眼界。胡适正是通过阅读《新民丛报》上梁启超的文章，才约略知道了从霍布斯到达尔文这些西方的思想家。胡适认为，《新民论》最大贡献在于指出中国民族缺乏西洋民族的许多美德。至于哪些美德，梁启超在文章中说得很笼统并未明确界定，但胡适从中读出了梁启超强调的中国人缺乏的是：公德；国家思想；进取冒险精神；报刊思想观念及对此奋力捍卫；自由、自治；进步；合群与政治能力及私德。这些认识到“五四”新文化运动时期，有的就被作为改造旧文化的新文化运动的新思想而提出。这种影响非常深刻而且深远，以至于二十多年后胡适在写《四十自述》时还提到：“我在二十五年后，重读（梁启超的文章），还感觉到他的魔力。”

除了从《新民丛报》上受到梁启超的影响外，胡适在上海时期受的影响恰恰是在他刚到上海两个月才出版的《时报》，特别是陈景韩在《时报》上的短评。他说他在上海时期（6 年）“几乎没有一天不看《时报》”，并将许多《时报》文章“剪下来分类贴成小册子”作为资料收藏。他认为《时报》“能够打破上海报界的许多老习惯，能够开启许多新法门，所以能够引起许多兴趣”。正是《时报》对于时政局势的关注使胡适深受其影响。当年胡适愤而离开上海梅溪学堂就是因为上海道员在处理周有生案件时丧失国权，胡适写信骂他进而又不接受上海道的考试。这个事件之所以发生，是因为受到了来自《时报》的影响。胡适后来之所以一生都在关注国家社会民族的时政局势，肯定受到了《时报》影响。后来他不但读报输入新知识，而且要

① 均见胡适《四十自述》，中国文史出版社 2013 年版。

把自己的思想通过报刊输出。

正是感受到了报刊这种巨大的影响力，从青年时代开始胡适就积极主动地参与报刊的编辑出版工作。这使他不仅注重通过报刊来吸收知识文化思想，而且重视将自己的思想观点通过报刊进行输出影响别人，进而达到他再造文明的人生理想。这种理想从他青年时代就开始付诸行动，一直延续到他离国到美国留学。在中国公学读书的那段时间里，胡适参与并在很长一段时间里主持了当时的革命刊物《竟业旬报》。当初这一份报纸的主要读者是在校就读的青年学生，他确立的宗旨是“振兴教育，提倡民气，改造社会，主张自治”。胡适参加该报纸的编辑工作之后，就提出五条新宗旨：革除种种恶习；革除从前种种野蛮思想；要爱我们的祖国；要讲道德；要有独立精神。根据这五条我们可以发现，胡适很有些将这个报纸办成针对所有国民的意思。而且他在谈到提出这五点的出发点时说：“眼见那时势的危险，国民愚暗，心中又怕，又急，又可恨，又可怜。”胡适后来认为，主持《竟业旬报》编辑出版的工作经历使他拥有“一个绝好的自由发表思想的机会”。从而能够“把在家乡和学校得着的一点知识和见解，整理一番，用明明白白的文字叙述出来”。而且他在《竟业旬报》的这段时期，通过写文章还获得了“一年多作白话文的训练”，为青年时代的胡适“在中国文学革命的运动里做一个开路工人”打下了坚实的基础。① 留学归国后，胡适又积极投身到《新青年》杂志的编辑与写稿中，并围绕《新青年》的知识同人进行交往在中国发动新文化运动。新文化运动的影响力之所以能那么巨大，其中一个重要的原因就是围绕《新青年》杂志的作者群与读者群一步步扩大，这又与北京大学这所当时中国最为重要的学府与学术重镇相互糅杂影响，并借助于大学的影响力是新文化运动成功的重要原因之一。正是因为认识到《新青年》杂志的重要性，当新文化运动退潮的时候，曾经团结一致对旧文化做斗争的杂志知识同人队伍开始分化的时候，《新青年》杂志编辑部的去留成为陈独秀和胡适两人之间一个重要的博弈筹码。如果我们能够假设，《新青年》没有被陈独秀带到上海成为中共机关理论刊物而继续保留在北京，也许新文化运动的影响力不至于那么快就消退，至少影响力会更为持久一些，对于新文学及新文学作家队伍的

① 以上均见胡适《四十自述》，中国文史出版社 2013 年版，第 125—135 页。

成长也将会更有促进作用。但是历史总是这么吊诡，《新青年》南迁日益变左激进，逐渐在知识界丧失了大部分读者群和作者群，陈独秀挟杂志以号令天下的风光也就不再了。

胡适很快就运用自己的社会交往能力迅速聚集了一批以胡适为中心的较为活跃的知识分子群体，被世人称为“胡适派学人群”。这批学者主要是以留学欧美的欧美同学会为主体的一个群体。他们开始以《努力周报》《独立评论》等系列刊物为中心的新时期，展开深入持久的合作，这个群体之间关系密切。他们在这些杂志上积极阐述自己的政治观点，构建一个公共的空间，影响深远。但限于本论文讨论的时间点限制，在此不作引申讨论。

二是对个体力量增长的影响。这种影响可以表现在经济上，获得同人的帮助，如罗振玉之于王国维以及鲁迅之于众多青年作家。同时对文人新知识的获得产生了重要的影响。不同地域上获得不同知识：传统私塾与现代学校；近代报刊上的知识；接受他人的知识。通过交往获得不同的知识拓展了知识面，同时增加了生命体验的广度和深度，为文学创作积累了素材。如果我们再进一步分析，也就能找到许多的比胡适晚一些时候登上文坛的作家们是如何受到报刊开拓的交往空间的影响，并在从事文学创作的过程中分出较大的精力来维持与报刊的关系，甚至他们自己在盛名之下还亲自编辑主持报纸副刊的。如果我们要选出一个这方面的典型作家，那么我们认为非沈从文先生莫属。我们都知道，到北京之前沈从文曾在湘西的土著部队中待过一段时间。一个人的人生轨迹的改变总是因为遇到了生命中的贵人而发生改变，沈从文也不例外。他一生中热衷于帮助别人的一个重要原因就在于他曾受惠于别人的帮助，从自身的经历中感悟到一个身处逆境中青年人是多么需要别人的帮助。这种人际交往对沈从文而言特别注重精神性的而非物质名利。

如果我们细读《从文自传》及凌宇先生的《沈从文传》，[①] 就可以发现，第一个对沈从文产生重要影响的人是他在湘西部队中认识的文颐真。文颐真曾留学日本，酷爱读书，后在地方军队冲突中被杀。当时沈从文仅仅高小毕业，他的世界还仅仅停留在湘西的十三县。在与沈从文的交往过程中，文颐真告诉沈从文自己在外面世界见到过的

① 资料来源于《从文自传》及凌宇先生的《沈从文传》。

种种，他给沈从文讲他在日本见过的轮船、火车、电话、电报、电灯等现代发明是什么样子以及西方现代国家的相关知识，如各个国家军队服装的样式等。这些都是沈从文从来都没有听说过的新奇世界，他感到自己的世界太小了，他仿佛被带到另一个世界，心里起了一种朦胧的向往。我们在此可以说文颐真给沈从文打开了一扇门，一扇迈向了另一种文明之门。在文颐真的指导下，沈从文和别人一起合伙定了一份《申报》，从中吸收新知识新思想，从而开阔了视野、提高了认识。从此以后沈从文感觉到自己的生命里糅进了一点新的东西。正如凌宇先生说："文颐真在沈从文生活中的突然出现与消失，恰似专为点醒沈从文沉睡的理性而来。"①

而另一个事件对沈从文的影响也非常重要。当时沈从文在保靖陈渠珍手下做机要秘书。陈渠珍为促进湘西自治，在保靖办了一个定期刊物，设立了报馆。因为沈从文的字写得很好，同时又因为他办事认真负责，被在湘西发起新建设运动的陈渠珍看中。陈安排沈从文到刚创办的军队报馆做兼职校对。在报馆沈从文认识了一个青年印刷工长，这个工长是陈渠珍从长沙专门聘请来的。这个青年印刷工长身边带了许多新的书刊杂志，沈从文从他那里知道了《创造》，知道了文言与白话的区别，了解了"五四"新文化运动。这个事件对沈从文来说也是很重要的。他自己后来说："这印刷工长使我很感激他，因为若没有他的一些新书，我虽时时刻刻为人生现象自然现象所神往倾心，却不知道为新的人生智慧光辉而倾心。我从那知道了些新的、已在另一片同一日头所照及的地方的人如何去用他们的脑子，对于目前社会做一度检查与批判。"② 正是他交往的这个青年工长，在"五四"新文化三年后将"五四"新思想带给身处偏远湘西一隅的沈从文，使他开始接受"五四"新文化精神的洗礼。从此以后沈从文牢记着在保靖时从报刊上获得的"文学革命"的印象，他认定，要改造社会必须从"文学革命"入手，通过文学作品在国民中注入新的理想和热情。

沈从文到北京后，担任过《现代评论》的发行工作及给各报刊写稿开始与报刊亲密接触。特别是他接手吴宓编辑《大公报》文艺副刊

① 凌宇：《沈从文传》，东方出版社 2009 年版，第 84 页。

② 沈从文：《从文自传·一个转机》，江苏人民出版社 2014 年版。

并将其改造成新文学的重要阵地，成为京派文人的重镇，影响巨大。限于本书研究的时间节点，在此不作深入的探讨。

第三节　报刊与作家群的形成

文人们由于种种原因由传统的乡村农耕文明的环境中来到现代都市之中，他们就脱离了原来熟悉的社会和文化环境，进入一个对他们来说相对陌生的异质人群组成的城市空间时，他们就特别需要寻觅同道聚合知友，以期通过同类人群中的私人性和公共性的交往，求得群体身份和个体价值的确认。清末民初的文学性质的社团很明显地体现了这种特点。正如叶中强先生所说："结社可看作文人们在城市中开展社会交往，重构群体关系，寻找精神归属，并以此介入城市、市民社会生活的一种重要方式。"[①] 这一时期大量社团的兴起就是一个很好的佐证。据张玉法先生统计，清末的10年间国内及海外华人社团就达到668个。后来桑兵教授更新统计数据，他认为全国仅商会就有900多个，教育会723个（到1909年）；农学会296处（到1911年）。

一　报刊聚集作家群体的方式

清末社团之所以兴盛原因有很多，但如果从交往的角度来看就是现代城市的兴起加速了人员的流动。这种流动打破了传统的"乡土社会"的稳定性与封闭性。随之而来的就是文人们的人际关系在传统的私谊网络上进一步展开，开始以现代城市提供的全新空间，与城市原住民和遗落在城市中的前朝遗老及从乡村到城市居住的寓公这些对他们来说完全陌生的群体进行交往。许纪霖先生认为，这些社团的形成是通过三种方式进行连接的：一是对私谊的认同，这是每个时代形成会社的最为基本的方式；二是对"界"的认同，这是清末新出现的。章清教授就指出："近代中国集团力量的形成，其表征明显是'省界'、'业界'及'阶级'等亚文化图，社会成员也主要在这些环节

---

① 叶中强：《从想象到现场——都市文化的社会生态研究》，译林出版社2005年版，第100页。

展开。”[①] 三是对社会政治、文化目标的认同的方式。这种方式也是每个时代都存在的，但每个时代都有其自身的特色内容。就清末民初而言，文人社团大致是通过这三种方式进行连接的。但本书的主要重点在于这些会社是如何开展自己的社会活动？它们与报刊的关系如何？这将对本书考察文人们的社会交往开辟一个重要的途径。正如王鸿泰先生在研究明清社会关系的流动与互动的时候指出的那样：

> 明清之际，社盟活动为其社会中的一大特色，而其构成基础则为社会上普遍流行的社会交往活动。同时，社交场域也构成一个价值系统，个人可以在此场域中经营个人名声，藉由声名的确认来肯定个人价值。而且，当“名”的价值确立于社会中，且扩及于一般非文人阶层，声名的追求成了普遍性行为时，在“名”与“利”的交换下，声名便可着落于出版市场中，制度性地转换成经济利益。如此，社交场域中的社交活动也是价值活动，乃至是经济活动。在经济力量的支持下，社交场域稳固地存在于城市中，而城市社会也在乡土社会之外，成了个人另一个安身立命——或者求名取利的人生活动场域。[②]

如果我们将王鸿泰先生的这段话进行高度概括，就可以形成那个时代文人们社会交往的公式：凭借交往空间—展开社交—获得名声—出版书籍—获得更大的声名。这个观点有助于我们理解清末民初文人们的社会交往。但是，我们要注意这个时期社会的发展已不同于明清那个时期的社会了，虽然在转型期社会存在着很多的相似性。到清末民初，首先在公共空间上发生了很多的变化，不仅在于交往的地域空间的急速扩张，而且时间空间上也扩展开来了，特别是在现代城市中电灯的发明应用延长了白昼，使夜晚成为文人们交往的主要时间点。而且更为重要的是对他们在小范围获得的声名传播途径上增加了新的传播媒介——报刊。现代传媒无论是在传播的时效，抑或是传播速度、传播范围上都是传统的书籍无法比拟的。报刊聚集作家一般是通

① 章清：《省界·业界与阶级：近代中集团力量的兴起及其难局》，《中国社会科学》2003 年第 2 期。

② 王鸿泰：《明清社会关系的流动与互动》，《史学月刊》2006 年第 5 期。

过这几种方式：一是通过报刊开展的活动或不同的人事安排，将各个独立的报刊连接起来。二是具有相同或相近价值观念的报刊通过相互认同使之形成一个传媒链条。三是不同报刊或者同一报刊之间开展论争。

二　报刊聚集作家群体的类型

我们借鉴王鸿泰先生的这一思路具体分析社团、文人知识群体、报刊这三者的关系将是一件非常有意义的事情。本书认为，清末民初这三者之间的关系首先具有下面三个类型特征：

一是以社团领袖人物为中心、以报刊为平台来开展内部成员之间的交往活动，以期凝聚成员之间力量方式的聚集类型。这种类型的社团在清末民初这段时间中大量存在，体现出一种文人结社从传统向现代转型的深深烙印，过渡色彩明显。相对于“五四”以后文学社团的专业色彩，这种类型的社团具有更为浓郁的人际交往的意味，其出发点不在于文学，而在于文人之间的认同的需要。在清末民初，著名的南社是这种类型社团的典型代表。但是本书不急于展开关于南社的讨论，在讨论前我们有必要交代那个时期的遗老遗少们在迁居上海等现代城市后开展的一系列社会交往活动及形成的内部社团。在 20 世纪之交，清朝局势日益严峻，内外交困，连最为保守、最忠诚于封建王朝的读书人都已经看出清廷无药可救，朝廷的败亡已是时间问题，加之国内的动荡，出于对乡村的安全性考虑，大批的乡绅进而移居现代城市做寓公，特别是辛亥革命后大批的前朝官员流落到现代城市，这就形成了一个庞大的悠闲有钱的文人群体。他们失去了曾经王朝的实体依靠和士绅担当的精神依靠，流落都市，精神亟须寻找依靠和认同。在这种现实状况下，他们之间开展了以诗酒为主要媒介的交往，进行诗文唱和进而形成自己的社团。这种社团很明显其价值取向不在于文学，而在于文人之间的惺惺相惜共同悼念逝去的王朝，同时在精神上获得相互的抚慰，增加彼此的认同。这就鲜明体现了许纪霖先生所说的私谊性，而且带有浓重的传统社团色彩。

但是成立于 1909 年的南社除体现出这种私谊性外还体现出现代社会的特性，它不仅仅是个文人的唱和社团，也有着自己鲜明的政治价值取向，虽然带有明显的过渡特色。“本社之设，原以上海内外多士炳蔚，往往有读其名著至繁多，或彼此闻声相思，与为神交者有年而见面不相识，时负于交臂之憾。……故特假座名园，订期小集，世君子当有惠然肯顾者，不胜于望之。”[①] 后来由于加入者越来越多，活动的能量越来越大，再加上这个社团持续时间长，社团影响极大。南社由柳亚子、陈去病、高旭三位最著名的元老发起。第一次雅集为17人，后来成员扩展到高峰时期的千余人。据郑逸梅先生在《南社丛谈》中考证，有名有姓的就有千余人，而实际上人数可能更多。从这些成员的职业来看，南社像是一个由城市新型文化人组成的联谊会，它吸引了大多数聚集在上海这样的现代城市各界的精英人物。除三位发起人外，有报界的于右任、邵力子、叶楚仓、王钝根、宁调远；教育界的马君武；法学界的郁华；艺术界的李叔同、苏曼殊、欧阳予倩、黄宾虹；曲学家吴梅；通俗作家徐枕亚、包天笑、徐天啸、周瘦鹃、陈蝶仙、姚鹤雏、胡寄尘；新文学家沈尹默、林庚白；社会活动家沈钧儒；政治家陈其美、黄兴、宋教仁、汪精卫等。南社开展活动一般是聚会，聚会的方式是将传统文人的诗酒雅集和近代市民的休闲娱乐方式相结合，或在城市游园聚餐，或到城外载酒湖山。从1909年到1922年，南社先后共举行了正式的聚会18次，另有4次临时聚会。从这个频率来看，他们的交往是比较密集的。

南社虽然有自己的政治意图，但这个由文人组成的社团更是一个文学社团。社团以《南社丛刊》为平台出版发行社友的诗文，到1923年共出版了22集。在此之外南社还出版了刊物《南社小说集》，其成员王钧卿为刊物作跋：“南社始于清季，而广大于民国……而以文学家占多数。诗文歌调岁出三册，万流敬仰；纸贵洛阳矣。”[②] 南社这两个刊物的出版发行在很大程度上聚集了社团内部成员，成为他们交往的重要平台。特别是对于像南社这样一个主要由文人组成的半新半旧具有明显过渡性质的社团，在传统的聚会之外，社团刊物的凝聚力量振奋精神也就显得更为重要。

但是相对于开展内部活动及创办内部交流的刊物来说，南社成员积极参与当时上海的报刊活动，对于南社内部凝集力量也就显得更为重要。这种凝集力量的方式已不仅仅停留在内部的聚会及利用内部刊物，而是通过作为一个社团的整体参与外部的社会活动。在面对外部

① 陈去病：《神交社例言》，《神州日报》1907年7月29日。

② 郑逸梅：《南社丛谈》，中华书局2006年版，第14页。

社会时，社团成员更能增强对社团的认同，也就更能凝集力量。南社社友是通过几种方式来参与上海的报刊活动：一是积极在各报刊发表文章，如包天笑、黄节等在《觉民》月刊上发表文章；二是协助名人办报，如陈去病、柳亚子协助章士钊创办《民国日日报》；三是亲自办报，如陈去病创编《二十世纪大舞台》，又接替蔡元培继编《警钟日报》。但在参与这些报刊活动中，他们只是起到了辅助性作用，还未成为主要力量，不能将这些报刊变成南社的主要阵地。而社友陈布雷、李怀霜主持的《天铎报》、叶楚伧、姚雨平创办的《太平洋报》就成了南社的大本营。尤其是《太平洋报》由柳亚子主持文艺专栏，其内部职员几乎都是南社的社员。不仅这样，南社还把流动联络站也设在《太平洋报》报馆："本社因社员加入遍及海内，交通机关急宜成立，现议定于《太平洋》馆内附设南社交通部。"① 后来南社在外地的交通联络机关也大多设在各地的南社社友主持的报馆中。

二是以报刊为中心、以作家自由投稿的方式连接，通过刊物来聚集作家。我们在前文分析《申报》与文学联姻的时候，就已经探讨了《申报》馆开创的稿酬制度对文学发展的影响。在探讨的过程中就涉及了报刊对于凝聚作家的功能，我们还是侧重于从经济的视角来分析稿酬在这方面的作用。但是我们要认识到报刊对于作家群的聚集不完全是因为经济原因，特别是清末民初社会处于转型期，除了现代大都市中以写作为职业的作家外，对于那些从传统转型而来的文人来说谈钱还被认为是不名誉的事情。他们向报刊投稿，其中一个很重要的出发点是为了精神性的价值追求，为使自己创作的作品能够有一个公开发表的机会得以传播，从而获得社会层面的认同，这完全是一种精神层面的价值取向。特别是早期《申报》刊出的登载文学作品不收取任何费用，这一启事改变了文人们自费发表作品的传统习惯，这进一步激发了文人们的创作热情。他们开始利用这一平台来发表自己创作的文学作品。不仅如此，他们还向报刊推荐自己的亲朋好友的文学作品，以期刊出存其精神以求纪念。对于文人们来说，自己的亲朋好友去世后最好的纪念方式是出版他的学术著作或文学作品，这更有精神层面的价值。

《申报》馆的这一做法十分高明，通过刊登这些读者的自由来稿

---

① 《南社启事》，《太平洋报》1912 年 4 月 1 日。

就将原来的读者变成了自己刊物的作者，同时又用报刊提供的载体这一平台将这些互不认识熟知的作家凝聚在报刊周围形成《申报》比较稳定的作家群体。对于传统文人们来说，进行文人聚会相互之间的诗歌唱和是他们最为重要的日常生活之一，他们通过这些活动来交流感情。他们传统的唱和方式主要是通过雅集的方式，在宴会上觥筹交错之间来完成他们的这种交往，或者到一风景处开展活动，这些都是他们实现情感交流的需要。而自近代报刊出现之后，文人们的交往可以以报刊为媒介突破传统的私谊性的面对面的交往形式，通过报刊提供的交往平台可以不必谋面、不必认识，也可以进行诗文的唱和进行神交。甚至可以出现“面睹殊悭，神交已久”这种状态。①

在这种文人们通过报刊上的诗文唱和而进行的交往过程中，申报馆在其中进行穿针引线，通过刊登“访友来书”等形式让作者们相互了解，如 1875 年 1 月 7 日，《申报》头版刊登的“访友来书”的主要内容就是一个叫钱名振的作家想与一位叫“膳上散人”交友而不得，就想通过《申报》的版面把自己的姓名、住址刊在报纸上，希望膳上散人看到后能给自己来信。为了进一步调动作者们的积极性，增加他们的写作热情，申报馆甚至不惜动用自己聘请的主笔作为“托”亲自用笔名来创作诗文，让读者误认为这些诗歌另有其人而与之相唱和。早期申报馆的主笔都有自己的笔名，有的还有好几个，除了用笔名写作政论文章可以保护自己外，其中一个重要的原因就是笔名可以藏匿自己的真实身份，借此创作文学作品开展与读者和作家们的交往互动。如蒋芷湘的笔名为“蘅梦庵主”“小吉罗庵主”“蠡夕居士”；钱昕伯的笔名为“雾里香客”；何桂笙的笔名为“寓昌寒食生”“曲园居士”；黄式权的笔名为“苑香留室主”；蔡尔康的笔名为“缕馨仙史”“铸铁庵主”“海上蔡子”。早期申报上的诗文有很大一部分是出自他们之手，或者读者读到他们的作品而进行唱和而作文投稿。简单地讲有些作品是在申报馆的安排策划而创作的。如果我们细读《申报》上的诗文，以 1878 年 1 月《申报》上刊登的诗文为例子，就可以发现这一明显的特征。在这一个月发表的诗文中，可以发现署名“缕馨仙史”被多次提及，共 15 人次。这些诗文不仅提及“缕馨仙史”，而且还称其为“大吟坛”并且希望他能够对自己的作品进行

① 《无题恭和香海词人韵》，《申报》1873 年 4 月 25 日。

"斧正"。

我们通过分析这15首诗词就可以发现，这些诗词共同提到的人物就是"缕馨仙史"即蔡尔康。而且蔡尔康在这些作者中具有较高的声望和地位，获得了作家们的普遍认同。这其实在实事上形成了一个以蔡尔康为中心的比较稳定的报刊作者群体。但是我们也要看到，这些作者们是通过自由投稿的方式，通过报刊这个中介平台连接而形成的，其稳定性是相对的。加之报馆出于商业上的考虑，这种刊物连接作家群就带有很明显的人工策略的痕迹。这就在某种程度上造成了这种以报刊为中介平台、以作家自由投稿方式的连接的作家群体的不稳定性，但是其对于现代文学的意义是非常重大的。有论者就指出："报刊对文人初步显示出凝聚一批作家、编辑和读者的独有魅力和优势，一个围绕媒介而聚集创作队伍、文学社团、流派，媒介与规范文学的时代即将到来。"①

三是以同人报刊为精神纽带形成共同价值观念的作家群体。清末民初最为有名的同人刊物有《小说林》《新青年》和《学衡》《大公报文艺副刊》的知识群体及胡适创办的一系列同人刊物。以《小说林》为代表的追求审美风格的文学价值观念的作者群；以《新青年》为代表的启蒙的文学观念的作家群体；以《礼拜六》为代表的通俗的价值观念的作家群体成为那个时期最有代表性的作家群体。在此可以以《小说林》这个清末同人刊物为案例来分析同人报刊在作家群体成长过程中的作用及两者的相互关系。首先要弄清楚小说林社的作家有哪些，他们的祖籍来自何方？对于文学的这种追求为什么会出现这种"审美"的价值取向？他们是如何围绕《小说林》这个刊物而展开交往的？同时《小说林》杂志在他们交往过程中发挥了什么样的功能？

《小说林》1907年2月创刊于上海，1908年停刊，共出刊12期。虽然出刊时间不长，但对清末民初的文学发展产生了很大的影响。《小说林》的主要作者有曾朴、徐念慈、陈鸿璧、张英、包天笑等。这些作家一个非常突出的特点就是他们大多掌握了一门外语，能读懂西方的文学原著，在直接接触西方原著的基础上形成了他们在当时独特的文学观念。《小说林》杂志发表了大量的外国小说作品，它以翻译外国小说为主，并自觉地借鉴西方文学进行自觉的文学创作。曾朴

---

① 张天星：《报刊与晚晴文学现代化的发生》，凤凰出版社2011年版，第30页。

的《孽海花》就是借鉴西方文学的突出代表，其他《小说林》作家如陈鸿璧的科学小说《电冠》，历史小说《苏格兰独立记》，张瑛翻译的侦探小说《黑蛇奇谈》等都有鲜明的特色。正是因为直接接触翻译西方文学原典，使他们比国内同时代的作家们更能认识到文学的本体应该是什么，从而形成了异于同时代其他作家的创作风格。以《小说林》联络的这批作家非常强调文学的审美价值取向，体现出《小说林》同人对于文学的自觉。这批作家纯审美的艺术姿态和创作作品的艺术品位，在清末文坛上确实是独树一帜。但是由于刊物创办持续的时间短，尽管在当时的影响非常大，曾与《月月小说》《绣像小说》《新小说》并称为清末四大小说期刊，但与其他三种相比受关注度不够，在此后的文学史上其地位也被严重低估。可以这么说清末《小说林》的这批同人作家开启了中国现代文学审美之维。

同人杂志是指具有相同或相近文学价值观念及趣味的作家以刊物为中心形成的群体。他们具有共同的文学理想和追求，并通过这一共同的目标为精神纽带连接这些志同道合的作家。当这一作家群因为价值追求出现分歧的时候，作家群体也容易发生分化，要么会出现像《小说林》那样因为刊物的停止刊出发行而导致作家群体的解散，要么像《新青年》因为作家群体内部之间关于新文学建设方向的分歧导致刊物的价值取向发生改变。刊物与作家群之间的影响是双向互动的，价值目标明确的刊物确实可以团结凝聚一批志同道合的作家同人为自己的价值理想奋斗，从而推动现代文学的发展。但作家群体之间的思想很容易发生改变，容易受外在的环境影响而导致队伍的分化，进而又影响到刊物的生存。在现代文学史上，这种以理想为追求的同人刊物存在时间普遍比较短，存在时间远低于与它同时创办的商业市场为走向的刊物。但是需要看到，正是这些同人刊物凝聚的同人们对于文学理想的追求使中国现代文学可以超越世俗的趣味层面向更高的审美之维延展。

从知识分子共同体内部关系来考察，每一个知识分子知识共同体也是一个具有自主性的场域，他们是由一群拥有相同习惯的知识分子组成的，共同的意识形态或学历出身，知识类型、道德价值、文学趣味、生活品位使他们物以类聚人以群分。这些作家通常以同人刊物为中心形成一个松散的志同道合的价值共同体。他们的价值追求通过刊物的形象来得以实现，并且以刊物为中心形成一个巨大的公共交往的网络。

三　报刊与文学公共领域的形成

哈贝马斯认为："一般的阅读公众主要由学者群以及城市居民和市民阶级构成，他们阅读范围已超出为数不多的经典著作，他们阅读兴趣主要集中在当时最新出版物上。随着这样一个阅读公众的产生，一个相对密切的公共交往网络从私人领域内部形成了。"① 而形成这一公共领域的主要媒介包括：报纸、期刊、广播、电视等。现代传媒对公共领域的形成起到了一个相应的不可忽视的作用。"书籍生产面对新的读者层，趋向扩大化和专业化，报纸杂志的内容也变化了。随着书籍和报纸杂志生产组织、销售和消费形式的变化，公共领域的基本结构也发生了变化。""大众传媒影响了公共领域的结构同时又统领了公共领域。于是公共领域发展成为一个失去权力的竞技场，其意旨在于通过各种讨论主题和文集既赢得影响，也尽可能隐秘的策略性意图控制各种交往渠道。"② "在特定的历史条件下，作为文化载体的杂志版面，以公开、平等、开放的姿态，融合接受各种不同的文化立场、观点、倾向，成为一片名家各派大体'自由'言说和沟通的园地。"③

查尔斯·泰勒把公共空间分为主体性的公共空间和跨区域的公共空间。前者指区域性的聚会，公众们以共同关心的主题聚集在一起，那是一个有形的空间，如沙龙、酒吧、广场、街道、学校、社团等。而跨区域的公共空间，则是包括报纸、杂志、书籍和电子传媒在内的公共传媒，它们是一个无形的、想象的舆论共同体，以共同的话题将分散在各地乃至世界的陌生人结合为一个现代社会公众。按泰勒的说法，公共领域的参与者不一定就是资产阶级，而是一群有者共同主题的陌生人。他们形成了想象的共同体，是现代社会想象的一部分。④但是社会公众并不一定是客观的、固定的存在，它们是被现代传媒和公共舆论构建起来的，是一群流动的、临时的、想象性的人群，例如

---

① ［德］哈贝马斯：《公共领域的结构转型》，曹卫东等译，学林出版社1999年版，第3页。

② 同上书，第4页。

③ 刘增人：《中国现代文学期刊史论》，新华出版社2005年版，第190—191页。

④ Charles Taylor, *Modern Social Imaginaries*, Durham and London : Duk University Press 2004.

阅读公众、戏剧公众、文学公众等。①

正是由于报刊对知识分子群体的凝聚使之作为一个知识分子群体，参与文学活动并将文学活动延伸到文学与政治、文学与商业等文学外部关系之中，从而形成了一个全国广泛存在的文学公共空间。报刊之所以能够影响文学公共空间的形成有赖于其自身的特性。

一是近代报刊特别是民办报刊大多是由知识分子精英或商业精英所创办。他们大多有意识地独立于官方的政治权力控制之外，与政治权力保持一定的距离，作为公共领域的社会构造部分而存在。正是这种天然的公共领域属性使它能够进一步扩展文学公共空间的规模。

二是近代报刊能够充分发挥凝聚作家群体的作用，为文学公共领域内的作家们开辟一个稳定的交往途径和有效的交流机制。这种文学领域内作家之间的交流，对于现代文学发展的作用极为重要。这种交流在同一个文学作家群内部及不同作家群体之间同时进行，对于拓宽作家的视野增加见闻积累素材十分有意义。特别是同一作家群体之间相互影响对作家们形成相同或相近的文学观念、创作风格、审美趣味等具有重要的影响。在不同种的作家群体之间通过跨圈交往或者通过开展文学争论也能投射这种影响。

三是近代报刊不仅能够提供内部的横向交流，而且还具有作家与群体外部交流的纵向沟通功能。依靠报刊提供的纵向功能，作家群体可以突破文学自身范畴限制，超出小圈子参与到社会政治生活的事务中去，从而将作家与社会、国家连接起来表达自身的利益诉求。

四是近代报刊在传播信息过程中具有“倍增放大器”的功能，能将作家群体内部之间的思想观点集中起来加以传播，这使群体内部的价值观念能够在外部社会中成倍地获得自己的影响力，进而将这种影响力转化成一种为社会公众的集体共识，从而能够在全社会形成一种全新的文学思想空间和文学舆论空间，并能够将文学界的思想观念延伸到政治领域、商业领域以及其他领域。这样报刊传播就能够突破文学自身的狭小世界从而能够在全社会形成公共舆论。

文学公共领域的形成对于现代文学的发展影响是深远的。

一是打破了传统社会中官方对文学话语权力的控制，改变了传统

① ［德］曼海姆：《重建时代的人与社会》，张旅平译，译林出版社 2011 年版，第 80—81 页。

的官民文学格局，在传统社会中的官方与民间社会之间增加了一个全新的公共领域，这进一步加速了官方文学与民间文学的分离。官民两种文学之间的互动交流从此有赖于文学公共领域这个中转站来进行。“官方文化作为一种正统文化，是政治国家赖以维系统治的精神支柱，其主要功能在于从思想意识形态和文化层面为统治阶级提供合法性论证。”① 而民间文化主要是不同于官方文学贵族化的雅文化，而是作为向社会底层大众提供娱乐休闲和生存意义的阐述并满足他们精神上需求的文化。民间文化一般是通过民间的戏剧、歌谣、话本、评书等艺术形式在民间社会进行传播。同时这种文化又容易被官方文学所利用，利用官方意识形态形式和儒家的道德观念使之承担起对底层大众的教化功能。所以说官方文学一方面企图保持其贵族化的倾向，把民间文化排除在外并不对民间社会开放，另一方面又利用民间文学为其统治服务。民间文学虽然有自己的独特性，有自己独特的言论与表达形态、文学内涵的承传方式，但是要受官方文学的制约。这也是在传统文学史中俗文学的地位低下而贵族文学尊崇的原因所在。但是随着现代报刊业的发展与繁荣，这种官民文学格局逐渐地被打破。其一是报刊在传播的数量和速度上具有传统官方文学无法比拟的优势。现代机械印刷日新月异使文学的复制速度得到质的飞跃。这种可大量复制的报刊文学使文学在全社会进行广泛的传播成为可能。其二是报刊提供的信息满足了社会大众的需求，同时又使社会大众产生新的更大的信息需求。按叔本华的说法，人生一个欲望满足了，新的更大的欲望随之同时产生，周而复始循环不辍。这种在报刊刺激下产生的新的更大的信息需求，反过来又促进了报刊进一步发展与繁荣，从而形成了一个良性的互动模式。其三是报刊不断将更多知识思想复制传播，在传播技术与读者需求结合的双向驱动下，文学的重心开始下移进而推动了文学的普及，从而进一步打破了少数知识精英对文学的独占，开辟了文学进入大众化的新时代。

二是近代报刊改变了信息的传播方式：从传统的人际传播向大众传播转型。“大众传播，以文字符号为媒介，以不特定的多数人为传播对象，在信息传播的总量、规模与覆盖范围等方面大幅度扩展。”②

---

① 方平：《晚清上海的公共领域》，上海人民出版社 2007 年版，第 96 页。

② 同上书，第 98 页。

大众传媒的兴起不仅改变了信息的流通方式，而且使信息的储存与分享可以超越时空的限制，从而将信息从依靠少数人之间的人际传播扩展到向大多数人传播，这种多元化的信息接收渠道就开始形成了。这使不同的社会阶层可以接收各自需要的信息。“不同性质的报刊往往就是不同社会群体、不同社会阶层的发声渠道，从而表达自己阶层的利益诉求。”①

三是近代报刊借助于自身的公共性可以将个体性的事件转化为公共事件。前文已经讨论到近代报刊的公共属性。首先，近代报刊的受众是社会大众。报刊是为不特定多数的社会大众提供信息而存在的，这是近代报刊自身的一个重要特征。读者的广泛性在一方面充分体现报刊不能作为某种集团势力的私有物的形式存在。其次，近代报刊的生存需要依靠社会大众。近代报刊的创办需要大量的资金投入，其运营也需要持续不断的资本注入，这些创办资本或营运资金也大多来自社会大众：其一是私人或团体的捐赠；其二是其商业化运作，包括报刊商业广告的收入。最后，报刊发行针对全社会公开发行，有较高的透明度。正是报刊的这种公共属性使其可以将原来依靠人际传播限制在一定范围内的个体性事件投放到全社会的公众视野中，使之成为社会公众共同阅读与讨论的主题从而上升为国家层面的公共事件。

四是近代报刊将个体受众连接成为一个公共阅读网络，通过这一网络受众与传媒之间以及受众与受众之间可以进行有效的信息交流和思想交流。

正是因为凭借由现代传媒网络构建的现代文人交往空间，知识分子能够通过报刊制造的知识公众，在特定的时间和空间中与社会大众发生直接的关联。这使他们能够在社会大众之中建立起一种舆论的话语权力，从而推动中国文学朝现代转型。同时这种全新的现代交往空间，对于聚集在现代都市空间中的中国知识分子来说具有特别重要的影响，将对他们的现代性心理机制形成和现代主体性的建构产生重要的影响。现代交往空间不仅改变了他们感知世界的方式和方法，同时也使他们对世界的体验发生了根本性的改变。这些都有助于现代作家主体身份的构建。

而在另一方面，这些进入现代都市空间的个体作家脱离了原来的

① 方平：《晚清上海的公共领域》，上海人民出版社 2007 年版，第 98 页。

熟人社会，进入一个完全陌生的异质人群的城市空间，为求得身份认同和个体价值确认开展通过同类人群中私人性和公共性的交往。随着这种交往的深入发展，现代的社团就逐步开始形成。这些文人社团大多以聚会的形式开展活动，但更为重要的是他们以社团的刊物为纽带连接起不同的具体的个体作家。这将对“五四”及之后文学社团的大量涌现产生重要的示范作用。

第四章

近代报刊与文学观念的现代转型

在传统农耕社会中，信息的传播主要是依靠手抄或人力为动力的传统印刷业，手工作业相对现代机械的文化大生产，传播的信息量少、速度慢，传播的地域空间狭小。但现代以机械为动力的文化产业的发达带来了信息数量的爆炸性增长，传播速度也变得更为快捷，并由此带来信息时效性的改变和传播信息流动空间的拓展。这种改变对文学观念的转型有如下几个方面：

一是因为信息流动性的加快，知识的更新速度比传统社会就更快了，这使我们不再将全部的精力放在对于过去知识和旧知识的关注上，而是将重点放在对新的信息的关注上。也就是说它改变了我们对于知识的注意力，让我们转向关注现实的变革而不是维护过去的传统习惯而保持文化的稳定性，进一步说，报刊带来了变革的因子。二是以报刊为平台的信息传播不是定向定量的传播，而是在一个流动的环境中的传播，在这个信息流通的环境中，因为各个接受者个体的差异性使他们对信息的选择、理解也就存在着事实上的差异性。正是这种个体接受理解信息的差异性，就可能带来信息的“变异”或者说会产生新的信息。这种新的信息环境让新的观念和想象的产生成为可能。三是现代的信息传播是一个不断聚集接受者的过程，在这个过程中不断有新的接受者参与到信息的接受和传播过程中来。有时候他们的身份是双重的，他们即是信息的接受者，同时又是信息的传播者。随着新的接受者的广泛参与，就形成了信息传统系统中的大众。这一不断扩大的信息接受者在报刊的连接下，可以在不同的地域空间同时参与由报刊提供的话题讨论。在这些话题中，那些重要的、事关全局或根本性的问题就有可能成为核心话题而被提升为重要的地位加以重点关注。在文学中，文学观念这一重要的问题在讨论的过程中可能作为核心来讨论。但是一种新的文学观念的形成不是那么容易，它需要文学公众深入而持久的交流讨论并达成共识才能达到普遍的认同。

第一节　报刊与启蒙的文学观念

西方关于现代民族国家的想象通过两种方式来进行：一是报刊；二是小说。[①] 但在中国具体的历史语境中，报刊与小说这两种方式很好地结合起来了，近代报刊成为了小说发表的平台，成为小说的物质载体。正是通过报刊政治小说，清末的知识精英们展开关于现代民族国家的想象和建构。建构一方面是立，就是梁启超等人的政治小说抒发对现代民族国家的想象与正面建构。在另一方面，就是通过清末的社会谴责小说对清政府为代表的传统官场政治的揭露与批判，让人们看到就政治制度的腐败，从而为新的资产阶级政治制度营造合法性的基础。政治小说与谴责小说一正一反，从两个方面、两个维度来为现代民族国家的建构服务。其实在中国传统文学理论中，就存在"文以载道"的传统，对于文学来说只有载道才能成为经国之大业，如果抛弃了载道功能，文就失去了存在的价值与意义。对于文学如此，对于在传统文学观念中不处于文学范畴之内的小说更是如此。在传统文学中小说之所以被称为小道，就是因为它没有承担起载道功能而被称为小道，进而不能进入文学的殿堂，甚至不被视作文学。正是在中国传统文学观念中文学与政治关系的密切，就为清末民初文学进一步为政治服务存留了传统习惯的基础。只不过梁启超等人将传统的道转变为现代资产阶级之道，文学作为政治的工具为政治服务的功能还没有改变。维新派通过报刊营造的公共舆论空间，将文学空间转化为意识形态的公共空间为政治改良而服务。

一　报刊为启蒙提供了条件

一是近代报刊为启蒙提供了物质基础，使文学启蒙可以借助于这个新型的载体进行启蒙知识和思想的传播，这种载体具有天然的平民化倾向。首先，报刊这种现代化的传播载体是由现代传播技术的发展由机械印刷为代表的现代印刷术开启的。近代报刊的兴起和繁荣为文学启蒙提供了新的平台。在近代报刊出现之前，文学传播的主要载体

① 安德森在《想象的共同体——现代民族国家的想象与认同》一书中提出的观点。

是书籍，但由于书籍制作成本高昂，只有那些达官贵人才能够承担起购买书籍的费用。即使采用手抄书的形式，也因为抄书费时费力同时出版周期又长，限制了文学在更大范围地域空间内的传播。但近代报刊却不一样，它运用现代印刷术进行机械印刷，大大提高了印刷效率和印刷质量。据商务印书局的创始人夏瑞芳说，机械印刷的效率可以达到原来畜力印刷的百倍之多。现代印刷术带来的好处最为重要的是降低了报刊的生产成本。由于印刷量大，成本就被摊薄，报刊的销售价格也就随之下降。这一点在近代报刊传播发展中是至关重要的。正是因为报刊低廉的价格使中下层可以承受从而购买阅读报刊，因为报刊的销售价格远低于他们的收入，在他们的经济能力承受范围之内，他们可以花很少的钱来购买报刊。同时因为价格的低廉从而使一份报纸可以在不同的读者之间进行传阅。这也就是说，单独的一份报纸可以有不特定的读者，而不是一份报纸就只一个读者。传阅习惯形成的一个主要的原因就是报刊价格低廉，购买者不会像对待书籍那样而不舍得借出，书是珍藏品而报刊不是。① 报刊的印刷量的扩大还可以带来另一个重要的影响：报刊与商业广告的结合。商人们看到报刊的巨大印刷量，更看到了其背后庞大的读者群。这些读者群体对于商人们来说就是巨大的潜在消费群体，于是报刊刊登广告就成为现实。报刊有了巨大的广告收入，极大地改善了自己的经营条件，使他们可以进一步降低报刊的销售价格甚至免费赠阅报刊。这反过来又使报刊的读者进一步增加了。正是报刊的这种物质技术载体功能的转换使报刊可以代替传统的书籍，承担起现代文学启蒙的重要载体功能。

在上文的讨论中，我们的结论是近代报刊的发展和繁荣使文艺报刊逐步取代传统的文学传播方式成为文学的主要载体。在清末民初，文学作品首先在报刊上刊登，其次依据读者的反应再结集出版成书。这一模式成为当时作家们的一种自然的选择。本书在第一章第三节关于文学作品的新载体也做了详细的探讨。在此我们要着重强调的是，清末民初启蒙运动的开展是借用近代报刊这个物质平台而进行的，而那时的启蒙又主要是运用文学的形式而进行的。这就把文学、报刊、启蒙这三者连接在一起。启蒙运用文学的形式借助报刊提供的物质载体向大众传播新知识新思想。

---

① 除了少数人有珍藏的习惯外，如胡适。

在另一方面，近代报刊这种物质载体又具有天然的商业属性，这使它的流通地域更为广泛。具有商业属性的报刊为扩大自己的销售量，不断地拓宽自己的地域空间。他们在出版地之外通过设立各外埠分销点来拓宽市场提高经营的市场份额，在报刊的市场竞争中胜出。这就导致报刊的影响力可以突破出版的地域限制，从而在更大的地域空间发挥影响力，形成前文中所说的中心城市向乡村传播的波浪式的传播路径。启蒙正是借助于报刊的载体，也随着报刊的这种影响路径而出现从中心城市向周围辐射的特点。同时又由于报刊的便于携带的特性，使报刊可以在更大的地域空间内进行传播。相对于报刊对地域空间的开拓，报刊对时间的要求就更为严格，产生的影响也就更为重要。报刊的发行有严格的时间周期，日报是每日出版，旬报是十日出版，期刊也有自己固定的出版日期。这是不同于书籍的出版形式，书籍出版没有严格的时间要求。这种有规律的出版周期使启蒙的影响力可以持续下去，通过报刊持续不间断地印刷出版，启蒙的新知识、新思想如地下之泉源源不断地冲击着读者的大脑神经，使他们在特定长的时间内，有规律持续主动或被动地接受启蒙信息。这也是启蒙运动之所以能够成功的一个重要的原因。

报刊的物质载体不仅体现在纸张印刷等方面，而且还体现在文字的媒介功能上。我们知道传统的书面语言是文言文，文言文是一种少数贵族精英的语言而不是大众的语言。近代报刊的读者却不仅仅是少数贵族式的知识精英而是面对社会大众，这就使报刊首先要解决怎么面对社会大众的阅读水平的问题。这就涉及报刊的文章话语如何与大众的阅读水平相契合的问题。这个问题是报刊能否获得社会大众认可的关键问题。因此，报刊是最早采用白话语言作为启蒙的文学载体。当然这种话语方式的转变不是裂变式的而是渐进式的。近代报刊发展的早期除了少部分报刊采用下层民众的俚语等通俗语言外，如申报馆创办的《民报》就是采用下层劳动人民的生活用语，并且开始运用标点断句。这种模式在清末民初这段时间中也占据了非常重要的地位，特别是20世纪初大量白话报刊的出现加速了语言的白话转向，这些报刊的语言都是大白话。但大多数近代报刊在语言选择上走渐进式改良的路线。他们开始是在旧的书面文言文中加入现代的词汇，如将传统文言中没有的现代的声、光、电、化等现代社会中出现的新名词加入报刊行文之中，进而使文言浅近化、通俗化，并逐步剔除文言之中的艰深晦涩的语词。这样就开始出现了半文半白的近代报刊转型的语言。这种转变一直持续到民初的“五四”白话文运动，白话全面取代文言成为现代文学的正统语言媒介。但我们要注意到，当时的主流报刊采用的是渐进式改良的方式即推崇对文言文进行改良。近代报刊发展与启蒙之间呈现了一种双向互动的关系。一方面，启蒙借助于报刊的平台而扩张、辐射从而发挥自己的影响力；另一方面，启蒙者为了更好地启蒙，使启蒙运动产生更大的效应，不断地改良报刊这个载体，如对语言的改造使之最后完全符合自己启蒙的需要，成为启蒙的重要语言载体。

近代报刊提供的载体功能还体现在报刊与文学的关系上。近代报刊与文学的联姻让启蒙找到了文学的形式来作为启蒙的工具。在中国近代报刊发展之初就开始与文学进行联姻，前文我们已经作了详细的阐述，并以申报馆为例做了个案解读。在此我们讨论的重点在于启蒙是如何借助于报刊而进行的。安德森在《想象的共同体》一书中，就现代民族国家的想象与认同问题进行阐述时提出了一个重要的观点：现代民族国家的想象与认同是通过两种方式来进行的：一是报刊；二是小说（文学）。[①] 而在中国的历史语境中近代报刊与文学的关系又是十分密切，这使这三者得到了很好的统一，加之中国传统文学观念中“文以载道”的价值观念一直盛行，启蒙主义者只要将传统之“道”转化为现代之“道”，就可以轻易地将文学与启蒙结合统一起来把文学作为启蒙的工具，而这个工具是由近代报刊这个载体提供的。

二是近代报刊为启蒙提供了对象。近代报刊的读者为全社会不定多数的大众，这正是清末启蒙运动的对象。

三是近代报刊为启蒙运动提供了施动者。启蒙运动是通过文学的形式进行的，特别是借用了小说这种文学体裁。但清末除了少数像梁启超这样的政治精英主动参与具体的文学创作外，大多数启蒙者是报人作家等依靠近代报刊创作的职业作家。

四是近代报刊为启蒙者和被启蒙者的沟通提供中介桥梁。[②] 清末

---

① 参见安德森《想象的共同体》一书。

② 可以以《新青年》的“读者来信”为例，分析启蒙者与被启蒙者之间的互动及被启蒙者身份的转变，部分被启蒙者变身为启蒙者。

民初的启蒙运动是由上层知识精英发动的，以期通过对下层民众的启蒙来改造中国的传统文化、来播种现代文明之因，以期挽救民族危亡进而在政治上建立现代民族国家。但是这些政治精英和知识精英大多身处高位或身居象牙塔远离民众，他们并不与普通的民众直接接触。启蒙的知识精英通过近代报刊提供的中介来实现与普通民众进行交流。而近代报刊之所以能够成为启蒙者与被启蒙者之间交流的中介，就是由报刊的特性决定的。前文我们在讨论作家的交往空间的时候，其实已经开始涉及这个问题。在近代报刊的发展过程中形成了大都市的重要报刊向中小城市辐射，中小城市又向内陆乡村辐射的这样一个以中心城市为中心的辐射状传媒网络，这个网络具有鲜明的等级特色。在这个网络中大城市的重要报刊影响中小城市的读者，而中小城市的读者部分又通过创办各自城市的报刊进而将新思想新知识向更低层次的乡镇农村地区传播。在近代报刊的这个传播路径中，大城市如上海、北京的重要报刊的知识精英把启蒙的新知识、新思想传播到中小城市的中小知识分子的读者；中小知识分子作为被启蒙者在接受启蒙之后又变成了向普通乡村知识分子启蒙的启蒙者。最后由基层的知识分子向普通民众进行传播启蒙。启蒙者和被启蒙者在这个传播网络中，身份是可以进行互换的。同时大报的读者也可以成为大报的作者从而成为启蒙者。这种启蒙与被启蒙者之间角色和身份的变化就是在报刊提供的中介交流背景下得以实现的。

清末民初，各报刊纷纷开设“通信”栏目来加强与读者的联系，增进编辑、作者和读者之间的交流。这种栏目为启蒙者和被启蒙者架起了联系的桥梁，成为他们交流的一个重要的媒介。据有关学者考证，虽然“通信”栏目最早由传教士报刊开创，但真正自觉地重视还是要到清末民初的时候。民国初年（1912），章士钊创办《民立报》就设立了“投函”栏目，并刊登“编辑部启事”介绍说明该栏目的目的在于“广征舆论，互换智识”①；后又登一则“特别广告”表示将拿出一个整版面刊登读者的来信，② 但该栏目并不固定。后《学衡》杂志、《独立周报》都开设了这样的“通信”栏目。在此我们将重点放在发起“五四”启蒙运动的《新青年》杂志上。陈独秀在创

① 《民立报》1912 年 5 月 5 日。

② 《民立报》1912 年 5 月 20 日。

办《新青年》杂志的时候学习借鉴了《学衡》的经验。陈独秀曾经在东京协助过章士钊办《学衡》，其设立的“通信”栏目产生了很大的影响，这给陈独秀留下了深刻的印象。李宪瑜说：“《新青年》一创办，即按照当时杂志的惯例，设‘通信’一栏，以方便编读间的往来。”①《新青年》在创办第1期就设立了《通信》栏目，一直延续到第9卷终刊几乎每期都有。北京大学的杨琥通过对《新青年》“通信”栏目的专题研究，对我们研究报刊在编辑、作者与读者之间的交流互动关系有很大的启发性影响。他认为这个栏目的影响有两个方面：一方面是增进了“通信”栏目的编辑、作者和读者之间的人际关系的互动，将启蒙的力量集中汇集起来，从而推动启蒙运动。一是将与新文化有共同价值观念的知识分子凝聚并吸收进编辑和作者队伍，如身处四川成都的吴虞也是通过“通信”栏目被吸收进新青年的编辑作者队伍的。他被胡适称为“只手打孔家店的老英雄”。二是将部分曾经文化上的保守知识分子吸引进新文化的队伍，如钱玄同，他在运动之前就有一定知名度。钱玄同原本是国学大师章太炎的学生，早期思想具有浓郁的文化保守倾向，基本上是追随章太炎的国粹主义。但在读了《文学改良刍议》一文后，钱玄同大受启发并深表赞同。他写信给《新青年》“通信”栏目大力赞扬《新青年》的主张，给陈独秀极大的鼓舞。钱玄同不仅自己积极投身启蒙运动，而且将章门学生鲁迅、周作人、沈兼士、朱希祖等人拉到新文化运动的作者队伍中，他们后来成为《新青年》重要的作者。三是常乃德、张松年、陈望道、王统照等青年学生通过给“通信”栏目写稿与编辑交流讨论，进而成为新青年的撰稿人。对于这些青年学生来说，该栏目提供了他们参与社会改革的机会，并借此登上社会历史舞台。“可以说，《新青年》‘通信’栏目成为他们重要的‘晋升的阶梯’。”②

二 报刊进行启蒙的方式

一是传播西方科技知识及社会科学、人文科学等方面的现代新知

① 陈平原、山口守编：《大众传媒与现代文学》，北京大学出版社2005年版，第226页。

② 杨琥：《〈新青年〉“通信”栏与五四时期社会、文化互动》，载李金铨编《文人论政——知识分子与报刊》，广西师范大学出版社2008年版，第62页。

识。首先，近代报刊输入和传播西方的科技知识，这种新知识的传播是围绕着富民强国的主题而进行的。在鸦片战争特别是在镇压太平天国起义的过程中，曾国藩、李鸿章、张之洞等开明官僚深刻认识到西方的坚船利炮和科技的威力从而积极推行洋务运动，译西书、办工厂、输入西方的科技知识。这些科技知识输入中国的一个主要途径就是通过近代报刊。其实在明末清初传教士就通过译书来传播西方的科学技术知识，只不过他们目的是传教，传播知识是他们传播教义的手段。但限于当时的政策和传播方式，西方科技知识输入中国的规模不大，只局限于部分政治精英和官僚内部。清末民初，近代报刊风起云涌成为传播西方科技知识的重要途径。这种传播方式对西方科技知识输入的规模和影响力远非书籍可比。最早的报刊如《察世俗每月统记传》就有20%的篇幅刊登了关于世界地理、历史、天文、民情风俗等方面的知识。1828年创办于马六甲的《天下新闻》所载内容为中外新闻、科学知识、历史宗教。洋务运动中的江南制造局早期的翻译除了外交方面的知识外，几乎全都是有关于科技军事方面的内容。随着时间的推移和对西方认识的提升，自然科学知识的许多学科不论是应用的（如工艺制造、采矿）还是基础的（如格致、数学）都陆续被引进了中国。

需要注意的是，近代报刊输入现代科学技术知识具有很强的政治目的，即富国强兵。这种政治目的与翻译者的知识结构相作用，导致输入的科技知识侧重于应用而轻对理论的精细深入探究。虽然也输入了一些科学理论如牛顿、哥白尼的学说，但在当时西方社会，他们的这些学说不是最新的前沿理论学说，而且报刊介绍得比较粗浅。从引进科学知识的学科分布来看，传播信息的水平也是不平衡的，有的学科引进得比较及时，有的学科则相对落后浅显。同时又由于中西文化之间的较大差异，输入的科学知识总体上来说还是处于普及型水平的，但就是这样的普及型的知识对当时的国人来说还是难以理解接受。这在某种程度上制约了后来启蒙运动的深入和发展。但总体来说，近代报刊对西方科技知识的输入对当时中国的影响是巨大的。科技知识的传播有力地影响了当时的知识精英，对他们思想价值观念的影响在此后的很长一段时期内将慢慢凸显出来，更为重要的是输入的科技知识在政治改良运动中成为他们合法性的理论依据。清末重要的思想家和维新志士谭嗣同在1898年南学会的讲义中就提出了“学问救国"，强调科技与救国存亡之间的关系："所谓学问者，政治、法律、农、矿、工、商、兵、医、声、光、化、电、图、算皆是也。"①其次，通过近代报刊输入西方的社会科学和人文科学知识。从早期开眼看世界的林则徐、魏源等人开始着手引进西方知识，让国人开眼了解西方世界的文化知识。他们引进的西方知识中就有部分西方的社会科学知识。后来随着对西方文化的认识一步步深入，知识精英们对西方社会人文知识的输入、介绍也就越来越注重。特别是严复翻译《天演论》将达尔文、赫胥黎的进化论介绍到中国，并将其与中国救亡图存的政治需要结合起来，影响了几代知识分子。近代报刊对法国民权思想的输入也产生了很重要的影响。这些社会人文科学知识就是清末启蒙所借用西方理论用来支撑他们进行政治改良的理论武器，这些西方人文理论通过近代报刊向社会普通民众普及，进而开启社会大众的民智，提高国民的思想文化水平，从而获得广大民众对他们的政治改良的支持。

近代报刊出于具体的话语操作层面的原因输入西方知识，一系列的科技知识、社会人文知识持续不断地输入、介绍、传播到中国国内，这使在整个社会层面形成一个传播西学的文化空间和场域，国家的知识精英、普通社会民众在日常的报刊阅读过程中自觉主动地接受西方的文化知识，或者被动不自觉地在潜移默化中接受。好处就在于接受西方文化促使一种趋新求变的社会心理的形成，从而形成全社会人人都在谈西学、谈改良、谈变革，进而实现启蒙者最终启蒙社会大众的目的，因为在当时中国人的意识里西方知识代表着现代、代表着进步。这种以谈西学为时髦的社会心理可以在李伯元的小说《文明小史》中明确地感受得到。虽然李伯元对于那些自命为自由者持一种批判的立场，如那个人物的名字为"贾子猷"（假自由），但客观地看，正是近代报刊铺天盖地的信息传播，下层普通民众也形成了以谈自由、民主、革命为荣的心理。这对于启蒙者构建自己意识形态的启蒙话语体系将产生重要的影响。后文我们将进一步阐述启蒙者是如何利用报刊建立一套启蒙话语体系的。

二是近代报刊构建启蒙的思想体系，如报刊构建民族国家观念和科学观念，构建自由平等的价值观念，构建人的文学的观念，文学中

① 谭嗣同：《论全体学》，《谭嗣同全集》（下册），中华书局1981年版，第403页。

关于个体人价值观念等。近代报刊能构建启蒙思想体系是因为报刊能够将分散在不同地域空间的个人集合起来形成社会大众。台湾学者王鸿泰就认为，在现实生活中每个人可以直接接触的生活范围是有限的，但借由各种方式传播的“消息”能够使他们接触到个人生活领域之外的人和事，他们共同“知道”了某些“耳闻”而非“目睹”的人和事。换言之，信息的传播在现实社会提供了一种参观——参与、观看——的效果，它将特定的事件转化为“新闻”，而“个别事件”，一旦成为“新闻事件”，一旦成为“社会新闻”，就表示它已经由其既有的特定场域移置于另一个公开的场域成为社会大众观看评论的对象，从而分散的个人可能在这些“社会新闻”上连接起来，这种联系才使“个人”凝聚成“公众”的可能得以形成。[①] 也就是说，通过对一个大家都拥有的读物阅读，那些分散在不同空间中的各个独立的读者慢慢就形成了一个共同的阅读视野——这些分散的独立的读者有了共同的观看这样读物的交集。他们在共同的阅读过程中可以参与到共同的事件的关注和讨论之中来。他们在共同的事件参与过程中置身于共同的“参观”情境中，就这一点我们可以说，在现实生活中各自分割的活动空间之上，他们拥有一个共同的公众场域。更重要的是在这个公众场域中，他们不但是观看者，也可以进一步成为参与者。同时近代报刊提供的信息让知识分子可以透过具体的事务建立他们对国家的具体感知，同样通过报刊的具体翔实的信息和描述让一般的读者建立起他们对社会的具体感知。

清末民初，对启蒙知识分子来说最为重要的是利用报刊构建现代民族国家观念，以使现代民族国家可以用现代政治体制的形式加以确认，从而实现他们中国富民强国的整体宏观构想，而现代民族国家的想象又是基于当时民族危亡的现实需要。在中国几千年的朝代更替过程中，没有形成关于国家的整体性想象和认同。金耀基就在《从传统到现代》一书中说，“古典中国……只是一个文化，而不是一个国家。……亦即全国人民是一盘散沙而没有社会凝聚力……”[②] 在中国封建统治者看来，世界全为皇帝所有，朝廷是天下人所共有的朝廷，皇帝

① 转引自王鸿泰《社会的想象与想象的社会》，载陈平原等编《晚明与晚清：历史承传与文化创新》，湖北教育出版社 2002 年版，第 143 页。

② 同上。

是天下共主的皇帝，皇朝是没有边界的，一句话，他们还没有现代民族国家的概念。反观西方社会，经过14—18世纪的文艺复兴运动，破除了中世纪的封建王权，确立了现代民族国家的观念，从而构建起西方诸强的现代国家制度，进而确立了现代国家的目标。清末梁启超等先进分子正是在分析西方列强的基础上，看到现代民族国家是西方社会崛起的重要原因，因此他们将这一观念运用报刊载体在全社会开始启发民众之智力，而进一步为构建现代民族国家培养新国民。国民是个体的集合体，人人有高尚的德操才能构建完粹的国民品格。但是在梁启超等人看来，中国国民缺乏爱国之心、独立性、公共之心和自治之力，因此，必须培养公德，磨炼政才，剪劣下之根性，涵远大之思想，自克自修，以合于人格。梁启超进而将国家分为三等：一是受人尊敬之国，这种国家政治教化卓然，文明昌达，一切举动，都遵循公理，其他国家都爱而至之。二是受人畏慑之国，这种国家用武力来雄视其他国家。三是国家与文明武力皆无足道。而我中国就是从第一等坠落到第三等国家，究其原因，就在于“国之见重于人也，亦不视其国土之大小，人口之众寡，而视其国民之品格”①。

对于清末民初的启蒙者们来说，他们通过两种方式来构建这种关于现代民族国家的话语体系：一是通过构建科学话语体系来破除传统的儒家话语体系；二是运用西方的民权思想来构建自由平等的话语体系。前面在讨论近代报刊如何输入西方的知识的时候就讨论了输入科技知识的问题。那个时候输入的科技知识随着启蒙者对西方认识的提高和深入拓进及现实的原因，他们认识到仅仅把科技作为零碎的知识输入对于实现中国的富强是远远不够的，需要输入西方的科学方法、科学观念来破除中国的传统儒家价值观念对社会进步的限制，如进化论思想就是将达尔文的自然界进化论思想作为一种科学的观念引进到社会改良中，用作启蒙知识分子保种救国的社会改良思想基础。当封建守旧势力百般阻挠的时候，进化论不证自明的科学公理就显示了它的威力。这种科学观念以摧古拉朽之势迅速破除了封建守旧思想的牢笼。这是因为科学知识通过报刊轰炸式样的传播被普通的社会大众接受后逐渐地变成了他们的常识，也就是说专业的神秘知识变成了日常的经验知识。这些常识进而又渐渐被人作为社会的公理，不必证明的

① 吴其昌：《梁启超传》，东方出版社2009年版，第127页。

科学理论被应用到人文社会后就逐步形成一套系统的价值观念和知识话语，这些话语通过启蒙知识分子的进一步阐释，经过报刊的放大性传播进而又成为社会大众内化的社会公理，而社会公理是不证自明的。这种不证自明的公理反过来又成为知识分子启蒙者用来改良社会、开化民智的利器，进而又破除了封建儒家的传统价值观念，使儒家思想在甲午后被排挤出现代民族国家构建的思想话语体系之外，而传统社会的思想价值观念就是构建在儒家的话语体系之上。排除了儒教传统王朝也就失去了存在合法性基础，其消亡就只是时间性的问题。

科学的话语体系只是破除封建儒家话语体系的思想武器，这种新的思想话语体系还主要是发挥了“破”的功能一面。但是在旧的话语体系被破除之后，就需要思考如何建立新的话语体系，启蒙者马上就要面对“立”什么样的话语体系的问题。于是启蒙思想家们就引进了西方自由民主的思想来构建新的价值观念。在清末民初，西方自由思想对中国影响最为重要的是法国思想家卢梭的《民约论》。梁启超就明确地说：“及卢梭出，以为人也者，生而有平等之权，即生而当享有自由之福，此天所以与我无贵无贱也。于是著《民约论》，大倡此义，谓国家之所以成立，乃由人民合群结构，以众力而自保其生命财产者。各从其意之自由，自当约而自守之，自立法而自遵之，故一切平等……”① 自由平等的话语体系和科学的话语体系，在共同反对封建的大旗下一破一立。但我们要着重强调的是，科学话语体系和自由平等的话语体系在清末民初和“五四”时期的指向都是为了救亡图存。它们之间的区别在于，前期侧重的是族群而轻个体的人，不强调凸显一个个具体的人价值，而“五四”的重大功绩就在于对个体具体的人的价值的书写，从而进一步构建出关于个体的价值观念。

三是营造启蒙的公共空间。②

四是近代报刊借用文学的形式传播启蒙思想。文学是报刊天然的盟友，启蒙知识分子很早就认识到它们之间的这种关系。在启蒙运动的肇始阶段，近代报刊就开始利用文学来传播启蒙思想，如《新小

---

① 梁启超：《论学术之势力左右世界》，《新民丛报》第 1 号，1902 年。

② 前文在关于“报刊与文学公共空间的形成”中已经展开讨论，限于篇幅，此处不再作进一步的讨论。

说》第一号就明确地提出："盖今日提倡小说之目的，务以振国民之精神，开国民智识，非前诲淫诲盗作可比。"[①] 梁启超在《新民丛报》上刊登的关于《新小说》创刊的介绍就说得更为明确："本报宗旨，专在借小说，以发起国民政治思想，激励起爱国精神。"[②]《新小说》还专门开辟了"政治小说"栏目，将重点放在政治启蒙方面。梁启超的《新中国未来记》就是在该刊第1、2、3、7号"政治小说"栏目发表的。梁创作该小说的一个重要目的就是想用具体的小说创作，将他的政治启蒙理论具体落实到实践中，从而在全社会起到示范作用，进而带动更多的政治精英加入政治小说的创作队伍，为现实的政治改良服务。因此梁启超创作小说的目的很明显是借用小说的形式发表对政治问题的见解。

现代小说的结构和叙事技巧以及诗歌的语言，对于启蒙有着巨大的作用。安德森就说："如果我们思考一下这两种最初兴起于18世纪欧洲的想象形式——小说与报纸——的基本结构，就能够明白何以这个转型对民族的想象共同体的诞生是如此重要了。"[③] 现代小说是一种用同质空洞的时间来表达同时的设计。小说中的人物都身处在"社会"之中，虽然他们互相可能并未认识，但他们之间仍旧是具有联系的。同时由于读者是全能的读者，他能够在同一时间内知道小说中所有人物的行动。由此我们就可以知道，小说中互相不认识的人物在同一时间内的行动，全部显示在全能读者的心中同时唤起想象的世界。也就是说，当所有的读者在阅读同一本小说的时候，他们就在意识中形成一个关于同一主题的中心意象，这个意象就会立即在我们心中唤起一个想象的共同体。更进一步的是，小说内部虚构的世界可能被读者向读者外部的日常生活世界推移，这就将小说中的想象共同体引申到现实社会之中，从而在现实社会中形成一个想象的共同体。在这个过程中有非常重要的一点，就是小说表达的是单独的个体事件，当读者推移到社会中来的时候，他就不在乎个体的身份，而是在乎个体所代表的群体而非个体的生命价值。瓦特在《小说的兴起》一书中就这

① 《〈新小说〉第一号》，《新小说》1902年。

② 《中国唯一之文学报〈新小说〉》，《新民丛报》第14号，1902年8月。

③ ［德］本尼迪克特·安德森：《想象的共同体》，吴叡人译，上海人民出版社2011年版，第23页。

种小说如何具体发挥一种新启蒙的作用作了详细的阐述，并以笛福、查理逊、菲尔丁为案例作了具体的分析。

在此我们要关注的是这些互不联系的独立单个事件是如何被连接起来而成为一个整体的想象的呢？安德森就认为，一个重要的原因就在于时间——一种“同质的空洞的”时间。用共同的时间把各个不相关的阅读小说的读者连接起来。我们再借用这个理论来分析清末民初报刊借用小说传播启蒙思想将是一个有意义的讨论。清末民初，小说数量众多种类繁杂，但最为有代表性的还是那些讽刺小说，如《官场现形记》《二十年目睹之怪现状》《老残游记》《孽海花》四部揭露清末官场黑暗的小说。这些小说通过打破对旧思想的迷信为新的启蒙思想开辟出了空间。通过这一系列看似独立不同的作者创作的同类小说在同一时期内在读者之间流通阅读，使读者有一种具体的意象——官场黑暗进而上升到支撑这个官场的意识形态的不合时宜性。当一个个读者的具体感知通过同时间的连接形成一个事实上整体的群体性，当这种对现实政治社会黑暗形成一种共识的时候，他们就会产生对新现代政治制度的渴望。于是这种共同的想象——新的意识形态就会形成。

就具体单部小说来看，小说作者们也借鉴了新闻报道的故事叙事方式。我们翻看这些讽刺小说就可以发现，几乎每部小说都是由各个看似有关联但实际却独立的小故事连缀而成，但各个小故事之间没有因果关联。它们事实上是相互独立的，我们甚至可以将其单独抽出作为一则新闻故事来阅读。这与新闻报道中同一张报纸将互不相关的独立的事件用同一份报纸刊登一样，只不过小说各个独立的故事是同一类型的事件而已。这些故事在同一时间内可能被无数互不相识的读者阅读着，当他们看到同一部小说在不同的地方被其他阅读者阅读的时候，于是更持续地相信他们想象的世界就根本存在于日常生活之中。正是近代报刊具有这种虚拟的想象性特征让其可以借用文学的形式。安德森就说：“报纸出现在虚构故事中是非常恰当的。”① 报纸将独立发生的事件任意挑选和并列在一起，而这些事件在发生时历上是一致的。而报刊与市场又紧密相连，报刊在发行的次日就要被消费过期作

① ［德］本尼迪克特·安德森：《想象的共同体》，吴叡人译，上海人民出版社 2011 年版，第 30 页。

废，这使它创造了一个全新的阅读模式：不同的读者在同一时间内阅读。

但是需要注意到清末民初关于现代性的想象是不完整的，它只侧重于“破”的一面，着重于揭露谴责旧制度、旧文化的不足，它延续的还是《儒林外史》的路子。在另一方面，用政治小说来构建中国国民关于现代民族国家的想象，在创作方面就存在很大的先天不足：除了梁启超的《新中国未来记》等几部政治小说外，鲜见一流的政治精英加入小说创作队伍创作出大量关于现代民族国家想象的政治小说，而这一点与梁启超认识的日本明治维新时期的情况大不相同。梁启超就指出，在日本明治维新时期有大量的一流政治家创作了大量的政治小说，通过这些政治小说的影响，从而在全日本社会中构建起共同的关于大和民族国家想象的共同体，在这个过程中政治小说发挥了重要的作用。而当时中国的一流政治家要么从事具体的政治活动、要么转向实业救国，很多知识精英不太重视通过文化启蒙。真正从事文学创作的大多是些不入流的落拓文人，为生活所困投入文学的创作中。他们因为自身的知识结构、政治视野及看问题的高度和深度，使他们难以承担起运用文学的形式进行大众启蒙的政治责任，这一重任要到“五四”时期由新的知识精英来完成。

三　报刊启蒙对文学带来的负面效应

近代报刊在推动启蒙文学观念的构建中发挥了重要的作用，但是其带来的负面影响也不可以忽视。

一是使文学启蒙过分追求“觉世”而放弃“传世”。这使文学与政治关系越来越密切，进而成为政治的附庸，逐步丧失了文学的艺术品格。清末改良派人士看到新国民是现代政治制度的基础，要建立现代的民族国家必先培养现代合格的国民。因此他们将“新民”放在重要的位置加以解决。清末民初的小说家们为政治救亡而开展而推动政治启蒙，利用文学（特别是小说）为“以吐露其所怀政治理想”[①]。这反映在小说中，就是小说的创作以政治标准来衡量，文学逐渐沦为政治的工具，文学创作出现一种政论化的倾向。《新中国未来记》中黄克强长篇大段的政论，让人感觉是在听一场政治演讲；羽衣女士

① 《中国唯一之文学报〈新小说〉》，《新民丛报》第14号，1902年。

《东欧女豪杰》苏菲亚的演讲长达千言；《维新梦》也是如此。他们甚至将文学翻译也纳入思想启蒙的范畴中来为政治改良服务，梁启超就说，“著译之业，将以播文明思想于国民也，非为藏山不拓之名誉也”①。在近代报业兴起的背景下，“觉世之文”又以载于报刊效果最为显著，于是报章便与著作文体有了明显的区别。“著书者规久远，明全义者也，报馆者救一时，明一义者也。”② 正是出于这种明确政治功利的现实需要，他们充分利用“觉世之文”的短期效应。为此梁启超还专门区分了“传世之文”与“觉世之文”的不同。他说：“传世之文，或务渊懿古茂，或务沉博绝丽，或务瑰奇奥诡，无之不可，觉世之文，则辞达而已矣，当以条理细备，词笔锐达为上，不必求工也。”③ 但是这种紧跟现实政治启蒙需要的“觉世之文”，受时代思想发展的变化影响十分巨大，更加上当时中国处于“三千年未遇之大变局”，思想流变更是日进千里。在很短的时间内曾经风靡一时的思想可能就成为明日黄花，成为新出现思想的批判对象，而以阐述这种政治思想的文学也就呈现出这种转瞬即逝的特点。清末民初的启蒙者不是没有看到这种弊端，梁启超就明确地在文章中指出自己的这种急功近利的缺点：“每数月前之文，阅数月后读之，已觉期期以为不可；况乃丙申丁酉之作，至今偶一检视，则欲作呕，否亦汗流浃背矣。”④ 正是因为在进行文学创作时，他们从政治的社会效果来看待而不是以艺术成就为标准。

近代报刊的政治化对于与其关系密切的文学也产生了非常重要的影响。早期梁启超看到文学具有推进政治改良的巨大功能，把文学作为政治启蒙的工具。这一观念不仅对当时影响很大，就是对“五四”新文化运动以及后来的解放区文学和新中国成立后的“十七”年文学都产生了很长远的影响。如“五四”时期钱玄同仅仅凭借着进步的思想标准，认定《官场现形记》《二十年目睹之怪现状》的成就比《老残游记》高：“刘铁云这《老残游记》……吾则以为其书中唯写毓贤

① 《新民丛报》第 1 号，1902 年 2 月。

② 梁启超：《敬告我同业诸君》，《饮冰室合集》第 4 册，中华书局 1915 年版。

③ 《湖南事务学堂学约》，转引自夏晓红编《醒世与觉世》，中华书局 2004 年版，第 5 页。

④ 梁启超：《饮冰室文集·自序》第一册，中华书局 1915 年版。

残民以逞一段为佳，其他所论，大抵皆老新党头脑不清晰之见解，黄龙梓论‘北拳南革’一段信口胡柴，尤足以令人忍俊不禁。”① 但我们现在实事求是客观而言，《老残游记》无论是从思想价值还是它的审美价值都超越于《官场现形记》《二十年目睹之怪现状》。钱玄同之所以这样认为，就是将“思想标准”作为文学评判的首要标准。这种政治功利性还反映在对西方文学的翻译上。林纾翻译外国小说就有借翻译广国人之见闻、新国人之观感的出发点。他在《不如归》的序言中说：“余译既，若有不胜冤抑之情，而欲附山一伸，而质之海内君子者。……呆当时由大败之后，收其败余之残卒，加以豢养，傅为……纾年已老，报国无日，故日为叫旦之鸡，冀我同胞警醒，恒于小说序中摅其胸臆。”②

二是报刊的话语霸权使原本以平民为对象在启蒙过程中出现单向度的启蒙，导致其启蒙运动远离平民，最终使报刊沦为知识精英意识形态的阵地。哈贝马斯认为“不同意见之间的互相交流对形成良好的舆论氛围以及客观公正的社会舆论具有重要的意义。相同或相近意见之间的交流与沟通固然重要，但不同观点与立场之间平等的论争或许更具有象征意义。因为在相互论争中，不仅大众的独立人格与自主意识得以充分彰显，而且更为重要的是公共讨论能够不断深化，保证公共讨论服膺于‘论证权威’”③。近代报刊在启蒙的过程中，虽然报刊的编辑、文章的作者处于引导、启发者的中心角色地位，但是报刊和它的读者之间以及不同的读者之间的交流沟通，甚至他们之间的论争是启蒙得以开展的更为根本性的原因。因为报刊和它的读者之间或者读者与读者之间的意见交流，不仅创造了相对宽松平等的社会言说空间，而且为启蒙者提供了启蒙的基本话题。同时启蒙者的作用必须以报刊和它的读者之间的沟通交流为前提，且其效果也需要通过与读者的互动来检验。然而在事实上只有通过大众关于话题的集体交流和充分讨论，这种交流讨论甚至包括论争在内。只有这样充分的讨论交

① 钱玄同：《寄陈独秀》，转引自袁进《中国小说近代突围》，广西师范大学出版社2009年版，第159页。

② 陈子展：《最近三十年之文学》，上海古籍出版社2000年版，第87页。

③ ［德］哈贝马斯：《公共领域的结构转型》，曹卫东等译，学林出版社1999年版，第41页。

流才能将分散的社会意见形成一个社会大众统一的认同，从而意见能够集中起来，进而从对某一个领域局部讨论的问题转变成为对关系整个国家和民族命运的一般性问题的探究，形成一个个重要的焦点话题。

但是清末民初的启蒙却出现了以报刊为依托，从前期的双向互动的传播向后期通过报章代言——灌输模式单向度的模式发展。特别是当一般意义上的政论报刊转变为具有明确宗旨的政党报刊时，出于现实政治斗争的需要，启蒙者往往在宣传的过程中"没其一而表其一"。这种具有选择性对具体政治政党思想的传播和力量的整合产生了广泛的影响，但是其具有的杀伤性和煽动性不是建立在报刊和它的读者之间双向互动的基础之上，甚至也不以报刊自身所具有的理性批判功能为立足点。在某种意义上来说，它是根据政治斗争的需要而炮制出来的，乃至是政治理念的产物。至此根植于报刊和读者、信息传播与信息反馈的双向互动的思想启蒙也就变成了单向度的政治启蒙，如作为最为开放的《新青年》前后期的风格转变体现了这种变化。陈独秀给胡适的信中就表现出这种倾向："当以白话文之正宗说，其是非甚明，必不容反对者有讨论之余地；必以吾辈所主张者为绝对之是，而不容他人匡正也。"① 在这里陈独秀就剥夺了不同意见者的讨论权利显示出宣传的单向度。

这一转变后果的严重性是显而易见的，它使政治报刊逐步成为政治的"耳目"和"喉舌"。梁启超就认为报刊的基本功能在于"去塞求通"。他在《论报馆有益于国事》一文中说，"去塞求通，阙道非一，而报馆导其端。无耳目，无喉舌，俱废矣。"在此，他就将报刊比作政治的"耳目""喉舌"，是为了政治宣传的需要的工具。② 但梁的可爱之处就在于，他一方面看到了报刊聚集公众意见的国人言论工具功能，另一方面又不满于报刊做简单的"留声机""传声筒"。清末民初的梁启超是如此，作为"五四"新文化代表人物的胡适又何尝不是如此呢！胡适在看到梁启超等启蒙者将政治与文学紧密关联的弊端之后，曾发誓说20年不谈政治。他的自传中说："我们这个运动既被称为'文艺复兴运动'，它就应该撇开政治，有意识地为新中国打

① 《新青年》三卷三号。

② 梁启超：《饮冰室合集》（文集一），中华书局1989年版，第100页。

下一个非政治的基础。我们应效力于我们所认为最基本的有关中国知识文化和教育的问题。我并且特别地指出，我们要二十年不谈政治，二十年不干政治。”① 但就是誓言20年不谈政治的胡适也做不到不谈政治。1921年2月4日，他在《晨报》上发表文章对军阀操纵国会选举的政治丑剧大加斥责，并且号召青年起来关注政治做选举的监督。到后来他干脆直接创办报刊聚集同人议论政治，如1922年他创办《努力周报》鼓吹“好人政府”。后来的《独立评论》《新月》等报刊就逐渐成为胡适派文人的阵地，与普通民众渐行渐远。

三是报刊对于时效性的追求使启蒙运动带有深刻的急迫感和功利性。这反映在文学创作上就是清末民初创作数量空前繁荣，但质量不高，没有出现一定数量的高质量文学作品，这也是这一时期文学不受重视的原因之一。

第二节　报刊与消闲的文学观念

新闻是一种易腐烂的商品，因此在本质上来说，新闻报刊是一种向大众快速提供商品以期满足社会大众的需要，它是向大众提供新闻的载体。近代报刊的经营理念也是以一切为了满足社会大众的信息需求为目的，甚至刻意迎合社会大众的各种需求。当中国进入现代转型期，城市市民数量急剧增长，而市民又是近代报刊的主要读者群体，这使他们的文化需求成为近代报刊力求解决的问题。正是在这个过程中，一种新的消闲的文学开始蔚然成风，成为一种流行的文化潮流。

一　报刊在消闲文学观念形成中的功能

一是报刊提供的物质载体及传播网络使通俗文学能够快速传播，并且它的传播范围广，能同时满足众多的社会大众的文化需求，这使它能够快速有效地占领这个庞大的文化消费市场。就文化的传播来说，报刊与书籍最大的不同就在于报刊带来传播过程中时效性的革命性变化，这反映在两个方面：一方面是报刊的出版周期短。相对于书

① 胡适：《胡适口述自传》，《胡适文集》第一册，北京大学出版社2013年版，第358页。

籍漫长的生产周期，报刊的出版周期特别是日报简直一个是天上，一个是地下。另一方面是传播网络上的不同。报刊因为追求新闻的时效性使它在这方面加大了资源的投入，建立了一套覆盖面极为广阔的市场营销渠道，从而获得最快传播信息的网络。正是由于这两个方面的突出优势，使报刊可以快速而有效地填补书籍出版周期内的阅读空档期。

如果具体从清末民初的新闻出版业来看就是以市场为导向的近代文艺报刊的发展和繁荣。前文我们在讨论清末民初文学报刊的时候，就指出了在 20 世纪之前大概共出现五种文学期刊，其中包括《瀛寰琐记》两次改名后的刊物《四冥琐记》和《寰宇琐记》，这实际上是同一个刊物的三个名字，都是申报馆的文学期刊。这一时期文学刊物的发展还处于萌芽状态，对通俗文学观念的形成还没有多少影响。而进入 20 世纪后，文艺期刊就进入了蓬勃发展和繁荣期。这一时期通俗文学报刊的繁荣大致有以下几个原因：一是经过洋务运动的推进，中国民族工商业进入一个向上发展的渠道，促进了经济的发展，中国产生了新的依靠工商业生存的工人、商人、店员、学徒等新的社会阶层，市民阶层逐步壮大，他们在劳累了一天之后有精神消费的需求。二是经太平天国运动影响，大批接受过良好传统教育的乡绅进入城市，他们既有能力又有文化消费的需求，同时还有融入城市的愿望。三是民初的政治力量对报刊的政治高压力度的增强使报刊集体疏离政治转向市场，报刊开始注重市民世俗的文化生活需求；四是现代教育的发展培养了大量的青年学生，他们也是重要的通俗文学的读者力量。另外妇女解放运动也使有文化知识的家庭妇女有文化消费的愿望和能力。

大量通俗报刊的发展和繁荣为以消闲为价值导向的通俗文学提供了天然的物质载体。这种以满足市民阶层精神文化需求的快餐文学与报刊新闻这个容易过时的属性天然相洽。随着报刊进入寻常百姓家，以其为载体的消闲文学以其轻松、闲适、易读的特点，很快获得了广大市民阶层的欢迎，连鲁迅这样的大作家也不得不为他的母亲购买张恨水的文学作品，由此可见消闲文学的势力和影响力。

但消闲文学仅仅有了报刊的物质载体还不够，它还需要快速有效地到达它的读者的手中，从而让读者在下班之后能够准时拿到报刊阅读。这就涉及了传播网络的问题。在现代产品的营销理念中就有“渠道为王”一说，也就是说谁占领了传播网络谁就可能占领市场，进而拥有读者。消闲文学正是借助于报刊的营销渠道，一方面可以快速有效地到达读者手中，另一方面又通过报刊在全国各地设立的代售点入侵并占领当地的市场，从而影响当地的读者。这种报刊物质载体和传播网络，对消闲文学观念的形成具有重要的作用。

二是报刊的商品属性使它以商业市场为导向形成文化市场的生产机制。在这个机制中文学成为商品，作者作为生产者存在，读者作为消费者存在。在这个机制中文学成为商品，并以此为中心在以报刊为物质载体和传播渠道的基础上形成文化生产的市场，进而引导作者为市场消费行为写作，结果就是带来写作的商业化。以商业市场为导向的商业报刊为载体的文学作为报刊的一个部分，事实上是作为文化商品而被出售给读者的。在此文学是作为一种文化产品，随着报刊的物质载体，在其营销渠道中转后到达读者手中并被快速地消费掉。也可以说，与报刊刊登的新闻消息一样，报刊刊登的文学作品是报刊营销策略的一部分，是其用来招徕读者的商品。可以把报刊比作一家文化商店，新闻信息和文学作品及登刊的广告就是这家商店的商品，读者购买报刊就是进入商店付费拿商品。

在这个文化市场中，作者负责生产，报刊负责传播流通，读者负责消费，这样就构建起来一个完整的文化生产与消费的体系。这一体系是按市场行为规则来运行的。在这个体系中处于中介地位的报刊对于作者和读者的影响都十分大。对读者的影响我们后文将进行分析，在此我们先行分析对作者的影响。既然文学作品可以成为商品，那么作家就可以通过文学创作生产出文学商品，可以将作品出售给报刊从而获得经济回报。但市场行为是双向的行为，职业作家写作要按市场的准则来从事文学写作，具体来说就是为文化市场中的读者的阅读习惯、阅读趣味而写作。鉴于大众报刊的读者主体是市民阶层，这些读者由于文化水平和品位限制，职业作家在创作的时候就不得不降低对文学艺术价值的追求，以通俗易懂的创作来满足他们的休闲娱乐的需求，只有这样，作家创作出来的作品才能卖得出去并获得好的销售量。这对于那些依靠写作为生的职业作家来说是至关重要的。

在清末民初的那段岁月中，科举日渐式微，最终被完全废除，大量的读书人被抛弃到社会的边缘，何以为生就成了最为迫切也最需要面对和解决的问题。在这样的情形下，现代传媒提供新的就业机会在一定程度上缓解了他们经济生活的窘迫。但是既然选择了近代报刊依靠写作生存并以此为职业，就要以市场规则来指导自己的行为。对大多数职业作家来说文学创作就是“为稻粱谋”，哪些作品读者喜欢读就创作哪些类型的作品。这对于职业作家创作观念的影响是巨大的，对他们的心理影响也是重大的。特别是他们这一代处于社会转型期的文人，他们早年接受的儒家文化教育使他们形成了既有正统的文学观念，如今这根深蒂固的观念却为生活所迫放弃正统迎合市场，他们内心的痛苦可想而知。但是就在这种痛苦的挣扎中经济压力最终战胜传统的观念，大量的通俗作品被创作出来，更为重要的是这种状况并非个别现象，而是成为一种总体性的趋势。身处都市的大多数作家们的创作观念转向以消闲娱乐为主要目的的读者身上来，这是消闲娱乐文学观念形成的一个十分重要的原因。

三是近代报刊刺激了读者的阅读趣味，培养了大量的读者群体。近代报刊对市民读者的培养和拓展，如青年学生、妇女、学徒、店员等新的读者群体。近代报刊虽然在 19 世纪中前期就进入中国发展，但这个时期报刊的受众还是特定的社会阶层，没有扩大到普通的市民阶层，也就是说报刊没有真正走向大众。如传教士创办的报刊的对象是教民；前期的政治报刊的读者主要还是知识精英；早期的商业报刊的读者也是高级华人及商人，没有涵盖人数众多的城市市民阶层，这一现状的改变要到 19 世纪末 20 世纪初。根据申报馆的资料，通过统计 1875—1920 年的《申报》发行量，就可以直观地感受到这种变化：

1875 年	1200 份
1876 年	2000 份
1877 年	5000 份
1912 年	7000 份
1916 年	14000 份
1917 年	20000 份
1920 年	30000 份①

① 资料来源：《七十五年来本报的广告发行及其他》，上海档案馆：Q78-2-15745。

这份统计是来自申报馆的统计。就是根据胡道静先生的研究也可以印证这个观点，“销数初创时为六百份，到他（美查）离沪回国时的一八九八年，增加了十倍”①。报刊的发行量直接与读者数量相关联，发行量的增加很大程度上是建立在读者群体拓展的基础之上。清末民初报刊的读者群体数量的增加与新式教育的发展有密切的关系。在新式教育之前通过私塾为主要教育渠道来培养有文化的能够参加最低等的童试的生员数量，“在清代中叶前，每年约53万，后期则为64万。而当时全国人口为四亿四千万左右”②。而新式教育推广后，因为学费远比私塾便宜，学生数量大幅增加。据陈景磐统计：从1907年到1916年的十年中，学校增加了8000多所，学生数增加了近3000万人，到“五四”前夕，我国各类学生总数达到570万。“在一个识字大大增多的社会里，当然会对文学产生更多的需求。”③ 报刊读者的增加除了现代教育提供的知识文化教育的基础外，也与报刊自身的属性相关联，如报刊的售价低廉是报刊走向大众化的一个重要的因素。还可以以《申报》的销售价格为例，进而分析它吸引读者的原因。《申报》是每日刊出的日报，它每日出刊对开报纸五张至十张，售价为大洋四分五厘。而当时普通工人月收入在20元左右。一个家庭订购一份《申报》，每月花费1.2元，在所有收入中所占比例较低，这项支出在他们可以承受的范围内。更为重要的是市民大众有文学消费的心理诉求。程小青以写侦探小说《霍桑探案》出名。他曾说：“我所接到的读者们的函件，不但可以说‘积纸盈寸’，简直是‘盈尺有余’……他们显然是霍桑的知己——霍迷。”④ 对大众的通俗报刊特别是都市小报来说，其读者群体涵盖了机会社会的各个阶层，特别是各中学及大学的青年学生是通俗报刊的主要读者群体，当时有人对此做过统计调查：“小报读者是以商学二界占多数，在暑假里小报的销数会突然减少，足以证明学生群体是小报的忠实读者”⑤。

---

① 胡道静：《上海的日报》，《胡道静文集》，上海人民出版社2011年版。

② 栾梅健：《二十世纪文学发生论》，广西师范大学出版社2006年版，第128页。

③ 同上书，第132页。

④ 程小青：《霍桑探案袖珍丛刊之七·舞后的归宿》，上海世界书局1946年版。

⑤ 洪煜：《近代上海小报与市民文化研究》，上海书店出版社2007年版，第150页。

二　报刊形成消闲文学观念的方式

一是关注世俗生活，关注个体的日常生活，紧贴市民的文化需求，迎合社会大众的心理和阅读趣味，满足他们的精神需求。现代城市的发展促使大量的新移民进入城市。随着城市边界的扩展，每个人都是生活在一个特定的社区，而“报纸是那些不得不生活在狭小社区范围内的移民瞭望广大外部世界的窗口”①。同时随着城市商业化和生活节奏的加快，市民之间的关系出现商业化的倾向，人际关系变得复杂。他们需要一种软性读物来松弛他们工作一天后的紧张的神经，“以消闲娱乐和共同参与为主旨的市民文化空间的存在，则在都市社会的分工、节奏、理性与都市人的心理之间，建立了一个缓冲地带，冲淡了都市化进程的负面作用”②。而通俗的近代报刊给他们提供了这一渠道。

城市市民是以市场经营为生存出路的大众报刊的主要读者群体，因此大众报刊特别是都市小报为贴近普通市民的日常生活，贴近表现市民日常的市井文化趣味和世俗生存的价值观念，形成了所谓的市民文化，而市民文化又是来自市民的日常生活。这种市民文化就是立足于他们所喜好的闲聊消遣，更多地表现出来浅显娱乐的文化姿态。通俗大众报刊因其消闲娱乐的功能而受到读者的欢迎，满足了他们的欲望和文化需求，进而成为市民日常生活的一部分，“小报由晚清时期文人士大夫、市民中上层阶级的消闲娱乐读物逐渐向社会中下层市民大众文学需求转向，受众面得以不断扩大，从政府要员、上海闲人，到出身显赫的海上寓公、买办官僚、一般的职员、店员，还有大量的学生群体”③。通俗报刊特别是像上海等大城市中的小报，在某种程度上说，他们的读者几乎涵盖了都市社会中的各个阶层。小报之所以能有众多的读者，就在于其报刊刊登的内容的丰富多彩：“上自国家政治、经济、艺术文学的记述批判与讨论，下到社会花絮、街谈巷议，弥补刊登。”是“包罗万象的百宝箱”④。例如可以以《游戏报》版面

---

① 帕克：《城市社会学》，吴建华译，华夏出版社 1987 年版，第 79 页。

② 叶中强：《从想象到现场》，译林出版社 2005 年版，第 177 页。

③ 洪煜：《近代上海小报与市民文化研究》，上海书店出版社 2007 年版，第 150 页。

④ 青白：《小报文艺批评的批评》，《铁报》1930 年 6 月 22 日。

涉及的内容为例子。该报“以诙谐之笔，写游戏文章。……上自列邦政治，下逮风土人情。文则论辩、传记碑志、歌颂、诗赋、词曲、演义、小唱之属，以及楹对、诗钟、灯虎、酒令之制，人则士农工贾，强弱老幼，远人逋客，匪徒奸宄，娼优下贱之俦，旁及神仙鬼怪之事，莫不描摹尽致，寓意劝惩、无义不搜，有体皆备”①。从这份报刊的告白中可以发现，《游戏报》所含的题材十分广泛，内容也十分驳杂，文体的样式也十分繁杂，而其所用的语言也浅显通俗。这明显是在整体上为了迎合各个阶层的读者的需求而故意为之。

近代报刊读者的大众化以及其对大众的迎合进而又影响到文学的创作。《金粉世家》发表后，“引起热烈的高潮，特别是有文化的家庭妇女，都是很爱读，那些阅读能力差的、目力不及的老太太，天天让人念给她听”②。通俗小说家们清楚地知道愿意看他们通俗小说的读者，大多数是具有一定文化素养的家庭妇女，或者那些虽然没有阅读能力或视力严重消退有身份的老太太，他们需要有人念小说给她们听。他们创作的文学作品就是为这些大众的读者服务，因此他们所采取的文学艺术创作的样式也是与这些阅读方式和能力相适应的。

二是近代报刊构建起了关于现代世俗生活的想象空间，勾起市民关于世俗生活和市民文化的认同，这种认同又反映在文学创作中，通过文学作品来构建这种价值取向。在这个过程中，消闲的文学观念就一步步被构建起来，如对西方现代物质文明的想象，对上海租界的现代生活的描绘。近代大众报刊特别是都市生活服务类型报刊中的小报，其创办的宗旨就是贴近市民读者的日常世俗生活，并反映他们的审美趣味和价值取向。其实这是一个双向互动的过程，一方面近代报刊虽则处于被动反映市民读者的日常生活及其文化，但在反映的过程中报刊又参与了市民读者关于现代世俗生活及文化想象空间构建的过程，从而在另一方面又影响了市民读者的日常生活方式、价值观念，也就是说近代大众报刊对市民读者的日常生活方式、价值观念有一种重塑的功能。近代报刊重塑市民读者是通过两种方式来进行的：一种是不断地反映现代都市日常生活特别是物质文明高度发达的都市现代世俗生活，并对其进行持续深入的描绘和想象，从而将一个现代高度

① 魏绍昌：《李伯元研究资料》，上海古籍出版社 1980 年版，第 450 页。

② 张友鸾：《章回小说大家张恨水》，《写作生涯回忆》，人民文学出版社 1986 年版。

发达的物质文明世俗生活空间呈现在读者的视域之中，在市民读者的想象中建构起一个现代世俗日常生活的想象空间；一种是通过对高度发达西方文明现代生活方式的展现，来构建一个完全现代的市民文化的想象空间。

就清末民初的那段时期来说，上海处于一个特别重要的地位：这座城市开辟了租界（也就是俗称的十里洋场），租界由于直接由西方列强管理，城市建设及市民的日常物质生活与西方列强国内相差无几。于是近代报刊就不断地报道关于十里洋场的现代城市市民的日常生活图景，如上海租界里的赛马会，飞龙岛的自行车、水龙会（消防灭火装置），夜生活中的交谊舞会等，如 1872 年 5 月 29 日《申报》刊登的《沪北西人竹枝词》中就有关于交谊舞的场面描写："小饮旗亭醉不知，玉瓶倾倒酒波迟，无端跳舞双携手，覆臼居烈一处飞。"并加注："醉饮肆中，则男女抱持叫跳，以为相悦。"① 这些都是租界外中国城市市民见所未见的现代的东西与生活方式。在他们看来，这些现代的先进的西方化的物质生活及其生活方式充满了魅力。而经过报刊的放大性报道，它们在读者的想象中就建构起了现代物质文明世俗生活的图景。

在构建想象的市民日常生活和文化空间的过程中，有一点我们要指出，报刊特别注重对西方现代生活方式的报道和关注，如对出现在上海张园的西式新型结婚形式的不断持续报道，使这种西方的结婚形式也开始为中国人接受，并出现弃用中国传统的仪式而采用西方的婚礼形式来操办婚礼，最为有名的就是蔡元培先生与黄世振女士结婚就采用西方的阳历而不用传统的农历。到 1905 年，张园里西式婚礼就开始变得普通起来了。该年 3 月和 4 月的上海《时报》就有两则关于西式婚礼的报道：一则为《文明结婚》，一则为《结婚新礼式继志》。同年《女子世界》第 11 期也有关于西式婚礼的报道：《婚礼创新》。我们举出这个例子主要的意图在于说明，报刊构建的关于西方现代生活图景的想象的生活空间和文化空间，开始重新塑造影响中国市民的日常生活和行为方式。他们开始按照想象的图景的要求来改变自己的日常生活习惯和行为方式，最终促进新的生活价值观念形成，这就形成了一个良性的互动模式。而报刊文学（特别是小说）作为反映市民

① 《沪北西人竹枝词》，《申报》1872 年 5 月 29 日。

读者日常生活和消闲娱乐的一个重要形式，也就处在这样模式的支配之下影响作家的创作观念。

三是运用市场化的策略开展一系列与社会互动的活动，如开展征文、开花榜（妓女选美），并创新报刊上的文学刊登形式，如运用连载的形式来吸引读者。同时丰富文学创作题材的类型，运用各种题材的通俗小说来满足读者的阅读心理期望。通俗报刊为了自身的生存需要，“不仅从内容到形式上进行了世俗化改造，以普通市民大众为自己的阅读对象，显示了小报通俗化、市民化的发展过程，而且在繁荣商业社会的物质利益与驱动下，小报文人也开始了由传统士大夫的文人雅士转向世俗市民社会身份转换”①。李伯元创办《游戏报》就开始运用市场化的策略开展商业活动，如他曾经开创报纸选举花榜状元的先河。他曾在该报上说：“自本报创行持开花榜之议，即刊自报首，谓本届花榜系仿泰西民主之例，以投函多寡为定。”② 那些能够上榜的女子都是上海各妓院才艺俱佳的高级妓女，而一般的风尘女子是无法进入的。这种开花榜的活动一方面迎合了普通市民关于上层社会生活的想象，扩大了报纸的销售量；另一方面又在某种程度上提升了上榜妓女的知名度和身份，得到妓女和嫖客的支持。这些妓女的形象通过报刊的放大性报道成为普通市民日常生活的时尚引导者，与今天的娱乐明星的作用相似。正是这种效应导致都市各小报跟风开办这样的活动，使该活动经常化和世俗化，进而发展成为以商业利益为直接目的。在物质利益的驱动下，文人们（主要是以市场为职业的作者）开始放弃传统的价值观念，向世俗的市场社会转型，迎合市民的文化趣味。如果说“开花榜”的这一类活动在很大程度上是出于商业利益的诉求导致报刊的世俗化转向，那么商业报刊开展的征文活动，就在很大程度上强化了报刊读者的参与意识。征文活动对文学观念的形成有很大的作用，它通过对征文提出的具体要求，引导参与者按照这些要求来进行创作。而这些大众化的报刊大多是以消闲娱乐为主要价值取向，因此要想在征文活动中脱颖而出，就必须按征文的要求进行写作。

---

① 洪煜：《近代上海小报与市民文化研究》，上海书店出版社 2007 年版，第 140 页。

② 李伯元：《游戏主人拟举行遴芳会议》，转引自陈无我《老上海三十年见闻录》，上海书店出版社 1997 年版，第 214 页。

具体到报刊对文学影响就是报刊创新文学的传播形式，采用附页送小说的方式来吸引读者。小说因其趣味性、娱乐性和知识性及可读性广受市民阶层的欢迎。通俗报刊为了迎合读者的阅读趣味，利用附送小说附页的形式，或者在报刊中开辟出专门的版面登刊小说来吸引读者。特别是那些传奇、武侠、言情类的小说更为读者所喜好，所以包天笑就说："往往一种情节曲折、文笔优美的小说，可以抓住报纸的读者。"① 这种以情节取胜的小说创作原则及武侠、言情等小说类型受读者青睐，很快就影响到了作者的创作观念。报刊又由于受到版面的制约对长篇小说难以容纳，这就使报刊不得不创新形式，采用章回体的传统形式运用连载的方式。1892 年，韩子云在上海创办《海上奇书》杂志，主要发表他本人的文学作品。内容为三部分：一是他自己创作的文言短篇小说《太仙漫稿》；二是他创作的吴语长篇小说《海上花列传》；三是录前人的笔记小说《卧游记》。这个刊物虽然存在的时间不长，但开启了一个新的长篇小说的传播形式：报刊连载。韩子云采用传统的章回体分期报刊连载其长篇小说《海上花列传》。这种报刊连载形式的开创对于报刊连载小说起到示范作用，对于文学来说通过报刊连载的形式传播，就使作家在创作的时候首先要考虑作品的可读性、趣味性和娱乐性，因此故事情节悬念的设置是他首先要关注的重点。同时每天连载，有的小说甚至绵延数年导致小说创作为赶时间而随意拼凑以致小说结构松散，这当然是负面的影响。但这对于作家消闲的文学观念的形成起到了一种推波助澜的作用。

三　报刊对消闲文学创作的影响

一是文学生产的商业化。现代都市社会兴起后市民阶层有文化消费的需求，这就为以消闲文化提供了新型的读者，而且这种新型读者的文化需求与传统的精英读者不同，他们追求的是文化消费过程中的快感和愉悦，也就是说他们需要的文化属于休闲娱乐性质的文化。有需求就有市场。在这种新的文化需求之下，很快就形成了一个繁荣的文化商品市场。在这个市场中，文学被定义为一种商品，一种特殊的商品，这也就意味着文学是一种消费品，文学作品生产出来是供读者消费的商品。正是这种以读者消费为导向，职业作家创作必须迎合读

① 包天笑：《钏影楼回忆录》，中国大百科全书出版社 2009 年版，第 318 页。

者的需求。但作家们并不直接与读者发生关联，他们是通过报刊（出版社）等中介的反馈，来与读者进行互动，因此作家与报刊等中介之间在市场规则的支配下，形成了一种新型的关系，也就是说雇用写作在实事上形成了。但是在雇用写作关系中作者的地位下降了，其自主性被市场严重削弱。“作者是按照出版商的要求制造出适合市场口味的作品，这就要求畅销书作者放弃自己的个性，严格遵守事先的约定进行创作。”① 随着创作自主性的削弱，其文学创作进而受到市场要求的制约。“雇用写作是身不由己的，商业定位成了创作自由的紧身衣，它对作者的约束称得上是无微不至，小到书名与出版形式，写作者本人都没有选择权与决策权。”② 在某些时候职业作家为了商业利益上的诉求，甚至运用文学家的身份来谋求文学之外的利益，如清末作家吴趼人就曾运用自己知名作家的身份为商人做广告文章。他早年曾为上海华兴公司出品的燕窝糖精作《食品小识》，晚年则为上海中法药房的艾罗补脑汁作《还我魂灵来》。在那个年代，吴趼人的行为不但没有受到谴责，反而受到肯定。周桂笙就为吴趼人辩护：“古文人有为文谀墓以致重金者，今人独不可以谀药乎？”③ 这从某种程度上说明，商品意识已经渗透到许多小说家的创作之中：“在生活的压迫之下，不写出许多东西换钱，是无法开门应付七件事的。”④ 文人从此开始投身于这个文化市场成为职业作家依靠文学创作而生存。在这个文化市场中，生产、流通的目的都是消费的需要，因此读者的地位大幅度提高。“唯读者是从的创作倾向，在摆脱了替圣王立言为先贤传道的陈旧模式的同时，迅速组成了清末民初小说的商品化倾向。”⑤ 文学的商品化带来的好处就是职业作家的人格独立，他们依靠卖文为生把命运牢牢地掌握在自己的手中。当他们进行文学创作的时候可以不用再观察当权者的眼色，不依附于官场使他们写文章创作小说没有多少政治上的顾虑，只要读者认可就可以。我们翻阅清末民初职业小说家们创作的小说，发现那个时期出现了大量的抨击官场的谴责小说，把官场

① 黄发友：《准个体时代的写作》，上海三联书店2002年版，第215—216页。

② 同上书，第218—219页。

③ 《新庵笔记·“吴趼人”则》，上海古今图书馆1914年版。

④ 李定夷：《民初上海文坛》，《上海地方史资料》第四辑，上海社会科学院出版社1986年版。

⑤ 陈平原：《中国现代小说的起点》，北京大学出版社2005年版，第83页。

写得乱七八糟，让各色官员出丑丢人。这种题材的选择和处理方式就是放在一百多年后的今天，也可以说是十分大胆和不可思议，但在那个时期却成为一种风气。正是文学的商品市场化，职业小说家们才可以不管权贵们怎么想，他们只知道老百姓对官场的黑暗腐败深恶痛绝，骂官员、揭黑幕的小说受欢迎，他们以此为创作的动力。

但是过分讲求文学的商品市场化，一味迎合读者的阅读趣味，就会牺牲文学的艺术性，带来审美性的伤害。这种伤害大致会表现在这几个方面：一是追求创作的数量而忽视艺术的质量。清末民初文学家职业化之后依靠文化市场而生存，但市场看重的是数量即文学作品的销售量。同时因为稿酬制度明确后，报社是按照文学作品的字数来计算稿酬的。按照市场经济的逻辑，为获得更多的报酬，作家们只有在创作数量上下功夫。我们来看那一时期的职业作家的创作数量，可以明显发现他们的创作产量非常惊人。吴趼人七八年间创作了 18 部长篇小说和十二三种短篇小说、笔记文学集；李定夷在不到十年的创作生涯中写出了 47 部长篇小说；李涵秋 15 年间写出了 33 部很长的长篇小说；包天笑的创作数量更是惊人，单单翻译中长篇小说就达到 37 种之多，他还自己创作了大量小说。同时我们还要注意，他们这一批职业作家大多具有在报馆兼职做编辑的身份。从这个角度来看，更可以反映出其创作数量的巨大。这种高产量除了主观上获得更多的经济报酬的因素外，当时稿酬的低廉也是一个重要的客观因素。如果在保证质量的基础上创作有限量的作品，其获得的报酬并不能保证职业作家们经济生存的需要。这个客观的因素反映到具体的文学创作中就是小说的长篇居多、篇幅超长。有的时候为了增加创作的收入，作家会故意拉长小说的篇幅以增加字数。有时一种类型的小说畅销，其他的作家就会跟风创作，导致大量的同类低劣作品充斥市场，如当时流行的侦探小说。这些都是文学商品化带来的后果。

二是近代报刊带来文学创作的平民化。社会进入清末后，由于近代报刊业的发达及其对西方现代知识的输入，文化出现一种下移的发展倾向，由传统的士大夫为代表的知识精英对文化知识的独占向下层民众接受新知识的转向。这一转向与两个事件紧密关联，一个是现代教育的兴起特别是现代新式学堂在国内的兴起及大量留学生出现使这些学生具备了新的文化知识；第二个事件是 1905 年科举制度的废除。这两个事件叠加在一起给文学发展带来了一个重要的改变，也就是读者群体的改变。通过近代报刊开展的下层启蒙运动，阅读的群体日益扩增，数量急剧增加。读者群体的改变对文学的发展是至关重要的，它带来的一个直接结果就是文学创作的平民化倾向。朱光潜就说得很明确：

> 就文学而言，读者群变了，作者对象和态度也随之而变了；二千年来，中国文学在大体上是官廷文学……这是一个进身之阶，读书人都借此获得取宠，所以写作对象是达官贵人，而写作的态度就不免要迎合当时的习尚……于今作者的写作对象是一般看报章的民众，作者与读者是平等的人，彼此对面说话……文学从此可以脱离官场的虚矫谄媚，变成比较家常亲切，不摆空架子。①

文学创作的平民化主要是从两个方面来进行的，一方面是写作内容由传统的王侯将相的题材类型向普通的市民题材转移；另一方面在创作形式上贴近普通的市民阶层，使他们能够看得懂理解得了同时喜欢上阅读，因此“在内容上主要是倡导作家要描写反映平民所关心的社会现实问题及平民百姓自身的疾苦和生活状态，包括他们的感情世界和爱情生活”②。在这样的观念指导下，就会带来“题材的民间化、平民化、世俗化”。这一题材的变化是“近代文学，尤其是近代小说在选材上的一个突出特点”③。随着题材选择的改变，“文学作品中，社会下层人物形象系列增多，现实生活中各类人物俱全，丰富多姿，使得近代文学形象画廊洋溢着世俗色彩和生活气息”④。就形式方面来说，就是逐步放弃传统的文言文，开始采用白话来书写让下层民众看得懂的文学，同时在文体的选择上提高小说戏剧等具有阅读趣味的文体地位。

三是近代报刊带来文学叙事的欲望化。近代报刊等大众传播媒介主要是为满足大众的欲望想象服务的，因此它在提供信息方面首要考

---

① 朱光潜：《现代中国文学》，《朱光潜全集》，中华书局2012年版。

② 郭延礼：《中国文学精神》，山东教育出版社2003年版，第202页。

③ 同上书，第203页。

④ 同上。

虑的就是传递大众最需要的信息。“大众传播媒介信息的几乎 90%为娱乐信息，其社会功能的 95%以上为欲望的满足。”[①] 通俗休闲文学是对已经发生在市民读者已知事务的一种表现，它始于市民生活本身是引人入胜的假设，因此它侧重每天反映的是市民日常生活的细节。在叙事上这种文学观念可能认为，应该是照相机式地详细地描述普通生活的趣味，把重点放在人和细节上。在当时的报刊文学中，故事就成为文学的主体组成部分。故事（小说）也就很容易地被分成连载小说、本期能完整刊登完的小说和短篇小说。因此长篇小说和连载小说十分注意设置惊奇的悬念，连载小说的故事必须是戏剧性的，随着报刊登刊而悬念丛生，从而达到震惊读者的效果。作者对这些叙事技巧的关注与市民读者对于新奇的追逐是分不开的。市民在平庸的日常生活中特别渴望在平凡的生活中能增添一点惊奇，在平静的水面荡起一点涟漪。职业作家正是摸透了读者这种好奇的心理，从而在叙事技巧上来迎合他们的这种心理。

但这种迎合不仅仅是叙事技巧方面的，而且更为重要的是对现代物质文明和现代生活方式的想象，这种想象又与满足市民的好奇心理相联系起来。从晚清开始，作家们就运用自己的笔墨开始创作小说来描摹关于现代生活的想象。但他们却把这种想象的焦点放在上海租界里的妓院上，通过对妓院中妓女（特别是名妓）的日常生活的描述来展示一种全新的现代物质生活及现代生活方式。在王韬自叙式的小说《申江十美图》《夜来香》中，有大量关于妓院生活的描述，即是他业余时间寻奇觅艳的实录。吴趼人《上海三十年艳迹》对上海各路妓女的色艺品行、逸文韵事细加描述。邹弢的《海上尘天影》写妓女与名士的关系，书中妓女被投射了一种文人关于女性理想的光环。张春帆的《九尾龟》更是直接写狎客与妓女之间的钩心斗角。这一时期的报刊上，一些附庸风雅的文人墨客所做的题咏娼妓的风月诗文更是不计其数。处于上海租界的妓院因为地域位置的关系，受到上海租界工部局的保护，因此受到中国地方官员的管制较弱，加上妓女行业主要是开门做生意是以赚取金钱为主要目的，也就是说他们的主要指导原则是实用的商业规则。这些妓院又是身处于租界，这个与西方现代文

---

① ［日］竹内郁郎：《大众传播社会学》，张国良译，复旦大学出版社 1989 年版，第 35 页。

明零距离接触的区域加上名妓们积累的巨额财富，使她们与最先进的现代物质文明可以保持紧密的联系，如《海上繁华梦》曾列出一张上海名妓给流行家具店开列的购物清单，单子上的东西包括：

> 一个"四泼玲跑托母沙发"（spring—bottom sofa，弹簧沙发床）、一个"沙发"、一个"叠来新退勃而"（dressing table，梳妆台）、一张"狄玲退勃而"（dining table，餐桌）、一个"华头鲁勃"（wardrobe，衣柜）、两把"开痕西铁欠挨"（cane chairs，藤椅）、一个"六根掰拉司"（looking glass，镜子）、一个"华庶司退痕特"（washstand，洗台）、一只"辨新脱勃"（bathjing tub，浴缸）、六把"欠爱"（chair，椅子）、两对"第怕哀"（tea table，茶几），以及"特来酸"（厨房里的碗碟）等一切器具。①

这张单子上的货物全部都由张璐利百货公司提供。这家公司 1893 年在上海南京路开业，是上海以供应最时尚的百货著称的公司。这些洋泾浜英语的词汇尽显这些时尚家具的现代性奢华。顺便提下这些家具总价高达 526.45 元，这相当于职业作家包天笑当时近 5 个月收入的总和。这些现代物质的奢华作为繁华的标志和轻松生活的象征，使妓女成为当时城市中时髦和时尚的引领者。近代报刊及文学通过对这些妓女的服饰、居室、香水的描绘，不断展示现代都市中的消费嗜好。近代报刊"成功地把西方物质文明当作'奇'展示给了大众"②，在小说《九尾狐》中，名妓胡宝玉就是都市时尚界的一位风云人物，她的装束及室内的装束、她的上等厨子等都是关注的对象。我们可以这么说，名妓们的物质生活及生活方式满足了普通市民对于新奇事物的追崇和想象，而报刊文学在这种想象和追逐中扮演了一个重要的角色。

这种欲望化的叙事以及对读者的迎合，在很大程度上削弱了它的文学价值，正如阿英所评价的那样："《海上繁华梦》与《九尾龟》所以能够风行一时，正因为他们都只刚刚够得上'嫖界指南'的资

---

① 孙家振：《海上繁华梦》，齐鲁书社 2008 年版，第 254 页。

② 叶凯蒂：《名妓、知识分子和娱乐文化》，生活·读书·新知三联书店 2012 年版，第 53 页。

格，而都没有文学价值，都没有深沉的见解，与深刻的描写，这些书只是供一般读者消闲的书。”①

第三节　报刊与审美的文学观念

近代以来，中国引进西方文学的主要载体是近代报刊。在近代报刊对西方文学的引进的过程中，中国作家可以借鉴现代西方文学的观念，学习西方文学的艺术手法和审美品格。近代报刊对西方审美理论的介绍已推动了中国文学的审美文学观念从传统向现代转型。同时，西方自由主义报刊思想与中国传统审美观念的融合形成了一种现代审美同构关系。

一　报刊在审美文学观念形成中的功能

本节将从近代报刊在西方文学翻译的载体平台的功能及西方文学传播过程中近代报刊在读者与作者之间、作者与作者之间发挥的中介交流功能。在探讨近代报刊对西方审美文学的认同以及中国本土作家在审美文学观念的指导下进行的文学理论探讨和批判创作的实践。

陈平原先生认为，中国文学的现代生成是在域外文学的冲击下被动地做出反应的一个过程。大多数海外汉学家持此种观点，如哈佛大学教授王德威先生就持这种观点。正是西方文学观念对中国文学观念的介入，中国现代文学观念才得以形成。他明确地指出：“域外小说的输入，以及由此引起的中国文学结构内部的变迁，是二十世纪中国小说的发展动力。”② 这种介入的结果就是迫使中国文学走出自我封闭的怪圈，融入世界文学的体系之中。在西方文学和中国传统文学两种不同的文学观念的相互作用下完成中国文学观念的现代转型。在转型的过程中逐步确立了中国现代审美的文学观念。在西方文学介入中国文学的过程中，近代报刊发挥了重要的作用。

一是传教士利用近代报刊翻译西方文学作品，这些翻译文学作品开拓了中国读者的阅读视野，培养了他们一种新的阅读习惯和审美趣

---

①　阿英：《晚清小说史》，江苏文艺出版社 2009 年版，第 172 页。

②　陈平原：《中国现代小说的起点》，北京大学出版社 2005 年版，第 24 页。

味，为后来中国读者接受西方文学奠定了基础。中国封建社会后期较长时期的闭关锁国政策使中国文学长期处于一种封闭的发展环境中，严重地制约了文学的发展，而文学的发展又不可能不接受其他先进文学的影响。中国古代文学在受到自西而传入的佛教文化的影响后，在先秦的文学高峰之后再一次大放光彩便是很好的佐证。到中国封建社会晚期，西方传教士向东来传播基督教教义带来了一次中西文明之间交流的机会，但我们却没有很好地把握这次机会。特别是在明代中国自恃文化的强大轻视西方文明，只在物质技术的层面与西方作零星的交流，如利玛窦、汤若望等传教士在中国的现实处境就很好说明了中华文明的自大。但不管怎么说，传教士是中国封闭社会接触外部世界的一扇窗口，借助于传教士的中介，中西之间的交流并未完全中断。到清代后半期，中西之间的交流更为深入，特别是相对于传教士来说他们已经不仅仅满足于一些技术和器物层面上与中国的交流合作，而是希望将西方的宗教教义及文化输入中国。这种宗教的输入在晚清成为可能，时代提供了条件：一是现代印刷业的发达。近代报刊的出现使中西文化之间的交流出现新的中介载体，这种载体的信息传播方式已经全面超越了传统的信息传播方式，使大规模的文化交流成为可能；二是中国中央权力的式微导致对西方传教的约束越来越力不从心，传教士进而成为各地政府官员的座上宾，为传教和文化交流提供了很大的便利。正是在这种背景之下，大量的传教士自西而来，在中国开创他们的传教事业。

为了更好地传播基督教教义，传教士们一方面创办了自己的宗教报刊，一方面又借用文学的形式，并将两者结合起来用于传播教义。用文学的形式传播教义是他们受到佛教传播过程中借用文学形式的影响。① 他们借用文学的形式有两种方式：一是自己动手用中文创作宗教小说；二是翻译西方的文学经典作品。传教士米怜创办《察世俗每月统记传》传播教义的时候，他自己就创作了一些小说，如十二回的宗教小说《张远两友相论》。他为这部小说创造了一种虚构的框架，米怜严丝合缝地将对话嵌入了一个叙事语境中。麦杜思在 1828 年出版的月刊杂志《特选撮要》，发表了自己的作品小说《兄弟叙谈》。这些作品有的很受中国读者的欢迎，“最令他们高兴的文章是《张远

① 汉学家韩南持此种观点。

两友相论》，张和远一为基督徒，另一为无知的异教徒。……一直受到中国读者的欢迎”①。从这里我们也可以再次确证，传教士创作小说有两个目的：一是为传播教义，“对传播福音的狂热，与他的小说创作是分不开的”②。二是为了让宗主国的民众了解当时中国的风情。传教士郭实猎创作的《诚崇拜类函》在《中国丛报》上发表。该作品由福州某户人家旅英的儿子写信给中国国内的亲人的一系列书信组成。他的小说《悔罪之大略》用第一人称写出，这大概是我们最早见到的以第一人称写作的中文小说，比 1903 年李伯元的《二十年目睹之怪现状》要早多年。传教士创作的小说数量很多，但大多反响平平并未引起大的效应，对当时的中国文学影响有限。传教士不仅创作小说，他们还花费大量的时间和精力从事文学翻译工作，很注重翻译西方的文学经典作品，如早在 19 世纪早期最引人注目的是对《天路历程》的翻译。据韩南的考证，第一部被翻译为中文的小说是《金屋型仪》，可能是翻译自《瑟莎的故事——十字架的魅力》或它的英文版，因为韩南在美国的图书馆见到了当时的英文版和中文版。传教士对中国文学影响最大的是李提摩太。他 1891 年翻译的贝拉米的《回头看：2000—1887》，译文在《万国公报》上以“回头看纪略”为题分期匿名发表，在中国广为流传，其后在 1898 年出了白话版本。这部书对中国文学的影响很大，它帮助中国现代文学建立了一个新的类型——理想小说，如它影响到梁启超创作《新中国未来记》。

传教士的小说翻译是西方文学介入中国的一个重要因素，而这个要素在很长一段时间内被研究者所忽略，在所见的大多数文学史中都将《百年一觉》和《巴黎茶花女遗事》看作中国读者最早接触外国小说。但是我们不能忽视传教士小说对中国文学产生的影响，数量巨大的传教小说虽然质量不高，但是它却让中国的读者熟悉外国小说，正是建立在这种熟悉的基础上，中国的作家在开发和使用新形式方面就变得更为容易。同时也在一定程度上培养了读者的阅读习惯，使他们对西方文化的阅读从别扭到习惯转变，一种新型的审美趣味在缓慢形成。

---

① 《张远两友相论》，《中国丛报》1834 年第 22 卷。

② ［美］韩南：《中国近代小说的兴起》，徐侠译，上海教育出版社 2010 年版，第 65 页。

二是中国人自己翻译西方的文学经典，通过报刊载体广泛传播并影响中国作家和读者。中国人自己翻译西方文学作品是在接受西方文化过程中进行的，在这个过程中，前一阶段传教士的文学翻译和创作的影响在一定程度上发生了作用，但中国人开始自己翻译西方文学的直接原因应该和近代报刊业的发展有着密切的关系。中国人翻译的第一部长篇小说是《申报》主笔蒋芷湘翻译的《昕夕闲谈》，于1873年至1875年在申报馆的文学期刊《瀛寰琐记》上分26期连载，署名为“蠡勺居士”。该小说翻译的是英国作家利顿的 *Night and Morning* 的上半部。利顿的作品算不上是英国一流的文学作品，但在当时英国却很流行。但蒋芷湘没有出过国更没有到过英国，他是如何选择这部小说的呢？本书认为这和《申报》的创办人美查有关系。蒋芷湘在为创办《瀛寰琐记》杂志所写的发刊词中就明确提到，“其时，尊闻阁主方傀佴残篇断简，用活字排印成书，月出一卷问世，初名《瀛寰琐记》”。[①] 尊闻阁主即为美查。美查精通中文同时又熟悉英国的文学，从他创办这份具有国际视野的文学期刊来看，蒋的翻译和美查有密切的关系。本书推测，美查办报为了打开市场，提高销量，扩大读者群，最主要是为迎合中国读书人的文学趣味，有意识地引进英国文学的经验，如文学期刊、小说文体、连载的形式。但我们要注意到《昕夕闲谈》在连载后草草收尾，说明了它不成功，而不成功的原因就可能在于中国读者在对西方文学的接受方面出了问题。

中国人对西方文学真正意义上开始感兴趣，大概要到20世纪初的前后。这是因为我们向西方学习有一个过程，这个过程就是从学习西方现代器物到现代社会制度再到现代思想文化的过程。在甲午战争前，中国知识界的主流观点认为中国败于西方是因为中国在物质技术制度方面的落后，中国的文化却优于西方文化，可以利用中华强大的文化来同化外来的西方文明，所以当时的知识精英就提出了“中学为体，西学为用”的指导思想。但是在甲午战争中中国败于日本，这次失败引起中国知识分子对中国传统文化和精神的反思和否定。正是在这种背景之下，中国人开始重新认识评价西方文学。在中国读者接受西方文学过程中，林纾的翻译起到了一种穿针引线的作用。林译小说在当时社会上广受欢迎，引起很大的轰动，“可怜一卷《茶花女》，断

① 蒋芷湘：《发刊词》，《瀛寰琐记》，1872年。

尽支那荡子肠”①。林纾不仅仅影响了当时的普通读者，连当时的大人物如严复、康有为、梁启超等人也受到他的影响。后来“五四”新文化运动的主将们当时还是青年学生的鲁迅、郭沫若等人都是林译小说的忠实读者，所以郭延礼说：“《巴黎茶花女》的翻译在中国近代翻译文学史上有里程碑的意义。”②

林纾翻译的小说不仅广受读者的欢迎，而且在一定程度上改变了中国文人对外国小说的认识，他们进一步认识到西方也有像中国《红楼梦》一样优秀的作品。《茶花女》的艺术手法和技巧如它的第一人称叙事、倒叙和日记的插入等，对后来中国作家的创作产生了深远的影响。胡适在《五十年来中国之文学》中谈到《九命奇冤》的时候，就明确指出其受到西方文学的影响，“《九命奇冤》受到西洋文学的影响，这是无可疑的”。他更进一步指出西方文学对其结构布局的影响：“这种倒装的叙述，一定是西洋小说的影响。”③ 林纾是桐城派散文大家，但却正是因为这守旧的文人带头放弃了对外来文学的不屑，主动翻译起为传统文人不齿的西洋小说。这一转变本身就说明了一种新的文学观念在改变，特别是他在翻译过程中对西方文学的创作手法和社会功用越来越有深刻的体认，而且随着这种体认的深化，他就自然而然地产生了对西方文学艺术特别是现代小说魅力的重新认识。但是要注意到他们对西方文学艺术的这种认识是在翻译具体的文学作品过程中体认的。这是一种从翻译者自身的阅读情感体验出发的认识，虽然带有强烈的感性色彩，但正是这种感性的情绪式的接受方式对中国现代文学创作产生了绵远的影响。这种影响将很自然但又如长江之水绵延不断地持续发生作用，它对现代读者的审美趣味的形成和感知艺术能力的形成有重要的作用，特别是为新的现代文学观念的形成提供了感觉和心理上的条件。

阿英《晚清小说戏曲目录》一书中存这一时期的翻译小说 608 种，而日本学者尊本照雄统计 1840—1919 年的中国翻译小说为 2545 种。这些翻译小说以英美为主共有 1071 种，法国 331 种，俄国 133

---

① 严复：《甲辰出都呈同里诸公》，《严复集》第二册，中华书局 1986 年版，第 365 页。

② 郭延礼：《中国近代文学精神》，山东教育出版社 2003 年版，第 177 页。

③ 胡适：《尝试集》，华夏出版社 2011 年版，第 120—121 页。

种，日本103种，德国34种。大量的翻译小说“向人们介绍了世界上许多国家的主要作家和作品，对开拓世纪初中国人民的生活视野和艺术视野，扭转人们‘西不如中’的传统文学观念……对于中国近代许多作家的文学创作和尔后的成长都有积极的影响”①。西方文学的翻译最终的结果是要影响中国作家的创作和读者的阅读，在大量接触其影响后，新的文学观念就慢慢形成了。正如黄曼君先生指出的那样：“这大量涌入的西方文学作品，不可能不对传统的文学观念产生有力的促变作用。”②

三是以报刊为载体引进西方哲学思想及文艺美学并进一步应用于中国文学批评的实践。清末民初相对于对西方文学作品的翻译来说，近代报刊对西方哲学及文艺美学的介绍运用就显得较为单薄。但是“一些眼界开阔的人物或借鉴西方哲学、社会科学抒发己见，或直接借鉴西方文艺美学”对中国现代审美文学观念的形成具有重要的作用。“一种最能促导文学观念变革的直接方式，即直接从西方文艺美学及文学理论中获取所需。”③ 这一时期主要是王国维、黄人、徐念慈、鲁迅、周作人等人通过近代报刊引进西方的文艺美学思想并应用到中国的文学实践中。

1904年《教育世界》发表王国维《〈红楼梦〉评论》一文，开创中国人运用西方哲学思想解读中国文学名著之先河。在该文中，王国维借用叔本华的悲剧理论从欲望和痛苦的观点出发，认为生活的本质是无时无处不在的欲望，“故人生者，如钟表之摆，实在复于苦痛与厌倦之间也”。既然人生充满了痛苦，如何消除这种人生的痛苦呢？依叔本华的观点一是自杀，二是审美。但王国维不同意自杀，他认为自杀是对现实生活的逃避，不是真正的解脱。真正的解脱是对美的事物的观照，使人“超然于利害之外，而忘物我之关系”。也就是说从生活的欲望中脱离出来，进入纯粹的审美活动中，在艺术的世界里就可以逃离现实生活中的欲望的痛苦的樊笼。“艺术之美所以优于自然之美者，全存在于使人忘物我之关系。”《〈红楼梦〉评论》是王国维借西方哲学美学解读中国传统经典文学名著的第一次尝试，取法新思

---

① 郭延礼：《中国近代文学精神》，山东教育出版社2003年版，第176页。

② 黄曼君：《中国20世纪文学理论批评史》，中国文联出版社2002年版，第94页。

③ 同上书，第98页。

想演绎出新的文艺美学观念在思维方式和理论上开掘了审美文学理论观念的新天地。1907 年《教育世界》发表了他的另一重要美学论文《论古雅在美学上之位置》。该论文主要目的是王国维意图解答他对康德美学的疑惑。文章开篇就引用了康德的原话："美术者，天才之制作也。"但王国维对康德天才论的理解却存在着矛盾之处。一方面他曾多次在文学批评中推崇康德的天才论，但在另一方面王国维又感觉到文学艺术的审美本质不仅仅是取决于天才。为解决这个矛盾，王国维提出了"古雅"这一范畴企图解决这一矛盾。1908 年《国粹学报》发表王国维的《人间词话》。在该论文中王国维提出了他的"境界说"，这是他文艺美学中影响深远的诗歌理论。他这个理论的提出也是借鉴并受到了西方文艺美学的影响。他的文艺美学观深受叔本华的影响，特别是叔本华哲学中的直观学说对王国维美学思想产生了重要的影响。王国维自己也明确地指出："叔氏哲学全体之特质，亦有可言者，其最重要者，叔氏之出发点在直观（即知觉），而不存在概念是也。"① 王国维在对境界进行分类的时候，同样也借鉴了西方文艺美学思想中浪漫主义和现实主义的划分标准，将境界分为造境和写境。他说："有造境，有写境，此理想与写实二派所由分。"②

当时报刊中除了《教育世界》刊登王国维关于西方哲学及文艺美学的文章外，《小说林》对于西方文艺美学的介绍推崇也十分重要。1907 年黄人和徐念慈在《小说林》创刊号上撰写的《小说林缘起》和《小说林发刊词》，特别借用了西方黑格尔与邱希孟的美学理论。黄人在《小说林发刊词》中就明确地指出："小说者，文学之倾向于美的方面之一种也……微论小说，文学之高格可循者，一属于审美之情操。"③ 徐念慈更是冷静客观地且理性条缕分析小说的艺术特征，这在当时情绪甚于理智的文学环境中很有分量同时又是难能可贵的。他说："所谓小说者，殆合理想美学，感情美学而居其上乘者乎！"④ 他进一步根据黑格尔的绝对理念和邱希孟的感情美学总结出五条小说艺

① 王国维：《叔本华之哲学及教育学说》，载《中国现代美学名家文丛·王国维卷》，浙江大学出版社 2009 年版，第 55 页。

② 同上。

③ 陈平原、夏晓红：《中国小说理论汇编》第一卷，北京大学出版社 1997 年版。

④ 徐念慈：《小说林缘起》，载陈平原、夏晓红编《中国小说理论汇编》第一卷，北京大学出版社 1997 年版。

术规律：一是“醇化于自然”；二是“现个性者”；三是“美的快感”；四是“具象化”；五是“理想化”。

二 报刊构建审美文学观念的方式

一是创办审美文艺期刊提供传播西方审美文学观念的文化环境，通过这个媒介环境影响信息的创作者和接受者审美趣味的形成。现代大众传媒出现之后，大众接受信息的来源越来越相近，从而形成大致相同的媒介文化。麦奎尔早就指出，“无论我们能够在多大程度上形成自己个人的观点，都还是非常依赖媒介来获得更广泛的‘符号环境’（我们脑海中的图像）。正是媒介促成和他人一致的成分，因为现在我们往往共享几乎同样的媒介来源和媒介文化”①。这种媒介读者在文化环境的浸淫之下逐步接受媒介化的文化影响，媒介文化对人的重塑也就发生作用了。对于印刷媒体来说，近代报刊能够使信息或符号得以传播到时间或空间遥远的（或时间空间同时遥远）个体身上。近代报刊的中介让我们观察事件获得体验的窗户从而延伸我们的视觉，使我们能够自己发现正在发生的事情而无须他人的介入。

20世纪初前后，大量文艺报刊的出现为文学的发展提供了一个文学场，在这个文学场域中，各种文学要素之间相互作用、相互影响，形成一个文学信息环境。这个环境中存在的与文学有关的作为个体的信息接受者必然受到其影响。对于清末民初的那个时期来说，自梁启超等人倡导“三界”革命提倡“新小说”以来，利用小说进行政治启蒙已然蔚成大观，大量的以文学为政治工具观念导向的小说充斥着文坛和文化市场。但是由于这种急迫政治功利性的诉求导致以政治启蒙为导向的启蒙文学大多放弃了艺术追求，导致其说教味色彩浓烈、质量低下，一时引起部分文学精英的不满。正是在这种环境的迫使下，像《小说林》等一批文艺期刊就公开对以政治为导向的功利的文学观念进行反拨。《小说林》《游戏世界》等追求纯文艺的期刊以及登刊审美文学的非文学期刊开始成为审美文学观念提倡者坚守的阵地，如《教育世界》发表了几乎所有的王国维关于审美文学的理论文章；《河南》刊登了鲁迅、周作人兄弟早期关于文学审美的重要作品。

① ［英］丹尼斯·麦奎尔：《大众传播理论》，催保国、李琨译，清华大学出版社2010年版，第66页。

虽然这一时期从总体上看来，以审美无功利的观念为导向的文艺期刊为数不多，但在一定的范围内也形成了一个相对独立的文学艺术环境，在这个环境中审美的无功利的文学得到推崇。

这种由审美文学观念为导向而形成的文化环境，其影响可以分为两种：一是对身处环境中的作者和读者的影响。这种影响又包括三个层次，第一个层次是对接受者认知层面的影响，即接收到外部环境中的信息作用于作家和读者的知觉和记忆系统，从而引起他们关于审美文学知识的改变。他们原本可能没有关于现代审美文学方面的知识，在受到这些文学期刊提供的信息，如王国维对叔本华哲学的介绍，徐念慈对黑格尔绝对理念的推崇，鲁迅对尼采的引进等，这些从西方介绍过来的关于现代文艺审美的理论，使得作家和读者在知识构成上发生了变化。第二个层次是对接受者心理层面的影响。接受了新的知识、新的信息，经过时间的酝酿信息的数量不断积聚，很快就会发生质的变化进而引起接受者的感情、情绪的内在心理变化，产生新的情感的体验从而进一步影响到其观念甚至价值体系的改变。正是由于接受者的心理受到了审美文学观念的影响，他们关于新的文学观念才能有得以形成的内在心理条件。第三个层次是对接受者行为层面的影响。从认知层面到心理层面的改变最终会通过接受者外在的语言、行为表现出来，也就是我们说的“外化”，其实这个过程也就是信息影响从认识到心理到行为不断递进的过程。其次对审美文学小环境之外的其他文学的影响。这种影响是在大的文学场中文学各要素相互作用而产生的，各种文学流派观念为其崇信的价值取向既有相互吸收对对方优点的取向，同时又有互相争论的一面。正是在这种既融合又竞争的文学场域中，不同的文学观念才得以共存并发展形成清末民初多元文学共生的局面，造就了那个时代文学繁荣。

二是文艺报刊的生存策略催生文艺报刊专门的审美价值的取向。每一种文学观念的形成一方面与作者有关联，另一方面又与读者相关联。特别是近代报刊的市场化生存迫使他们不得不关注读者的阅读需求。在大量的同行业竞争中，如何保持不败之地是报刊首先要解决的问题。一个很好的处理方式就是报刊的专业化。在很大程度上说这种专业化就是专门化，针对特定的读者而创办报刊来获取自己的生存之道。“报刊小说的发行旨趣，客观上划定了小说阅读队伍，其分类的实践本身，就是为了满足不同读者的审美趣味。"① 部分文艺期刊审美文学的追求就是这样一种细化读者群体的策略。所以在某种程度上讲，"晚清民初小说的审美功能，主要是表现在新小说家对小说杂志的美观追求和对读者阅读情趣的弥补上，这也是晚清民初小说期刊生存策略的具体表现"②。

一方面就是创作报刊游戏文章来增强作家对审美自由的认同。清末民初，有一批文人由于受到时代的影响沦落为社会的边缘人，他们的社会身份的变化很大程度上影响了他们的人生观和世界观。这种人生际遇的落差又进而影响他们对于文学的理解。他们中最突出的就是以"寅半生"为代表的一批走向现代传媒的失意文人。寅半生原名钟俊文，他自己说曾经多次参加科举考试，最后一次已经考取但受到科场事件的影响临榜被废黜。这样就断绝了他的仕途之意走向另外一种人生。1906 年他在杭州创办《游戏世界》倡导一种游戏的人生。该杂志创刊号中寅半生就说："西人有三大自由，曰思想自由、言论自由、出版自由，吾则请增为四大自由——曰游戏自由。"③ 这种游戏并非通常意识上的游戏，而是他们对自我意志的一种展现，是对晚明以来独抒性灵的一种借照，实际上是强调对个体自我内心意志的自主，是心灵的自由及其文字表达的自由。"世界人众，竟谈自由，而吾人谓以上世界未必果有其自由之权力也。世界之独可以自由者，惟吾性情。性情之可以发达自由者，惟吾笔墨。笔墨之可以挥洒自由者，惟游戏文章。"④ 从这里我们可以明确体会到他们倡导的游戏文章是一种心灵性情自由表达的最好方式，是展现自我自由的一种最好方式。因此从文章的审美层面上来讲其精神追求的意味十分浓郁。他们强调文章的传世价值而不满当时文章的功利取向，也是他们倡导审美文学的一个重要的原因，"循是以往，小说之书，有不汗牛充栋者几希？顾小说者是其盛，而求一良小说足与前小说媲美者卒鲜。"⑤ 他们对游戏文章的推崇明显有意识地与功利的文学观念保持一定的距离而倡导一

① 贺根民：《中国小说观念的近代化进程》，齐鲁书社 2010 年版，第 62 页。

② 同上书，第 267 页。

③ 寅半生：《〈游戏世界〉发刊词》，《游戏世界》1906 年第 1 期。

④ 乐堂无虚我生：《游戏世界·序》，《游戏世界》1906 年第 1 期。

⑤ 寅半生：《〈小说闲评〉序》，《游戏世界》1906 年第 1 期。

种非功利审美的文学观念的独立倾向。

另一方面是近代报刊以图文结合的方式增强刊物的美感。《新小说》“专门搜罗东西古今英雄、名士、美人之像，按期登载，以资观感。其风景画，则专采名胜、地方趣味浓深者，及历史上有关系者登之。而每篇小说中，亦常插入最精致之绣像绘画”①。申报馆创办的《点石斋画报》就是这种以图配文最为成功的刊物。据阿英回忆，“清末点石斋创刊后，石印小说戏曲风行一时，长篇巨制，插图往往多至数百幅，至今为藏书家所珍”②。清末民初的文化出版业的各种策略，强化了人们对图像叙事功用的认知。特别是当时大部分文学期刊更喜欢用美女画像作为杂志封面来吸引和招徕读者。包天笑就回忆了当时《小说时报》是如何开始这种创举的。他说：“从前办那种文艺杂志，也很注意于图画，尤其是小说杂志。《小说时报》除了在小说中偶有插图外，每期前幅，还有许多铜板画图。这些铜板画图，有的是各地的风景，有的是名人书画，但狄平子以为这不足以引人兴趣，于是别开生面，要用那时装美人的照片。”③ 文艺期刊对图画叙事功能的重视表明他们已经有意识地发掘图画中蕴含的审美价值，这在某种程度上对审美文学观念的形成有一定的推进作用。

---

① 梁启超：《中国唯一之文学报〈新小说〉》，《饮冰室合集》，中华书局1989年版，第59页。

② 阿英：《小说三谈·清末石印精美图小说戏曲目》，载《小说闲谈四种》，上海古籍出版社1985年版，第126页。

③ 包天笑：《钏影楼回忆录》，中国大百科全书出版社2009年版，第429页。

第五章

近代报刊与文学文体的现代转型

本章将讨论近代报刊与中国文学文体现代转型之间的关系。根据童庆炳先生对于文学文体的研究，我们把文体分为三个层次：第一个层次是体裁的规范；第二个层次是语体的创造；第三个层次是风格的追求。[①] 因此，我们将进一步重点探讨近代报刊与文体的这三个层面关系的重要问题：一是近代报刊与文学体裁的现代转型；二是近代报刊与现代语言风格的形成；三是近代报刊与现代写实主义思潮的形成。

第一节　近代报刊推动文学体裁格局变化

近代报刊对文学文体的影响首先外在地直接表现在它改变了传统的文学体裁的格局，使传统诗文从文体中心走向边缘而小说却成为现代文学中最为重要的文学体裁。这种文体格局的变化带来了中国现代小说理论资源吸收合法性问题的解决。小说文体中心地位的确立使它从中国传统文化吸收资源和借鉴西方文学观念、艺术形式等方面具有了合法性。同时由于现代传媒自身的性质驱使文学体裁进行调整改变，调整之后就产生了现代的报刊长篇连载这种全新的文学体裁，并在这个体裁的基础上最终形成了现代短篇小说新的文学形式。

一　报刊推动小说从边缘到中心

小说文体格局的变化与西方文化的冲击有一定的关联性，“西洋小说的输入，改变了传统的文学观念，中国小说开始从文学结构的边缘向中心位移；小说的升值，又引起更多的文人学士对西洋小说技巧

---

① 童庆炳：《文体及文体创造》，云南人民出版社 1994 年版。

的关注；西洋小说帮助中国作家重新发现传统文学的表现手法；中国作家对传统文学表现手法的阐述和运用，反过来又加深了对西洋小说的鉴赏能力，提高了借鉴西洋小说技巧的自觉性”[①]。根据这个思路，陈平原提出了一个大胆的论点，他认为，中国小说的现代转型是在西方文学的刺激下的本能反应。他说：“转变基于两种位移的合力：第一，西洋小说输入，中国小说受其影响而产生变化；第二，中国文学结构中小说由边缘向中心位移，在移动过程中吸收整个中国文学的养分而发生变化。后一个位移是前一个位移引起的，但这并不减弱其重要性。”[②] 陈平原这种“刺激—反应”的观点是借鉴了西方汤因比的观点。而汤因比关于中国文学的论述被李欧梵介绍到中国后又影响了陈平原。陈平原用这种理论对中国小说的现代转型做了全面深入的论说，有力地推动了关于中国现代小说的研究。这种观点虽然指出了中国小说现代转型的一个重要的原因，但是却过于强调中国小说发展的外因，过于强调西方小说对中国小说的刺激导致中国小说被迫做出反应。这看似很有道理，其实却忽视了中国小说内在变革的动向。其实在西洋小说引进中国前，在中国文学结构中小说就开始出现由文体边缘向中心发展的倾向，从唐传奇、宋话本到明清章回小说的发展来看，这种倾向就已经出现了，特别是一些士大夫致力于提高小说的地位。金圣叹对小说的点评，一个重要的出发点就在于提升小说的文体地位，所以袁进就说：“在西洋小说输入之前，中国文学结构中小说已经由边缘开始向中心位移……而且小说的地位也确实在提高。”[③] 如果我们再把眼光放到清末自西方传教士创办的报刊上刊登西方的小说之始，西方小说并不受中国读者的欢迎，这在很大程度上说明以这种“刺激—反应”理论分析中国小说现代转型存在着缺陷。由此，我们可以看出中国小说的现代兴起主要不是西方小说的刺激，而是中国小说自身寻求现代变革的内在动力在驱使。

这种内在的驱动力到底是什么？根据麦克卢汉的“媒介即讯息”的著名论点，我们如果从人类历史的漫长发展过程来看，真正有价值的讯息不是各个历史时期的具体传播内容，而是这个时代所使用的传

① 陈平原：《中国小说叙事模式的转变》，北京大学出版社 2010 年版，第 257 页。

② 同上书，第 14 页。

③ 袁进：《中国小说的近代变革》，广西师范大学出版社 2003 年版，第 131 页。

播工具的性质及其开创的可能性。也就是说，媒介是社会发展的基本动力。因此本文认为，驱动中国小说现代转型的动力是晚清以来近代报刊业的发展，为小说带来新型的传播媒介。正是近代报刊新型现代传播媒介的出现带来了文学传播方式、文学生产方式和接受方式的革命，成为驱动中国小说现代转型的重要动力。

在中国传统社会的文化体系中，小说一直是依附于史，处于一种对史起补充的地位。班固《汉书·文艺志》就说“小说家者流，盖出于稗官，街谈巷议，道听途说者所造也”。在中国传统文化中史的地位一直很高，小说因为其虚构性不为史所承认。这其中所隐含的就是小说不能承担起载道功能，只是休闲娱乐的东西是不能进入文学的殿堂的。鲁迅先生就明确地指出“在中国，小说是向来不算文学的”①。且不说小说，就是在文学内部各种文体的地位也是有等级的，地位高下的标准是根据其在社会维持中的作用及与政教的关系。处在核心地位的是“文”，然后是“诗”。诗文之外是词曲，“词为诗余，曲为词余”。而小说“不登大雅之堂”，不能进入文学的殿堂，处在最为边缘的地带。小说处于边缘地带不得入文学之林的低下地位使中国传统小说的发展颇多曲折。由于正统文人们所持的这种文学观念的影响，创作小说被视为文人末路。小说只能是那些在仕途上走不通的下层文人创作运用的文体，而且这种观念根深蒂固，要改变一种观念很不容易，中国小说观念的改变尤为不易。

但中国小说又是幸运的。自 19 世纪以来，西方近代报刊引进中国，引起中国近代新闻传播的发展繁荣；新闻传播业又与文学联姻，带来了中国文学生产机制、传播机制和接受机制的大变革。新闻和文学之间有着本质的区别，新闻强调的是真实性而小说侧重的是虚构性，两者之间原本有着较大的差异。但是随着现代大众传媒与文学的联姻，小说与新闻之间的关系变得复杂起来。哈贝马斯就阐述过它们之间在大众传媒中的关系：“最终新闻报道不得不装饰起来，从形式到风格都近似于叙述新闻故事。事实和虚构之间的严格界限日趋消失了。新闻和报道甚至于编者评论都以消闲文学的行头分式起来，同时，纯文学文章则一心一意瞄准着，以严格的现实主义方式，复制完全成为陈词滥调的现实，于是，从这一方面来看，小说和报道之间的

① 鲁迅：《草鞋脚》，《且介亭杂文》，人民出版社 1985 年版，第 14 页。

界限消失了。”① 哈贝马斯在这里明确指出了现代大众传媒导致新闻报道和小说之间的界限被突破，小说和新闻报道之间形成了一种同构关系。正是这种同构关系使得随着现代大众传媒的发展，现代小说文体得以崛起。小说从边缘迅速跻身于文学之林并成为文学体裁中最为重要的一种文体。如果我们以中国现代传媒的发展情况来看，在早期近代报刊草创的起步阶段，由于制度的不完善、采编人员的缺乏导致报刊新闻信息严重不足，但新闻报刊却是具有固定的版面、定期出版发行，具有严格的时间要求不能随意延期出版。正是因为新闻采编体制的不完善导致新闻信息的缺乏，小说就被吸收到新闻报刊中来填补因版面信息不足而留下的空白。同时在市场环境中生存的报刊为求发展就必须想办法招徕吸引读者。而小说这种处于边缘的文体由于受到“载道”观念的影响比较小，具有鲜活的生命力，同时故事性强情节曲折很能吸引读者。在近代报刊发展的起步阶段新闻文体意识没有确立的情况下，小说文体就很快被纳入新闻写作和阅读之中，成为报刊刊登的重要内容。“新闻报刊的成功影响到了文学报刊的创办及小说文体。同新闻报刊要求新闻材料的真实可靠一样，晚清小说吸收新闻文体的特点，努力向新闻文体接近，试图给读者真实印象，小说文体又向新闻文体屈服和利用。”② 在此要强调的是小说对新闻文体的形成有着重要的影响。正是因为小说与新闻报刊的同构关系，使小说文体受到新闻报刊的影响。

新闻报刊带来了小说的生产机制和传播机制的大变革。就小说的生产来说，传统小说从唐传奇、宋话本到明清小说大多是说书人的底本。他们主要是通过说话的方式来进行文学文本的再度创作，文学文本处于一种开放的状态之中。但近代报刊出现之后就不一样了。由于近代报刊繁荣，小说生产机制发生了变革，小说特别是长篇小说这种文字众多、篇幅巨大的文体能够借助于现代的印刷业进行规模化大生产，而且这种生产很容易进行文学文本的大量复制。这在技术层面上为小说地位的提升奠定了基础。同时近代报刊的繁荣造就了一个繁荣

① ［德］哈贝马斯：《公共领域的结构转型》，曹卫东等译，学林出版社 1999 年版，第 196 页。

② 周海波：《现代传媒视野中的中国现代文学》，博士学位论文，山东师范大学，2004 年。

的文化消费市场。“传播媒介的变革对20世纪中国文学最为明显的影响，在于它促进了现代文化市场的发育，使文学成为一种公众的事业。”① 在这个市场中，城市市民成为文化的主要消费者，他们有能力购买并消费近代报刊提供的低廉的文化产品。而近代报刊的价格又由它的发行量所决定，发行量愈大价格愈低。正是在这个层面上来说，小说这种文体正好迎合了市民读者的文化需求。“市民生活节奏的频率空前增进，人们觉得脑力和筋肉的弦绷得太紧，工余或夜晚需要松弛一下被机械的运转皮带搅得太紧的神经，这就需要娱乐和休闲。”② 有需求就有市场，有市场就有生产。清末民初，各家报刊不断登刊求小说的广告遍求小说。为了能得到好的小说，各家报纸杂志还开出诱人的条件给小说作家付稿酬，这在传统小说作家看来是不可想象的。“文本的销量直接影响到文本作者的切身利益，它便能起到刺激创作者创作文本的兴趣与热情。”③ 正是因为创作小说有利可图，吸引了越来越多的文人参与到小说的创新中来。这就解决了小说创作中生产者队伍的稳定性问题。一支稳定的同时又不断扩大的职业小说家队伍源源不断地生产出大量的小说作品来满足城市市民读者旺盛的文化需求。据阿英统计，清末民初出版的小说作品有数千种之多。小说创作的繁荣在一个方面保证了小说文体地位的提升。

近代报刊在另一方面又彻底改变了小说的传播方式。在传统农耕社会里，小说的传播主要依靠人际传播的方式进行，也就是说书人的讲述以及在人与人之间以手抄书的形式进行传阅。这种人际传播方式主要受制于传播载体，通过说书人的口头声音传播主要依靠人的大脑的记忆，小说在传播中缺乏稳定的物质载体。人脑记忆的有限性使小说的传播体现为一种明显的即时性，其传播效果相对来说也缺乏持续性。手抄本人际传阅的传播方式又局限于特定的人际圈子，明显地受地域和空间的制约，这种传播方式对小说的影响空间制约是致命的。但近代报刊出现之后就打破了传统小说在时间和空间上的瓶颈。“印刷事业、交通事业日渐发达，发行网不断扩大，出版商容易维持，书

① 栾梅健：《前工业文明与中国文学》，广西师范大学出版社2006年版，第57页。

② 范伯群：《中国近现代通俗作家评传·总序》，南京出版社1994年版。

③ 栾梅健：《前工业文明与中国文学》，广西师范大学出版社2006年版，第50页。

店如雨后春笋，小说作品的出路也随之开阔了。”① 由于其批量性的大规模生产及其容易复制的特性，现代小说传播打破了空间的制约，不同地域的读者在相同的时间内能够同时阅读同一部小说，读者们有了共同的关于小说的话题，这个话题又成为他们日常交流的话题。这样近代报刊传播小说文体又转变为读者日常生活中的文本，进而强化了读者对小说文体的认同。

小说戏曲等传统文学格局中的俗文学的文体地位的上升，从边缘进入文学文体的中心，导致原来处于中心位置的诗文开始边缘化。这种文学文体的此消彼长彻底改变了传统的文学文体格局。正如陈平原先生指出的：“文类中心化或边缘化，不只是一种‘位移’，而且是一种‘变形’。被赋予或被剥夺某种特权，会深刻影响此一文类的发展前景。”② 其带来的影响也是深远的。

二　文体格局变化的影响

文体格局的变化带来的影响是深远的。“从晚清到五四，革新者的一个重要策略，就是颠覆原有的文学结构，改变原有的文学等级，让边缘的与中心恢复对话乃至互相换位。”③ 这种对话在两个维度上体现出来，一方面，小说成为新文体的中心，它自由吸取传统文化理论资源的合法性得以确认，同时小说又可以借鉴西洋文学的手法及其小说观念；另一方面，走向边缘的文体解脱了被附加在其身上的“载道”枷锁获得新的解放。

一是文体格局的变化带来中国小说文体吸收中国传统文学养料的合法性，使中国传统文体得以解决获得现代转型的内部理论资源来源的问题。在中国传统文体格局中，小说一直吸收各种文化资源为小说文体发展服务。对于文学来说这种开放的态度本来是值得提倡的，但是在传统观念的支配下，正是这种广取博采是使小说文体被视为“小道”的一个重要的原因。研究者一直认为中国小说地位低下，他们经常引用的就是班固《汉书·艺文志》中关于小说的论述：

---

① 范烟桥：《民国旧派小说史略》，载魏绍昌编《鸳鸯蝴蝶派研究资料》上册，生活·读书·新知三联书店1980年版。

② 陈平原：《小说史：理论与实践》，北京大学出版社2010年版，第68页。

③ 同上书，第67页。

> 小说者，盖出于稗官。街谈巷语，道听途说者之所造也。孔子曰："虽小道，必有可观者焉。致远恐泥，是以君子弗为也。"然亦弗灭也。闾里小知者所及，亦使缀而不忘。如或一言可采，此亦刍荛狂夫之议也。

班固对小说指责的理由是这两点：一是小说浅薄。这里的浅薄是指小说不能提供关于治国平天下的大道，而是流于道听途说的街谈巷议；二是小说没有独立的学术渊源，依靠寄托在其他学说之上，从小说中能够发现其他各种学说的影子。这两个理由我们可以很明确地概括为，一是无家数出处，学术无所出的渊源；二是庞杂收罗，内容怪诞。根据这两个理由，班固将小说定位为"小道"。但以我们以现代的观念来看，小说本来就不是以追求学术新知为最高目的，它只是追求叙事修辞过程中的趣味。也就是说，小说家本来就不以家数见长，而以叙事和修辞为它的根本特色。从这个方面来说，小说的审美性质要远远大于它的学术新知的价值目标。如果我们硬是要求把这种以操控文章来获得审美趣味为追求的文体，纳入治国济民的框架中去，这大大超出了小说能够承载的能力。重视叙事和修辞的小说从各家各派吸取其需要的东西，本来这种兼收并蓄的开放姿态值得提倡，但是在先秦的时代由于学术的争鸣，各家各派门户林立，他们之间的界限明确。小说从各家吸取优秀资源的做法引起了其他各家的不满从而不能获得承认。小说就像可怜的蝙蝠既得不到兽类的承认又得不到禽类的认同，处于一种边缘的尴尬境地。

清末民初现代传媒的发展带来了传播方式的变革后，小说地位的急剧上升成为"文学中最上乘者"。这种文体地位的转变有赖于清末借助于近代报刊的启蒙运动。启蒙运动的领袖们看到小说在中国传统社会中的巨大的影响力，以期借助小说为工具进行启蒙。为达到这个目的，他们就对小说进行改造，将"诲淫诲盗"的旧小说改造为开化民智的"新小说"。也就是说，将传统没有承载载道功能的小说赋予其"载道"的功能。这样小说文类就堂而皇之地进入了现代文学的殿堂，进而成为新文类格局中的佼佼者。正是这种地位的变化使小说可以光明正大地吸收中国传统文化的精髓为小说文体发展服务，再也不必因采百家之长而受到指责。"晚清新小说在从文学结构的边缘地位向中心地位移动的过程中，就曾吸收笑话、逸闻、答问、游记、日记、书信等，为其新的叙事模式的形成提供必要的养分。”[①] 而与此相反，小说正名之后，诗歌开始退出小说写作的文本之中，小说不需要再借重诗歌来作为凭依，这成为现代小说写作的一个特色。在这一时期，论说文被纳入小说之中来传达启蒙思想，如《新中国未来记》中，黄克强大段大段的论说。周作人在考察新文学的源流的时候，也认为“五四”新文学的源流是晚明的文学精神在新的文学形式中的反映和展现。小说这种新崛起的文体吸收中国各家各派的文化资源从此有了合法性，再也不会因为其广泛采纳而受到指责和批判。但是其代价也是非常大的，新的载道功能使小说越来越偏离其原本追求的叙事和修辞目标，使小说逐步弱化对遣情娱乐的追求而将重心转向政治意识形态的诉求。

二是新崛起的文学文体可以名正言顺地借鉴西方的文学观念和文学手法，促进中国文学文体的现代转型。这是从两个方面来说，在传统作家的观念中西洋小说不如中国小说，他们认为西方没有像中国的《红楼梦》这样伟大的小说。这是因为对西方文学（小说）不熟悉，造成观念上的文化偏差。在文化上采用保守的“以中拒西”的立场来行事的结果，说到底根本原因在于他们文化视野的狭小导致盲目的自大。但是随着近代报刊对西方小说的引进，这种保守的文化观念逐步被打破，被新的“以中化西”的立场所取代。在这种新的文化观念的代际嬗变过程中，近代报刊发挥了重要的作用。近代报刊对西洋文学大量翻译介绍使大量的西洋小说进入中国读者的视域，大大拓展了他们关于西洋小说的认识视域，从而使他们发现西洋也有像中国伟大小说一样的优秀文学作品，西方有的某些小说类型中国却没有。加上维新运动的政治诉求，他们刻意抬高小说在西方现代民族国家构建过程中所发挥的作用，这也在无意之中强化了当时读者对西方小说的印象，也让西洋小说为传统小说的现代转型资源的合法地位奠定了重要的基础。

对西洋小说的借鉴，第一个步骤就是大量翻译西洋小说。根据陈平原先生的考证，1840 年到 1896 年发表的西洋小说总共为 7 篇。这也就是说在戊戌维新之前我们翻译的西洋小说是非常少的，说明我们对待西洋小说观念还存在着严重排斥的保守倾向。在这一时期，国内

① 陈平原：《小说史：理论与实践》，北京大学出版社 2010 年版，第 68 页。

的翻译机构将翻译的重点放在对西方科技、政法方面知识的翻译上，“泰西有用之书，至藩至备，大约不出格致政事两途”①。1898年的政变后，中国国内对西洋小说开始重视起来。这种“转折的主要契机主要还不是文学，而是小说”②。从1896年到1916年的20年中，国内大约出版了800多种外国小说。更为重要的是一大批有影响力的登刊翻译小说的文学期刊涌现，开启了现代文学“以刊物为中心”的时代。1902年《新小说》创刊；1903年《绣像小说》创刊；1904年《新新小说》创刊；1906年《月月小说》创刊；1907年《小说林》创刊；1909年《小说时报》创刊；1910年《小说月报》创刊；1915年《小说大观》创刊……这些小说期刊在输入和传播西洋小说过程中产生了重要的作用。正是因为新小说家们利用了近代报刊这种大众传播而不是其他，这在某种程度上决定了他们选择翻译西洋小说的审美标准和审美趣味。

在清末民初的翻译热潮中，西洋通俗作家的作品被作为译介的重点，柯南道尔的侦探小说、小仲马的言情小说等成为翻译小说中最受欢迎的作品。新小说家选择这种以长篇为重点、以通俗小说为主的策略，一个重要的原因就在于近代报刊的读者是一个大众的读者，这些读者还保留着传统的以“情节为中心”的阅读心理，阅读欣赏侧重于故事的趣味性，这正是通俗小说流行的原因。加上维新领袖们刻意的政治利益诉求，西洋的政治小说、科学小说、军事小说等小说类型备受推崇。这种报刊因素制约对西洋小说的引进在很大程度上有着局限性，它使西洋一流小说家的作品很少被引进，那些严肃的社会小说大家的作品要等到后来的“五四”一代职业翻译家来完成清末小说家们未竟的事业。但正是因为清末民初报刊大量的翻译作品中国化处理方式，西洋小说的中国传统小说化翻译处理使中国读者有兴趣进一步探究西洋小说的魅力。如果我们设想下当时的报刊站在高起点、高艺术标准的立场，翻译的都是像契诃夫等人的作品，恐怕早就将读者给吓走了。有的时候好的东西并不一定能被大众读者接受。由于阅读习惯和趣味的不同，他们接受西洋小说有一种惯性的力量在起作用。因此对西洋文学的引进必须用时间换空间的思维方式，即选择通俗化的、

① 高凤廉：《翻译泰西有用之书籍议》，载《晚清文选》，生活书馆1937年版。

② 陈平原：《中国现代小说的起点》，北京大学出版社2005年版，第29页。

趣味性强的、适合大众口味的作品并进行中国化的处理，让中国的读者在接受的过程中培养出一种新的、现代的审美趣味，从而最后接受西洋严肃的现代小说。对学习西洋小说的第二个步骤就是进行模仿创作，也就是在创作的过程中借鉴西洋小说的艺术手法创作出自己的作品。

三是中国传统诗文文体从中心到边缘之后，由于卸却了“载道”的功能，获得了新的发展。“伴随着小说走向中心的，是散文的退向边缘。而退向边缘的散文，因不再非承担‘载道’的重任不可，而让潇洒灵空、讲韵味、重个性的一面得到比较充分的发展。”①

三　报刊创新文类形式

一是创新小说文类形式：长篇小说报刊连载形式的开创与近代报刊对短篇小说地位的提升导致现代短篇小说文类的崛起。近代报刊对小说文体的最大影响之一就是创造了长篇小说报刊连载这一独特的小说传播形式。其实在西方现代小说兴起的过程中，也曾出现过长篇小说这种报刊连载的方式。据瓦特在《小说的兴起》一书中的研究，在英国近代小说的兴起过程中出现了长篇小说报刊连载这一特殊形式。中国最早采用报刊连载长篇小说的是《申报》，其老板美查是英国人，有可能是他将西方这种报刊连载的形式引进到《申报》中来。可以这么认为，报刊连载是近代报刊对文学的需要，同时也是文学适应报刊这种新型的传播载体的变通。就如学者所说：“长篇连载是报刊对小说文体更为具体生动的‘干预’和限定，而长篇连载又反过来对报刊也形成了更为有利的牵制和影响。”② 近代报刊需要依靠小说招徕读者，扩大自己的销售量获得经济回报。与此同时，近代报刊的生产周期很短需要大量的小说来填充报纸的版面，而长篇小说正好满足了报刊的这种需求。但是由于报刊的版面限制不可能一次性将一部长篇小说全部登刊完毕，只有采用变通的方式——将一部长篇小说分成若干适应报刊版面内容需要的章节，以每期登刊若干章节的办法来解决这一问题。于是“连载”的小说形式就应运而生，并成为中国现代长篇

① 陈平原：《小说史：理论与实践》，北京大学出版社 2010 年版，第 68 页。

② 李春雨：《出版文化与中国文学现代转型》，北京语言大学出版社 2011 年版，第 126 页。

小说发表的最为主要的形式。

在清末民初时期，报刊最初采用连载的形式用来登刊翻译的西洋小说。但报刊在采用连载小说形式的时候并不重视如何选择每一期内容的完整性，往往随意中断情节。一个故事没有相对完整的情节，这与中国读者阅读强调故事性的阅读习惯不相吻合，引起了他们的不满，也是西洋小说最初在中国不成功的一个原因。于是近代报刊开始重视每一期小说登刊章节故事结构的相对完整。为了达到这种要求，他们有意识地利用中国传统章回小说的回目设置使之适应读者的阅读习惯。梁启超在创办《新小说》之始就意识到了这个问题，他说："本报所登各书，其属长篇者，每号等一回、二三回不等。惟必每号全回完结，非如前者《清议报》等《佳人奇遇》之例，将就装订，读气未完，戛然中止也。"① 梁启超正是对前期连载小说缺陷的总结，提出用传统章回小说的形式进行连载形式的改良。所以就有研究者认为"连载小说在我国就是章回小说的变体"② 的观点。这个观点有一定的道理，但事实却又不是这么简单。章回小说是说书人面对听众而采用的一种叙事策略，往往在故事的紧要关头卖个关子留下悬念吊足听众的口味，报刊连载小说有相似之处但又有不同，报刊连载主要是受制于报刊的版面制约而不得不采用此下策。就读者来说他们的阅读快感被随意中断，很可能引起他们对报刊的不满，长而久之报刊可能失去读者。因此报刊连载长篇小说力求每期登刊部分有相对的故事情节结构的完整性，这样既满足了读者的阅读快感，又让读者在每天新鲜的阅读中沉迷。读者被留下并沉迷对报刊来说经济来源就有了保障。

清末民初大量报刊连载长篇小说的影响是深远的。报刊连载形式对小说的结构、叙事方式影响非常大，它为现代短篇小说的兴起创造了条件，并促使其快速成长为现代小说文体中的佼佼者，"五四"文学中成就最大的就在于短篇小说。鲁迅短篇小说为"五四"新文学树立了丰碑。但是现代短篇小说文体的兴起并不在"五四"而在清末。清末报刊为短篇小说的兴起创造了条件并进一步促使其发展成熟，其

---

① 梁启超：《中国唯一之文学报〈新小说〉》，《新民丛报》1902 年第 14 卷。

② 颜琳、於可训：《报刊的出现与连载小说的兴起》，《山西师范大学学报》（社会科学版）2001 年第 1 期。

中报刊连载长篇为短篇小说的兴起立下了汗马功劳。由于报刊连载每期登刊的部分结构紧凑、情节相对完整，几乎可以独自成篇，再往前走一步就是现代的短篇小说了。同时短篇小说与报刊的版面及其内容具有同构性，短篇小说能恰如其分地适合报刊版面的要求，其选材又灵活，各种题材都能够容易进入其写作视野，如笑话、逸闻等。所以陈平原甚至断定“笑话、逸闻介入以及报刊连载的影响……为短篇小说的兴起创造了条件”①。正是短篇小说如此适合报刊的要求，报刊便主动引导短篇小说的创作，使之成为“五四”新文学中最为耀眼的小说文类。报刊一方面登刊广告专门征求短篇小说，并用“稿酬从优”来刺激作者创作短篇小说的热情；另一方面，报刊在有限的版面中开辟专门的栏目来登刊短篇小说，并将该栏目位置放在最为主要的版面位置。在清末有一个很独特的现象，长篇小说大多是报刊自己的编辑人员创作或者向编辑熟悉的作者约稿，总体上来说并不对报刊外部的作者开放。但是短篇小说就不一样，它针对所有的作者开放，并且报刊倡导并采用自由来稿。由于短篇小说来稿量多但版面内容容纳量有限，在实事上形成了短篇小说创作的竞争态势。这也是短篇小说质量较高、成就较大的一个原因。

二是报章体散文与现代杂文等新的散文文体成为现代散文的主要文体形式。这两种文体的出现，其中一个重要的原因就是近代报刊提供给知识分子一个公共的言论话语空间。通过这个空间，知识分子可以来表达自己的政治观点和政治诉求以及他们应对当时社会热点问题的评论和观点，以期通过现代报刊的力量来干预社会、推动社会的进步发展。晚清以来的文学期刊主编的组成就可以看出这种变化。“晚清文学期刊的主编有一个从政治启蒙家到资深报人，再由资深报人向著名文学家过渡的过程，而文学的时代观念也就随着这样的过渡而发生着变化。”② 这种文学观念的变化便直接反映到了文学文体的变化上。特别是清末民初，文学刊物的主编是以政治家和报人为主，他们的政治诉求更能反映散文文体变革的要求。所以就有研究者说，“现代杂文的直接源头是清末报纸的‘时评’和‘谐文’。……这种评论

① 陈平原：《中国小说叙事模式转变》，北京大学出版社 2010 年版，第 164 页。

② 范伯群：《中国近现代通俗文学史》（下），江苏教育出版社 2001 年版，第 514 页。

本身虽有很大的缺陷，却直接地造成现代杂文的形成因素”[①]。报章体散文发轫于晚清的王韬，后经梁启超发扬光大，成为一种影响极大的散文文体。梁启超就明确地说：“自报章兴，吾国之文体为之一新，汪洋恣肆，畅欲言，所谓宗法家法，无复问者。”[②] 到“五四”后，鲁迅吸收前人的经验，在创作实践中突破了清末报纸的报章体文字的种种缺陷，为现代杂文文体地位的确立奠定了基础。但杂文与新闻密切相关联的特性是无法忽略的。现代杂文取材内容大多来源于新闻时事，呈现出一种强烈的现实批判情怀。

而“五四”现代散文的另一个重要的组成部分——小品文，也与清末报刊倡导的审美趣味相关联。清末报刊为了增强文章的可读性，广泛吸收中国传统笔记文体的优点，将奇闻逸事、人物掌故、历史知识、文人雅事，甚至他们的日常生活的方方面面都纳入写作的视域中，如清末小品文大家郑逸梅就创作了20多本小品文作品。到“五四”后，小品文成为现代散文成就最大的一种文体。这种审美消闲的文学趣味与近代报刊的另一种功能密切相关，近代报刊除了政治启蒙的功能外，它还要给读者提供娱乐休闲的愉悦。读者除了接受报刊提供的信息外，他们还需要从报刊中找到使自己疲惫的身心得到放松的休闲的文章。因此，报刊中除了以关注政治和时事为主的报章体散文外，另一种新的以休闲娱情为主要目的的小品文应运而生。清末报刊上大量的游戏文章诙谐又有味道，同时贴近读者的日常生活。所以范伯群先生就说：“中国近现代通俗文学的文化特色直接规定了中国近现代文学期刊的价值取向，同时，中国近现代通俗文学的期刊也直接表现了中国近现代通俗文学的文化风貌。”[③]

三是近代报刊对传统诗歌的革新为现代诗歌文体的形成奠定了基础。近代报刊通俗平民化的整体风格的要求，使企图借诗歌来传递启蒙思想的启蒙思想家要求诗歌在语言形式上突破传统诗歌的格律、平仄以及字数的限制，来获得内在和外在形式突破。这种突破首先表现在诗歌的内容方面。诗歌被赋予了思想启蒙的重任，使一些新思想进入诗歌创作的范畴，因此，诗歌的题材也就进入了现代化的过程中。

① 冯并：《中国文艺副刊史》，华文出版社2001年版，第28—29页。

② 梁启超：《报界以斑·中国各报存轶表》，《清议报》1901年第100期。

③ 范伯群：《中国近现代通俗文学史》（下），江苏教育出版社2001年版，第514页。

但诗歌现代转型中最为重要的是诗歌外在形式的变革。这一变革首先表现在清末开始引进新名词进入诗歌之中，通过采用新事物新名词，借以突破传统诗歌形式对表达新思想的束缚。在《清议报》和《新民丛报》两个诗歌专栏“诗文辞随录”和“诗界潮音集”中，“诗文辞随录”共刊诗歌 860 首，其中约有 15%的诗使用了 124 个新名词。这些新名词大多数是社会中流行的新事物如自由、平等、主权、文明、进化等，具有很大的社会共享性。黄遵宪 1890 年创作的《今别离》组诗 4 首借传统游子思妇的主题来赞美火车、轮船、电报、照相机以及东西两半球时差等新鲜事物，并将新事物的观念融合为自己独特的体验。在引进新名词之外，他们寻求的是言文合一也就是追求语言的白话。黄遵宪、梁启超等人对文言合一与民谣的大力提倡使白话进入诗歌，出现了大批通俗体诗歌，打破了传统文言分离、文言诗歌一统天下的局面。报刊使诗歌从民间歌谣汲取艺术养分，民歌的句子长短交错、灵活多变没有固定的程式，从而使诗歌呈现出浓郁的民俗风情。

在清末诗歌的现代变革中，对“五四”新文化影响最大的就是通过吸收散文的成分来改变诗歌的文体特征，打破诗与散文之间的严密界限就成了诗歌文体现代化新的解决路径。黄遵宪、梁启超等人通过“以文为诗歌”的办法赋予诗歌以散文文体的特征。诗歌与散文融合在一起就产生了一种全新的不同于传统诗歌的新文体，即具有散文倾向的现代诗歌。就如吕周聚先生所说的：“五四时期现代诗歌所具有的基本特征，在晚清诗歌中已呈现出来……为五四诗歌诞生奠定了基础。”① 就是退一步来说，这也表明了清末诗歌在文体形式上发生了很大变化，诗歌已经摆脱传统诗歌发展的轨迹开始向现代诗歌转型。

第二节　报刊与文学语体的转变

文类需要依靠不同的语体加以体现。所谓“语体就是语言的体式。就广义而言，语体是指人们在不同场合，不同情境中所讲的话语

① 吕周聚等：《中国现代诗歌文体多维透视》，山东人民出版社 2009 年版，第 22 页。

在选词、语法、语调等方面的不同所形成的特征”①。而我们这里指的是以体现文学的体裁并与特定体裁相配备的文学语言。

一　报刊与新语言体系的开启

文言文在中国几千年的学术规范中逐步形成了一套严缜的话语体系。这种文言的话语体系在中国数千年的文化承传中发挥了重要的作用，它不像欧洲语言体系那样以各个地方的方言为自己民族语言的主导，因此文言文很少受到时代发展带来的口语变化的影响。几千年后的读书人很容易就能读懂古人的书籍、理解他们的思想，能够通过书籍直接与古人对话。这对于英国的语言体系来说几乎是不可想象的，比如现在读莎士比亚的《温莎的风流娘们》，那种古英语让我们的阅读变得相当困难。但是中国文言文的这种特性使超越时空的对话成为可能。但需要注意的是，只有那些经过严格学术训练的读书人才能进入文言文的语言文化世界。这就将很多没有经过学术训练的大多数人排斥在这种语言体系构建的文化世界之外。正是因为这种排斥性使中国传统的士阶层能够构建起自己独特的话语权力体系。他们通过学术训练精通文言获得对传统文化阐释的权力，形成了对文化权力的垄断。正是凭借这种对文言话语体系的熟练操控对文化的垄断，他们一方面能够在政治上获得权力，建立起一种与政治权力的同盟关系；另一方面他们又能居高临下地享受对下层民众的文化教化的权力充当起下层民众与上层国家之间沟通者的角色。中国士人的权力，说到底是旧的文言体系赋予他们话语的权力。对于晚清的中国社会来说，精英与大众最为重要的区别在于：精英是经受过多年良好的学术训练能够掌握并熟练运用文言话语，而普通的大众则不能。但是传播媒介的变化带来的读者群体的转化是中国语言体系变革的另一个重要的原因。

文言的话语体系在中国历史上虽然也屡次遭受了外来的语言冲击，如佛教文化传入时梵文的冲击，但是其强大的融合能力成功地将外来的挑战融化为中华自身文明的一部分。但是到了现代社会，中国传统文化面对外来文明挑战与历史上任何一次都不同。西方现代文明是在西方强大物质文明的支撑下发起强大的冲击。它利用了现代的传播媒介，机器、报刊、火车、轮船等先进的现代传播方式被广泛应

① 童庆炳：《文体及文体创造》，云南人民出版社 1994 年版，第 119 页。

用，特别是现代传媒对文化信息的大规模生产、复制、传播，使外来的西方文化铺天盖地席卷而来，如滔天大浪持续不断地冲击着中国传统文化的大堤，并在大堤上撞击出一个个窟窿，形成一个个小缺口。缺口不断累积，最终中国旧文言的文化世界在千疮百孔中轰然坍塌。在中国旧文言话语体系的崩溃过程中，近代报刊这种全新的现代传媒发挥了重要的作用。大众报刊是以广泛的大量的不特定的多数人为传播对象，也就是说近代报刊是一种以大众为对象的传播媒介。这种传播媒介完全颠覆了传统旧文言为载体的以精英为对象受众的传播体系。近代报刊推动中国语言从传统的旧文言向新白话体系转变是通过以下几种方式进行的：

一是近代报刊大量输入现代的名词，在旧的语言体系中注入现代变革的因子。新闻报刊存在的一个重要意义就是将世界最新发生变动的信息快速地传递给受众，让受众根据这些信息来调整自己的行为以适应社会的发展变化。因此报刊对新生事物具有天然的灵敏性。清末民初，中国社会在西方外来强势文明的冲击下风雨飘摇，处在一个千年未遇的大变局中。西方外来大量的对中国人来说完全陌生的新生事物层出不穷，如涨潮的海浪一波接一波。声光电化为代表的西洋物质文明在中国的开放城市不断出现，像上海、广州等大都市，现代化的程度超出了人们的想象。但是对于绝大多数中国人来说，他们并未亲身经历这些新奇的外来物质文明，他们的接受方式是通过近代报刊所呈现的媒介文化。近代报刊对西洋文明和出现在中国大都市里的现代文明的持续的关注和报道，大量的新事物、新名词在报刊上喷薄而出。这些关于现代文明的新名词开始在中国的读者脑海里烙下深深的印痕，特别是报刊在报道时营造的西洋文明优越性的接受心理图式，更进一步加深了这种对社会民众的趋新认同。文学也不可避免地受到了这种影响，不少文人骚客将这些新名词写进了自己的诗文之中，如谭嗣同《金陵听说法诗》中“纲伦惨以喀私德，法会盛于巴力门”。夏曾佑《无题》诗云：“冰期世界太清凉，洪水茫茫下土方。巴别塔前分种教，人天从此参商。”报刊除了介绍西方的物质文明之外，对西方的人文社会知识也大量输入，这也导致了大量的西方有关西方人文社科的新名词在报刊上的泛滥，如“冷月凄凉平等国，阴风惨淡自由旗”，“通义千秋在《民约论》，中原何处主权神”。诗歌中的“平等、自由、民权、主权、文明、进化”等都是当时通过报刊输入而在社会流行的新名词。正是新事物成为人人追逐的目标，甚至引起了不少作家的反感，如《文明小史》中作者给主人公起的名字："贾子猷（假自由）"。大量新名词的输入导致当时社会上人人都在谈新事物、谈变革，为语言的革新输入了变革的因子。在旧的文言话语中没有相对应的词汇来表达这些新的外来事物词汇，为了表达指称，就在文言的话语体系之外造了很多新的名词。而这些名词对旧的话语具有很大的冲击，它在很大程度上引起语言表达的方式改变。而且在思想观念上培养了社会大众接受新事物的心理，为语言的变革酿造了良好的社会接收心理。这是近代报刊输入新名词对语言变革的一个重要的影响。

二是清末通过报刊开展的关于白话文应用讨论在整个社会范围形成"崇白话废文言"的舆论，增强了整个社会对于白话文认同的心理。清末民初在通过近代报刊输入现代域外新名词的同时，知识精英还在想象一种新的生活方式。对于当时的报人来说，他们对于时代的变化具有很灵敏的嗅觉，能够从外部世界的瞬息变化中察觉到一个新时代的来临。这个以"新名词"为表征新事物的时代不断转化为人们的记忆，事实上必然转化为人们对未来的一种全新的想象，正如维特根斯坦所指出的那样："去想象一种语言即意味着去想象一种生活的形式。"① 由此在这种想象现代生活方式的过程中启发了启蒙主义者借用语言的变革达到政治启蒙的目的。在某种程度上来说，报人是依靠出卖文字为生计的人，当新名词引发整个社会人人都在谈变求新的时候，他们不可能无动于衷。他们在操练报刊文字的实践中，以一种应用语言者的角色发现了言文分离的种种弊端，进而在报刊理论上加以阐发，以期解决当时报刊运动中的文言写作的精英倾向与它倡导的以大众为对象之间的矛盾。前面我们在探讨报刊启蒙的时候就已经讨论了报刊通过议题设置，将重要的议题通过报刊引导整个社会大众参与讨论从而上升为全国性的议题，对于白话文语言体系的讨论也是采用了这样的方式。清末从上层的知识精英到下层的普通民众，都对这个议题保持了持续的关注，倾注了大量的精力。自黄遵宪提出关于文言合一的主张开始，响应者云集。黄遵宪在1895年《日本国志·文学志》中就说：

① ［奥］维特根斯坦：《哲学研究》，汤潮、范光隶译，上海三联书店1992年版，第35页。

"盖语言与文字离，则同文者少；语言与文字合，则通文者多，其势然也。……余又乌知夫他日者不更变一文体为用于今，通行于俗者乎？嗟夫！欲令天下之农工商贾妇女幼稚皆通文字之用，其不得不于此求一简易之法哉！"① 而黄遵宪的观点又被梁启超所继承发展。梁启超在前期辅助康有为开展维新运动的时候，参与并主持了当时《时务报》的工作并担任该报的主笔。他在实际的报刊文字写作过程中，深刻认识到黄遵宪的观点对于开展文学运动的重要性。梁启超清醒地指出："我国民不得不疲精力以学难学之文字，学成者固不及什一，即成者矣，而犹于当世应用之新事物、新学理多所隔阂，此性灵之发所不锐，而思想之传播所以独迟也。"② 文言文对于清末开展的维新运动形成了束缚，依法黄遵宪、梁启超等人的反思，他们设想的路径是采用改良的方式在旧文言的话语中加入新的因素，他们并没有明确地提出要彻底与文言文告别而采用白话文这种全新的语言形式。

1898年裘廷梁在《无锡白话报》上发表《论白话为维新之本》一文，正式提出"崇白话废文言"的理论主张。他指出："有文字为智国，无文字为愚国，识字为智民，不识字为愚民。"但中国"有文字而不得为智国，民识字而不得为智民"的根源就在于文言带来的危害，文言文是造成中国国民愚昧的根源。"文言之害，非独商受之，农受之，工受之，童子受之，今之服方领习矩步者皆受之矣；不宁惟是，愈工于文言者，其受困愈甚。二千年来，海内重望，耗精弊神，穷岁月为之不止，自今视之，仅仅足自娱，益天下盖寡。"他进而惊世骇俗地明确提出："使古之君天下者，崇白话而废文言，则吾黄人聪明才力无他途以夺之，必且为有用之学，何至暗没如斯矣？"③ 清末白话文理论倡导的另一位重要人物是陈荣兖。1900年他在《新知报》发表了《论报章宜改用浅说》，也从开启民智的角度阐释了白话文是将民众从黑暗的陆沉世界拯救的唯一途径。这些理论文章进而通过报刊改用新的白话语言，推动了清末民初的白话文运动的开展。在这些

① 张艳华：《语言选择与文体流变》，山东大学出版社2009年版，第38页。

② 梁启超：《新民说·进步论》，载王遽常编《梁启超诗文选注》，人民文学出版社1987年版，第207页。

③ 裘廷梁：《论白话为维新之本》，载舒芜等编《中国近代文论选》（上），人民文学出版社1999年版，第176页。

白话文理论的倡导下，一波采用白话语言为主要媒介的白话报刊创办潮在迅速崛起，很快就形成一个声势浩大的启蒙浪潮。

三是清末利用报刊进行的启蒙运动，在实践中确立白话文为现代话语体系的发展方向。李泽厚在《启蒙与救亡的双重变奏》一文中指出了救亡与启蒙是现代文学的两个重要的主题。这个观点对我们的研究具有非常重要的参考值，它深刻反映了清末民初的时代主题。近代中国遭受外来的侵略，民族处于危亡的边缘，为挽救民族的危机，从林则徐、魏源等先知先觉者开始，一批批仁人志士为救亡奔走呼号，特别是 1895 年中国再败于东亚新崛起的小国日本之时，整个中国社会深受震撼才在全社会形成民族的危机意识，所以才出现了 1898 年的维新运动。这个运动其实开始于 1895 年的战争。在 1901 年之前中国的启蒙运动主要是在中国上层知识阶层之间进行的，但 1898 年维新的失败促使中国的知识精英进一步来思考失败的原因。他们逐步认识到，他们之所以失败，一个重要的原因就是维新没有得到来自中下层社会的支持而孤军奋战。在总结经验的基础上，他们认识到中国改革的成功必须有成功的土壤——现代的国民。为了造就新国民就要改造我们的传统文化，使之能孕育出新的国民。但是如果没有 1901 年的义和团事件，清末的下层启蒙运动也许不会开展得如此急切。义和团狭隘的民族情绪被清统治者所利用，导致八国联军进入北京造成民族耻辱。这让上层的知识精英进一步认识到，中国的国民是何等愚昧！开展下层启蒙是何等急切！正是在这种背景下，一场声势浩大的下层启蒙运动开展起来。

前文我们在讨论报刊与启蒙的文学观念的时候，已经详细讨论了报刊是如何促进启蒙运动的开展，在此不进一步阐释。但我们还是要指出，这次启蒙运动的对象是下层社会。但由于受到下层民众阅读能力的影响，它所针对的范围相对来说要远远少于整个下层民众的数量。这次由近代维新人士开展的下层启蒙主要是针对下层民众中那些略通文字能够阅读的人。根据李孝悌的研究，当时中国下层民众，男性初通文字者大约 30%—45%，女性则约为 2%—10%。① 对其他不识字者的启蒙则是通过讲报、演讲之类的形式进行，这不在本书的讨论范围之内。下层民众阅读能力的限制，使通过近代报刊进行的启蒙

① 李孝悌：《清末的下层启蒙运动》，河北教育出版社 2001 年版，第 21 页。

不得不与他们的阅读能力相适应，于是大量的白话报刊涌现。根据资料统计，1897年前只出现了2份白话报，但1900年到1911年就出现了131种白话报刊。[①] 但前期启蒙“各报馆所出的报，全是深文奥义，惟通文的人可以看。若是文理初通的及妇人小孩儿，就不能懂得了”[②]。为了让下层民众能够看得懂这些报刊文章，启蒙者就不得不将传统的文言文放置在一边，用下层民众自己的语言进行书写。报刊于是根据读者的不同进行调整，“本馆打算开一所白话报馆，凡一切论说新闻，全部演成白话，一则便于妇人小孩儿，二则外省人一看此报，也就懂了北京官话了”[③]。对白话报刊的创办者来说，他们创办的目的就是给下层社会民众提供一种阅读的方式，让他们在阅读的过程中接受新知识，开化民智，从而成为一个合格的现代民族国家的新国民。

白话报刊对于文学的影响是巨大的，它培养了现代新文学的作者群体，这使他们在白话报刊的创办过程中接受并使用白话文的语言训练。胡适在自己的自传中回忆并评价了自己从事白话报刊的工作及对他后来提倡白话文学的影响。他说：“这几十期的《竞业旬报》，不但给了我一个发表思想和整理思想的机会，还给了我一年多白话文的训练。……光绪宣统之间，范鸿仙等办《国民白话日报》，李章伯办《安徽白话报》，都有我的文字……我不知道那几十篇文字在当时有什么影响，但我知道这一年多的训练给了我自己绝大的好处。白话文从此形成了我的一种工具，七八年之后，这件工具便于我能够在中国文学革命的运动里做一个开路的工人。”[④] 同时近代报刊培养了现代新文学所需要的读者。曹聚仁先生就认为梁启超的报章文体对新文学有着重要的影响。他说：“梁氏本不喜桐城古文，幼年为文，学晚汉魏晋，颇尚矜练，到了办《新民丛报》，自行解放，务为平易畅达，时杂以俚语、韵文及外国笔法，纵笔所至不检束。年轻知识分子，争相效仿，号新文体。……他是文章条理明晰，笔锋常带感情，对读者，自

---

① 李孝悌：《清末的下层启蒙运动》，河北教育出版社2001年版，第18页。

② 《大公报》1903年2月26日。

③ 同上。

④ 胡适：《四十自述》，中国文史出版社2013年版，第88—89页。

有一种魔力！这也埋伏着新文学革命的种子了。"[①] 这些读者中的部分人甚至还成了"五四"新文学的创作者。

二 报刊对白话文学文法的影响

一是以双音节词为代表的复合词大量增加，使白话语言的逻辑严密精确，这比中国旧文言文更具有优势。它对中国现代文学细腻的表达有着重要的影响。新闻报刊的主要功能是向社会大众提供信息，以消除他们对于世界变化带来的不确定性。作为新闻报道传递信息的语言媒介，就要做到在编码的时候尽量准确地传递信息，从而使受众在接受信息的时候，解码能够尽可能一致地读取信息。从大众传播学的角度来分析，如果说新闻语言是传播过程的一种编码方式，那么它的目的性很明确：第一，它的受众人数多，它必须满足生活在快节奏的现代社会中大量受众对信息的需要。第二，它必须使处于广泛分散隐匿状况中的受众在解码的时候获得尽可能多和尽可能一致的结果。这就要求新闻语言能够做到准确简洁。因此从这个角度来说，新闻报道对于语言表达的准确性有着很高的要求。新闻语言的这种属性对语言的变革带来了驱动力。它促使新闻报道在传递信息的过程中特别重视语言表达的准确性。而在传统的汉语表达体系中，由于中国古汉语旧文言突出的是单音节，一个字代表一个音节，一个字就独立表达一个意思，但单音节词相对于现代白话文中的双音节词来说其传递的意义不够精细准确，它需要与我们阅读者的经验去联系这种符号所表达的意义。也就是说，文言的单音节词表达的意义需要我们"意会"，而不能用更为精细的语言来确定地表达出来。

一个全新的时代需要与这个时代表达所一致的语言，旧的语言装不下新时代的思想，表达不出现代人复杂的感情。"随着社会的发展，生活、文化、政治等领域越来越复杂，那么就需要创造更多的新词表达新生的概念，这样，即使在语言相对稳定、不变的情况下，同音词也会大量增加。"[②] 汉语词的双音节化虽然自古就存在这种变化的趋势，但这个发展过程十分缓慢。在古代汉语文言文中单音节词仍是占

① 曹聚仁：《启蒙思想之思想进程》，转引自刘勇主编《中国现代文学史》，北京师范大学出版社 2010 年版，第 13 页。

② 石毓智：《现代汉语语法的建立》，北京语言大学出版社 2003 年版，第 70 页。

主导地位。但单音节词有着先天的不足，就如萨丕尔所指出的那样，单音节词是不能再分析的语音单位，传递着对某一特殊活动的意会。但是双音节词或多音节的复合词由于加上了别的语音成分，这个意会就有了某种转折，改变了，规定得更确切了。① 这种状况到清末就急剧地发生变化，大量外来的双音节词通过近代报刊等载体形式被输入中国形成一个名词泛滥的潮流。鸦片战争后复音词大量增加的发展趋势在很大程度上是域外外来文化冲击的结果。数以千万计的名词进入汉语语言体系之中，成为现代汉语体系中的主导词汇。换而言之，现代白话语言的基本词汇体系大致上是在那个时代被确立起来。语言是表达的工具，当新的时代新的事物新的思想出现之后语言就要适应这种变化，“语言为了适应这一变化，也会增加词汇表达的语音长度”②。这种表达的需要是语言变化的一个重要的问题，清末外来词汇的快速增长不仅仅改变了传播汉语言的基本的语音单位，使传统文言中的以单音节为主的词变成了现代以双音节为主的词。这种自清末开始的变化到了“五四”时期，文学革命主将们就以更为迫切的心情来要求改变文言的单音节传统。钱玄同在给陈独秀的信中就说：“文字这东西，以适应实用为唯一要义，并不是专讲美观的陈设品。我们中国文字，语尾不能变化，调转又不灵便，要把这种极简单的文字应付今后科学世界之种种实用，已觉左支右绌万分为难，推求其故，总是单音字制作不好。”③ 词从单音节转变为双音节，更为重要的影响是它带来了一种全新的构词的方式，单音词根加词缀或词缀加单音词根的这种构词方式，使现代汉语白话语言中由两个单音节组合而成的复合词不断增加，而且显示出一种无限的可能性。

二是近代报刊白话文的句式完整，句子类型多样化，句子形式富于变化。这种精密的现代科学白话语言，对于丰富文学语言表达的多样性和技巧性具有重要的影响作用。在中国近代对西方文化的输入过程中，近代报刊除了出现大量的新名词，新的西洋句式也大量出现，这使中国传统的语言句式受到了影响。西洋每个句子里通常必须要有一个主语，但中国古汉语中却不然，当说话人和对话人都知道谓语所

---

① ［美］萨丕尔：《语言论》，陆卓元译，商务印书馆 2010 年版，第 22 页。

② 石毓智：《现代汉语语法的建立》，北京语言大学出版社 2003 年版，第 70 页。

③ 钱玄同：《中国今后之文字问题》，《新青年》第 4 卷第 4 号，1918 年第 4 期。

说的是谁（或什么事）的时候，主语是可以省略不用的。但是随着近代报刊大量刊登翻译西方的文章出现，在这些文章中主语渐渐增加了，后来不用主语的地方也用了起来。通过这些翻译文章作者的提倡，人们慢慢认为每个句子应该有个主语，然后意思才能更为明晰。那些报刊的读者在这种有明确主语的句式的熏染下也就自然地主张多用主语了。如梁启超的《欧游心影录》："我们有言癖的人，没有钻燧取火的本领，只好强迫戒掉了。我们在旅馆客室吃茶，看见隔壁一位贵妇人从项圈下珍珍重重取出一个金盒子来。你猜里头什么东西呢？"[①] 在这三个句子中每个句子都有主语，但需要注意的是这种影响主要局限于书面语言，对人们日常生活用语影响不大。第二个方面是它对白话文句子的谓语也有影响。在传统汉语中，形容词是可以作为谓语单独存在的，如"他的房子很漂亮"。但是在西方语言中如英语中形容词并不能单独作为谓语使用，它必须要有系动词介绍。上面那句话在英语在中应该为"His house is beautiful"。这种语法随着西方文化的输入汉语中来的时候，我们容易把形容词作为谓语的描写性句式用判断句式来替代，如我们书面语言中经常见到"他的房子是很漂亮的。"这就在事实上形成了"是……的"式的句子形式。第三个方面的影响就是它使句子的长度延长。在中国传统语言中并不是绝对没有长句子，只是长句子使用得很少。自晚清以来，近代报刊为了传播西方的文化思想就必须用西洋的语言形式来表达西洋的思想，这体现在句子的结构上就要求使用西方人常用的长句子。为了使输入的思想比较贴近原意，因此在翻译的过程中就不知不觉使用了许多的长句子。同时大量增加的复音词也使句子的长度加长了一倍。这两个方面的叠加使白话文中的句子更为延长。

同时我们还要看到新闻报刊对叙述型的句子更为偏爱。新闻报刊为了向读者传递新闻信息，就需要让读者对其传递的信息有一个从认知、分析到判断的思维过程，并在这个过程之后把接收到的信息转化为自己决策的依据。因此新闻报道在编码的过程中就需要尽量客观叙述事实，在句式选择上就是尽量采用叙述性的句子。在中国语言三种句子类型中（叙述、描写、判断）中，叙述性的句子最受新闻报道的欢迎和器重。叙述性的句子是以动词为谓语来叙述一个事件的。凡被

---

① 梁启超：《欧游心影录》，《梁启超游记》，东方出版社 2006 年版。

叙述的事件一般来说都又有一个发生的时间，事件发生的时间可以不明白说出来，但是实际上所谓的事件总是有始有终的。在一定程度上可以这么认为，叙述型的句子与新闻传播信息的内在属性的要求是一致的。正是因为对叙述型句子的倚重，使与报刊关系密切的文学也深受其影响。清末民初的小说除了《老残游记》中有一定艺术水准的描写，其他作品中几乎都不太重视描写型句子的运用。叙述侧重于行动，行动有助于故事情节的展开。这也可以从语言学上分析为什么清末小说大多是重故事情节而轻人物形象的塑造。我们进一步认为，叙述型句子对“五四”写实主义思潮的兴盛有着推波助澜的作用。

三是现代语法体系的建立使文学表达的语言形成一个有规则的严密的体系，这使现代文学感知世界的方式发生了变化。新闻报刊引起的汉语语法结构在表达的严密性上引起了很大的变化。新闻报刊传递信息要求准确，要令读者信服，就必然使它的语言更为严密，这样才能客观真实地反映事件的变化，才能传递出准确的信息。这种严密性首先体现在词的双音节变化的趋势上。王国维认为，词由单音节向双音节发展的趋势，反映了人们的思维方式已经发生了变化。现代人相对于古人，思维越来越精密，内心越来越丰富。[①] 除了复合词显示了这种精确性，句法的严密化与逻辑思维的发展更是有着密切的关联。逻辑思维在语言结构中的具体表现可以从两个方面来看，一个方面是把要说的话尽量地概括起来成为一个整体的结构。这种思维方式是新闻报道的思维，我们在写作新闻消息的时候尽量在导语中把事件概括出来展现给读者。另一个方面是化整为零，使许多零星的小句子结合成一个大句子，使以前那种藕断丝连的语句变成一个有机联系的整体。这样句子虽然长了，但是语言不会变得拖沓，而是更为简洁，脉络分明更有条理。

新闻报道的句子是如何做到严密的呢？一是加长定语的长度。在古汉语中定语是比较短的，但在近代报刊白话语言中定语被大大加长了，精确客观地叙述事实。现代文学作品也受这种长定语的影响，如“至于自己，却也并不愿将自以为苦的寂寞，再来传染给<u>也如我那年青时候的正做着好梦的</u>青年”[②]。长长的定语把几个句子的

---

① 傅杰：《王国维论学集》，中国社会科学出版社 1997 年版，第 389 页。

② 鲁迅：《呐喊·自序》，同心出版社 2014 年版，第 156 页。

话改变组合方式作为一句话表达出来，这样句子结构就显得紧凑了。二是句子主要范围和程度上的精确。中国古汉语往往不注重精确表达范围和程度，但报刊的新闻语言就要求更为精确，因此范围和程度上也就更严格。“北京的冬天，地上有积雪，灰黑色的秃树枝丫杈于晴朗天空中，而远处有一二风筝浮动，在我是一种惊异和悲哀。”[①] 这是为了加强语言的明确性。三是句子更注重对精确时间的表达。在传统的汉语中也表示时间，但时间不够精细准确，但近代报刊的时间观念更强，它更加注重事件的时间因素。在新闻的六要素中，时间是一个非常重要的要素，而且新闻写作中要做到时间的精确，特别是在今天的电子传媒时代时间甚至要精确到“秒”。四是句子更注重叙述事件的条件。新闻侧重于事件的报道，事件不可能是单独孤立的事件，必然有其所依托的条件——新闻的背景，因此在叙述一件事时新闻就要求将这些条件同时说出来。随着条件的增加，句子的表达也就更为严密了。

现代白话语言的语法体系建立影响了话语的思维模式，从根本上改变了人们感知世界的方式。古“汉语在感知和表达世界上有重主观想象、轻客观描述，重语义内涵、轻外在形式，重情感体验、轻理性分析等迥异于西方语言的独特范式”[②]。这种范式与中国传统的农耕文明是相适应的。新的话语体系的建立就从根本上改变了这种模式，正如陈平原先生所指出的：“现代中国人的思维逐步从类比到推理，从直觉到逻辑，从模糊到精确，主要跟整个科学思潮有关，但似乎跟从文言到白话的转变不无关系。”这种思维的改变，从根本上影响了作家感知世界的方式的改变，他们能够用现代的话语来表达他们感受到的现代性的世界，并将自己对这个相对传统世界复杂得多得多的现代世界的内在体验呈现出来，而采用文言话语几乎是不可能做到的，“很难设想现代中国人能用二千年前的概念和句式来准确地把握世界并表达现代人复杂的内心感受”[③]。

① 鲁迅：《风筝》，同心出版社 2014 年版，第 274 页。

② 张艳华：《语言选择与文体流变》，山东大学出版社 2009 年版，第 84 页。

③ 陈平原：《二十世纪中国文学三人谈·漫谈文化》，北京大学出版社 2004 年版，第 76 页。

第三节 新闻报道与现代文学写实风格的形成

在中国传统文化中，文学写实受历史实录的影响非常大。“写实主义者，事本实有，不借虚构，笔之于书，以传其真，或略加以润饰考订，遂成绝妙之小说者也。……此种著录，以其事出天然，竟可作历史读，教之意造之小说，实更为可贵，但必实有其事而后可作不能强为尔。”① 此处“写实”，实际上是“实录”或“实写”。这是对西方传入我国的“写实主义”的误读。吴虞也断言：“欧美小说，最近以来，渐离虚构，而趋实写。”② 之所以对从西方写实主义产生如此重大的偏差，一个重要的原因就在于新闻报刊对于文学的影响。

一 新闻的真实性与文学写实

现代文学对真实性的追求最初源于清末新小说家利用报刊着力提高小说文体的地位进行维新思想启蒙。在中国传统文学中，小说文体地位低下的一个重要原因就在于小说“道听途说”“街谈巷议”，也就是说小说注重的是其叙事、修辞及虚构的功能，而最不重视所录事件的真实性。但在中国传统文学观念中，文学艺术价值的标准是以“史”为衡量的，要求其所录事件是真实的、可信的。正是由于这个观念的影响，中国古代小说家在创作小说的时候都习惯于借鉴史家写作的笔法来进行小说的创作，读者和批评家在阅读欣赏小说的时候也惯于以史家的眼光作为衡量的标准。小说文体正是因为在这种以“史”为标准的称量下因其真实性而遭贬谪。中国发展到近代后，清末新小说家为传播启蒙思想着力提高小说文体的地位，一个重要的策略就是将小说来比附史书。“由于史书在中国的崇高地位，以小说比附史书或者引史传入小说都有利于提高小说的声价。”③ 而史学最为严格的要求就是“实录”。自孔子编写《春秋》开始，沿袭几千年的史学精神对于中国传统小说的创作影响深远，这表现为小说创作是为了

---

① 吕思勉：《小说丛话》，《中华小说界》1914 年第 3—8 期。

② 《〈松岗小史〉序》，《小说月报》1915 年第 6 卷第 11 期。

③ 陈平原：《中国现代小说的起点》，北京大学出版社 2005 年版，第 260 页。

对正统的史学进行补充，所以孔子说，小说“虽小道，必有可观者焉”①。中国古代小说是作为一种“史”的价值存在，尽管其地位与正史无法比拟仅仅作为一种民间的野史存在，但正是这种民间性使它作为传统正史补充角色地位成为可能。对于清末新小说家们来说，小说既然是“史”——尽管是野史，那么也要讲求史的实录精神。因此在创作时作者就要不自觉地师法史学家的实录笔法，借鉴史学中纪传体的叙事技巧。

史学实录的追求又是与新闻报道真实性的追求结合在一起的。对于报刊新闻人来说，他们追求的是“今天的新闻，明天的历史”。清末民初的小说家们正是看准了小说有补史的功能和价值，同时认识到新闻报道对真实性的要求，巧妙地将两者结合来为其提高小说文体地位的目的服务。但是他们也深刻地意识到小说的地位与正史的地位之间的差距实际上是巨大的，但这丝毫没有让他们退却。为了达到他们利用小说来进行开民智传播维新思想的政治目的，新小说家们就必须提高小说文体地位，而提高文体地位最好的载体是近代报刊。近代报刊关于新闻报道真实性的要求又与史学的实录精神相一致，因此对小说创作的实录要求就自然而然地被提出了。他们甚至将小说的地位提到史学之上，严复甚至说：“则小说者，又为正史之根矣。”为什么小说是正史的根呢？因为小说是“人心所构之史”，而正史是“人身所作之史”。② 因此新小说家要做的第一件事情就是发掘并重视历史小说的写作，清末历史小说的风行很好地说明了他们的这一取向。新小说家整体上出现了一种以写实为追求的创作心态，曾朴甚至借小说中的旁白强调自己创作的真实性：“在下这部《孽海花》，却不同别的小说，空中楼阁，可以随意起更，逞笔翻腾，一句假话不来，一语谎不得，只能将文机衔事事实，不能把事实起文情。”③ 有的作家为了证明自己小说创作的真实性，甚至在小说中发誓：“我如果撒了谎，我的舌头伸了出来缩不进去，缩了进去伸不出来。”④ 新小说家们这种对文学创作真实性追求的创作心态，说明近代报刊真实性的要求及传统史

① 班固：《汉书·艺文志》，中华书局2007年版，第338页。

② 《本馆附印说部缘起》，《国闻报》1897年10月16日—11月18日。

③ 曾朴：《孽海花》第21回，上海古籍出版社2011年版，第149页。

④ 吴趼人：《黑籍冤魂》（短篇小说）。

学对文学的影响，他们认为，文学作品“言之有据”的写实风格才有价值。这种“有据”的实录追求从而有助于中国现代文学写实风格的形成。

清末民初的这种写实风格突出表现在其选材大多来源于当时新闻报道的“事件”或者道听途说的“事件”。新闻报道是以事件为主，在新闻的五个要素（时间、地点、人物、事件、原因）中，事件是处于核心地位的。在具体的一则新闻中它的人物可以是模糊的；地点可以是不具体的；时间可以是粗略的；原因可以不明确，但是事件必须清楚。因为新闻的主要功能在于向受众传递信息，以消除人们对环境变化的不确定性。受众之所以需要信息就是在现代社会中随着人们交往空间的扩展和社会分工的专业化，人们不可能事事都需要取得直接的感性经验。为了弥补这一对生活经验的欠缺，就需要通过近代报刊提供的新闻信息来认识自己身处的周边环境、整个社会环境以及环境的变化情况，并根据获得的信息对自己的行为做出相适应的调整以期自我能适应环境的变化发展。而新闻事件提供的信息正好满足了受众的这种对信息的需求。在新闻事件中可以出现没有人物的事件，也可以存在地点不明的事件，允许时间不具体的事件甚至原因不明的事件，这些可以通过新闻表达出来，但是需要强调的是新闻必须有事件。事件是新闻五个要素中最为重要的，新闻必须要以传播事实和再现事实为基本的价值取向。

正是因为新闻对事实的重视影响了清末与近代报刊紧密关联的文学创作。清末新小说家们在文学创作时不自觉受到新闻事实的影响，最为重要的原因就是他们这一代作家的双重身份。他们的小说家身份之外有另一种重要的身份——报人，他们大多担任某一报社的主笔、编辑，更有甚者一人在数家报社兼职，同时为多家报刊撰稿。他们的主业是新闻工作者，而文学创作反而成了业余写作，这种状况在第一代专职作家出现之前普遍存在。就是职业作家出现后，新闻报刊对他们的影响依然是深远的。职业作家主要依靠稿费生存，而近代报刊是他们获取稿酬最为重要的来源，因此他们在创作的时候就必须考虑文学文体与报刊的关系及报刊读者的需求。同时作为报人，他们就有承担起新闻作为社会瞭望者的角色，要承担起监督社会发展的责任。正是这种以新闻工作者的身份进行文学创作就会不自觉地将新闻的社会功能转嫁到文学中来，从而使文学也承担起新闻的功能。在具体的文学创作中，他们的一个重要策略就是从新闻题材中选择文学创作的题材。包天笑就在回忆录中记述了自己向吴趼人请教文学创作经验时，吴趼人是如何从新闻中选材的。他说："我在月月小说社，认识了吴沃尧，他写《二十年目睹之怪现状》，我曾请教过他。(他给我看过一本簿子，其中贴满了报纸上所载的新闻故事，也有笔录朋友所说的，他说这都是他的材料，把它贯穿起来就成了。)"[①] 这种对新闻事实重视的创作态度，使清末民初的小说呈现出一种以"事"为特点的新闻特性。鲁迅就对这种创作倾向进行过概括："况所搜罗，又反'话柄'，联缀此等，以成类书；官场伎俩，本小异大同，汇为长篇，即千篇一律"[②]。李伯元的《官场现形记》就是由一个又一个许许多多的新闻事件连缀而成，这些事件并没有因果发展的内在逻辑，它们本质上是相互独立的。这些独立的事件通过"人物"来串联连缀，就形成了一个个客观上的故事链。这种结构模式我们将在下一章做专题研究，在此略过。新小说家对事件的重视除了他们自身的报人身份之外，还有一个重要的原因就是他们出于现代小说传播方式制约的考虑：前文我们在探讨连载小说的时候已经明确地说明，由于读者的阅读习惯和审美趣味，每期连载的部分需要相对完整的故事情节。为了迎合近代报刊的读者，新小说家们采用了最为简便的方式，就是每期创作一个独立完整的故事，通过连缀的方式将每一期的故事串联起来。这样既满足了报刊读者的阅读需求，又方便小说创作者提高了创作速度。吴趼人的《二十年目睹之怪现状》、李伯元的《文明小史》等一大批清末小说都采用这种方式来处理小说写作过程中出现的事件堆积问题。

这种对新闻事件的重视倾向严重制约了清末民初文学创作发展及其在文学史上的地位。新小说家们对新闻事件的重视使他们的小说呈现出一种事件的堆积现象，而文学中的人物形象就淹没在这些海量的事件之中，出现了只见事件不见人物的怪现象。虽然这些小说中也不乏形象生动的人物刻画和环境描写，如《制台见洋人》一节中通过对制台对洋人态度转变的刻画生动展现了文制台的形象。但这些大多被大量的事件遮蔽而只是磷光的显现。但我们知道现代西方现代小说是

---

① 包天笑：《钏影楼回忆录》，中国大百科全书出版社 2009 年版，第 356 页。

② 鲁迅：《中国小说史略·清末谴责小说》，中华书局 2010 年版，第 182 页。

以人物刻画为中心的，事件只是为了展开人物性格特征而服务，事件处于从属地位。清末小说的这种以事件为中心的倾向严重压制了它在现代文学史上的地位。在具体的文学创作中以事件为中心的价值取向，要求作家在创作时力求再现事实，而真实再现就要求文学叙事的客观化要隐含作者的主观情感倾向，做到所谓的“零度叙事”。这种倾向为后来的现实主义的兴起准备了条件。

同时为了将事实清楚客观通俗地再现出来，文学就必须注意语言的修辞。在新闻学中，记者写作新闻首先要考虑的是如何让读者轻松明白而快捷地接受新闻信息。这就使他们在行文过程中采用一种浅近易懂且意义明确的新闻语言，具体来说就是在句式上尽量采用单句、使用短句，选择容易理解的词汇。清末新小说家为了将事实真实地呈现出来，也就采用接受新闻的语言方式。但是从接受美学的角度来看，文学的语言与新闻的语言有着本质的差异性。新闻是为了传递信息，为了让受众更好地接受信息，它的语言就必须以消除含混，从而将信息准确明晰地传递出来，尽量避免受众产生误解和阅读障碍。但文学的语言却不一样，“文学文本充满料想不到的迂回曲折和期待的受挫”①。这也就是说文学的语言强调的是一种不确定性，一种使读者在阅读过程中能够产生多种意义空间想象的可能性，从而为文本的阅读留下空白。正是这种不确定性使优秀的文学文本有无限意义生成的可能性。清末文学的这种新闻为中心的倾向就使它在语言上就显得过于追求新闻化，从而使文学的表达如新闻般清晰晓白。这在语言艺术上严重制约了其文学的艺术性。鲁迅也早就看到了这种弊端：“辞气浮露，笔无藏锋，甚过其辞。”②

尽管新闻报道对文学创作带来了较大的负面影响，但是这种新闻报道与文学创作的融合③对于中国现代文的写实风格的形成具有重要影响的事实却不能忽视。

二　新闻时效性与文学关注现实

现代传播学的创始人拉扎斯菲尔曾指出现代传媒具有三大功能：

---

①［德］伊瑟尔：《阅读过程：一个现象学的论述》，《上海文论》1985 年第 5 期。

② 鲁迅：《中国小说史略》，人民出版社 1952 年版，第 298 页。

③ 韩南在《中国近代小说的兴起》中就说，“小说与新闻报道的混合，这种混合——更常见的是将小说融入新闻——是晚清小说的一个显著特点。”见该书第 150 页。

一是社会监督的功能；二是协调社会成员关系的功能；三是承传文化的功能。在这三个功能中，社会监督的功能尤为重要，他形容说新闻应该是社会的看门狗，是黑夜里航行的灯塔。新闻最为重要的就是反映世界的最新变化，它是探照灯，照亮世界的最新变化和人们最为关心的事情。正是新闻具有这样的功能，近代报刊自产生的那一天起，就自觉地承担起了社会看门狗的角色，自觉承担起社会发展瞭望者和守护者的社会责任，他们为此甚至自封为“无冕之王”。他们利用现代传播媒介的社会舆论监督的权力来规范和制约政府的权力，以使政治权力的猛兽能够得到一定程度的制衡和监督。为了这个责任，他们甚至愿意为之坐牢、牺牲并时时刻刻将这个责任扛在肩头，他们不畏惧强权英勇斗争。《华尔街日报》记者在对美国“水门事件”锲而不舍的追踪中将身居高位的尼克松从总统的宝座上给掀下来，成为新闻记者社会监督功能的最好诠释。

对于中国社会来说，自近代报刊自西方传入，新闻舆论监督功能就为当时中国精英阶层所重视所关注，他们也希望像西方的报人一样利用新闻报刊在中国建立起一种制衡政治权力的机制，从而获得与政府权力的平衡。《申报》在创办不久就发表了相关的宣言：“凡朝廷之立一政也，此处之新闻纸，或言其无益；彼处之新闻纸或言其有损，朝廷即行更改，必待各处新闻纸言其尽善尽美而后为。”① 在这里，《申报》企图联合整个报界建立起一种批判政府的舆论监督机制，获得监督政府政策制定的权力，以期更好地为社会发展服务。这种对近代报刊价值定位的思想为后来王韬等人所继承并加以进一步阐释。到清末维新运动前后，为在全国形成维新变法的社会舆论和思想舆论，制衡守旧人士，维新派创办大量报刊，如《时务报》就在全社会制造了大量的关于维新变法的正当性和合法性的舆论，给清政府强大的舆论压力。就是到了“五四”时期，新文化运动的开展推进及深入发展，都在很大程度上依靠了报刊酝酿社会舆论力量的支持。“五四”新文化运动通过社会热点问题的关注并将其设置为主流报刊的主题，从而引导其成为社会公众广泛讨论的主题，并将这些主要的热点问题进一步深入讨论进而上升为全国性的议题，如“五四”时期对妇女解放问题持续广泛而深入的报刊讨论并形成全国大体上的统一意见，对

① 《论各国新报之设》，《申报》1873 年 7 月 20 日。

于“五四”妇女解放运动获得成功有重要的影响。

报刊对当前热点的关注而又会影响与其密切相关的文学创作。对于清末民初的社会来说，救亡图存成为压倒一切的政治诉求，所有中国的一切都是围绕这个任务而开展的。文学建设也不例外，所以就有梁启超等人利用文学来进行思想启蒙的思想观念出现。这种先经近代报刊引导社会公众讨论、然后用采用文学传播加以深入的具体路径，在那个时期表现得十分清晰。如为了深化对西方的科学思想的认识，近代报刊就先期开展了关于科学与玄学的大讨论，形成广泛的共识后，就鼓动文学家进行科学小说的创作，以期进一步推进科学思想观念，让它在读者的意识深处扎下根。同样为了政治改革，启蒙思想家提倡政治小说的创作并将政治小说的地位提高，梁启超为了更好地倡导政治小说，甚至亲自带头创作政治小说《新中国未来记》。

细心的读者就会发现一个问题：既然近代报刊能够使社会公众达成共识，为何还要文学参与呢？这个原因就在于新闻报道的时效性。近代报刊主要是为读者提供信息服务而存在的，因此它与读者建立的关系是一种消费关系。这种消费关系具有明显的即时性。当前学界关于新闻的定义有两种，一种是“新闻是最新发生事件的报道”；一种是“新闻是最新发生变动的信息”。这两个概念一个是从新闻的形式、一个是从新闻的内容来定义，但是这两个定义都明确了新闻对时效性的重视。“须新鲜，盖新闻犹鲜鱼也，鱼过时稍久，则失其味，新闻登载稍迟，其价值不失亦损先。”① 新闻从业者经常挂在嘴边的就是新闻是“易碎品”，也就是说新闻容易过时。所以西方学者就说新闻是“出售时间和版面的，即必须非常迅速地把极容易腐烂的商品卖给顾客。市场要酬劳最迅速的是新闻记者”②。同时报刊主要是为了向读者提供最新的信息，不管当前的信息是如何的重要，总是很快就被后来的信息所取代。也就是说报刊的时效性很强，信息传递有很明显的即时性。一个重大的主题在当时可能引起了整个社会的重视、达成共识，但是很快它就会被另一个主题所淹没，公众的焦点会不断地转移。新闻就像后面有条疯狗，不能停下对信息时效性追逐的脚步，这使新闻报道事件没有延续性。“报纸对谈话起支配作用表明非连续性

---

① 徐宝璜：《新闻学》，时代文艺出版社 2009 年版，第 2 页。

② 麦尔文·曼切尔：《新闻报道与写作》，广播出版社 1981 年版，第 67 页。

的影响无处不在。非连续性是报纸的特征，正如它是词典的特征一样”①。这也就是说，不管你的新闻题材是如何重大，效果是如何具有轰动性，它总是经不起时间的侵蚀，总不能长期占据报刊的头条，很快就会让位于新的新闻事件。新闻追逐时效性的本质就在于向读者传递新鲜的、不为人所知的社会和世界变动的最新信息。读者之所以需要这些信息就在于他们想利用这些信息来消除自己对社会变动带来的不确定性。

但文学就不一样，它是诉诸情感的东西，具有行远的特征。

中国清末民初的社会急剧变化而动荡，处在“三千年未遇之大变局”中。急剧的社会变革使生活在其中的芸芸大众急需根据社会的变化来调节自己的行为，以期适应社会的急剧变化，因此他们就需要掌握最新的信息，并根据这些信息来决策自己的行为。正是了解到人们的这种心理，在文学中导入这种新闻时效性的信息的追求很快就被梁启超们所利用起来。正是出于这个功利的目的，这个时期对于觉世之文的重视就完全盖过了对传世之文的推崇。梁启超在 1902 年就公开地说：“著译之业，将以传播文明思想之于国民也，非为藏山不朽之名誉也。”② 在这里梁启超明确地表示，一切文化建设都要服务于当前的政治任务——开民智，育新民。但是著译周期较长不能很好地满足这种紧迫政治任务的需要，所以他进一步说：“著述者规久远，明全义者也，报馆者救一时，明一义者也。”③ 正是由于近代报刊对于当前急迫问题的解决具有重要的力量，梁启超们就急功近利地操弄报刊来解决当前的社会问题。但报刊的时效性不能让思想观念长久地发挥作用，不能深入人的灵魂深处。为了解决这个问题，他不惜牺牲文学的传世价值，而让文学延续报刊新闻的功能——觉世。他明确地表示：“若鄙人者，无藏山传世之志，行吾心之所安，因非所云悔。”④ 这是一种强调文学干预现实生活的文学宣言。

清末民初时期文学展现出来一种明显现实关注的倾向。这主要表

① ［加拿大］伊尼斯：《传播的偏向》，何道宽译，中国人民大学出版社 2003 年版，第 166 页。

② 《介绍新著·原富》，《新民丛报》1902 年第 2 卷第 1 号。

③ 梁启超：《敬告我同业诸君》，《饮冰室合集》，中华书局 1989 年版。

④ 梁启超：《饮冰室合集·自序》，中华书局 1989 年版。

现在三个维度上：一是文学的选材侧重于当前的时事热点及名人逸事。“记载刚刚发生的事变，并在小说中影射名人批评时事，实际上是在代行新闻报道的职责。”[①] 时事热点进入小说的创作成为这个时期一个明显的特征。近代社会风云变幻，政治热点事件不断发生。这些时事热点被清末民初的新小说家们引入小说的创作中，形成一种时事小说的创作潮流。如 1911 年 10 月 10 日，在武昌发生新军起义，辛亥革命爆发，陆士谔就以此次事件为题材创作出时事小说《血泪黄花》。袁世凯 1915 年 12 月称帝、次年病死，林纾以此为题材创作了长篇小说《官场新现行记》（《巾帼阳秋》）。黄小佩的《五月风声》描写的是发生在 1911 年 4 月 27 日的广州起义，同年 5 月起该小说就在广州出版的《南越报》上连载。杨尘因的《新华春梦记》全程描写了袁世凯称帝。该书出版在 1916 年，也就是说，这部小说是一部袁世凯称帝的动态记录。“把众人关心但不得其详的历史事件，用小说笔法略加组织点染，迅速公诸于世。”[②] 这完全是一种新闻报道纪实的写作方式。

二是文学展现出一种现实关怀的力度，展现出了对社会不良行为丑陋习惯和保守思想的批评态度。

三是文学开始关注于下层人民的日常生活，揭示他们的悲惨遭遇并给予深刻的同情。吴趼人的短篇小说《黑籍冤魂》写的就是一个遭遇悲惨的吸毒者最后惨死街头的故事。作者在故事中讲述了他写作该故事的背景：作者在上海张园听了一场英国慈善组织秘书关于促进英国政府禁止鸦片贸易的讲演，小说详细地说明了演讲的日期和时间以及出现的要人名单。在小说中，叙事者既是小说家又是记者：在描写群众示威及他和吸毒者的相遇时，他的身份是记者，当他以记者的身份出现在小说中时他直言不讳。

三　新闻的趣味性与文学的娱乐性

新闻报道不同于文学，它只终止于传播。它提供信息的主要功能是为了消除读者对外部环境变化带来的不确定性，也就是说新闻必须提供真实准确的事实，它要告诉读者的是外部世界发生了什么事件。

---

① 陈平原：《中国现代小说的起点》，北京大学出版社 2005 年版，第 265 页。

② 同上书，第 263 页。

读者对于新闻信息的这种需求引导着以大众为对象传播的大众传媒，传媒有义务来满足读者的这种需求。但是对于新闻报道来说功利性信息的提供在报刊中占有主导地位，也就是说读者要运用认知、分析、判断等理性思维来主导这些信息的接受。但是这种信息的接受带有很强的功利色彩，正是这种过分强调理性思维弱化了新闻娱乐色彩。但是报刊又必须满足于读者的这种娱乐化的信息需求。读者不仅仅需要这些冰冷的功利的理性的新闻信息，他们在劳作了一天回到家，在了解了这些有用的新闻信息之后，还需要通过报刊提供的娱乐信息来放松疲惫的身心，以便第二天能够精神焕发地投入工作。

对新闻报刊来说，其本身就有这种向读者大众提供娱乐信息的内在要求的属性。在新闻学中依据新闻与读者的关系，把新闻分为两种类型：硬新闻和软新闻。所谓“硬新闻就是关系到国计民生的以及与人们切身利益密切相关的新闻。它包括国际重大方针、政策的制定和改变，市场行情、股市涨落、银根松紧、疾病流行、天气变化、重大灾难事故等，这类新闻为人们的政治、经济、工作和日常生活的决策提供依据。而软新闻则是指那些富有人情味、纯知识、纯趣味性的新闻。它和人们的切身利益无直接关联，向人们提供娱乐，是他们开阔眼界、增长知识、陶冶情操的一种途径”①。报刊或者通过软新闻向人们提供茶余饭后的谈资。这种划分的标准是依据不同读者对新闻的不同需求或同一读者对新闻不同层次的需求。有的人在获得硬新闻提供的信息之后就满足了，但还有更多的人需要更多的需求。日本学者对受众使用传播媒介的动机和目的做了很深入的分析研究。他把各种各样的类型动机进行概括，整理出了四种典型动机：一是为了了解消愁、逃避日常生活的种种制约，同时逃避劳苦和烦恼、解放情绪。二是为了协调人际关系获得有利于日常社会关系的效用。三是自我确认寻找确立自己位置的坐标，同时学习应付现实问题的方法强化价值。四是监督环境。从受众的动机和目的来看，娱乐消闲占有重要的地位。

虽然软新闻比硬新闻更具有娱乐消闲的性质，但是它从本质上来讲还是新闻，作为新闻的本质属性就是要为读者提供信息，就不可能过多地带有情感因素引导人们进入情感的世界。新闻只关注事件而不

① 李良荣：《新闻学概论》，复旦大学出版社 2004 年版，第 4 页。

关注与之有关联的人物性格、情感。也就是说新闻不管是硬新闻还是软新闻，都不可能带读者进入一个与现实世界完全不同的“虚拟”世界，并在这个世界中宣泄情感，达到在现实世界中无法达到的一种自由自在的状态。正是软性新闻无法更进一步满足读者的这种情感的需求，文学进入近代报刊就成为一种必然的选择。

自西方报刊进入中国就开始与文学联姻，这种联姻经历了自发到自觉的一个发展过程，前文已经讨论，在此不再赘叙。文学进入近代报刊的版面范畴中最终形成现代新闻报刊的一个重要的部分——副刊。副刊在版面上来看，虽然它有着相对新闻的独立性只关注于文学，但是我们要注意到副刊尽管是关于文学的版面，但是它仍然是新闻报刊的版面，是新闻报刊之中的文学版面，因此文学副刊也必须服务于新闻报刊总的宗旨，向读者提供信息。只不过文学提供的信息不同于新闻提供的那样功利色彩十分明显的信息。总之，副刊上的文学要服从于报刊信息传播的总体性要求。也就是说，以近代报刊为平台的文学体现了其受新闻报道深深影响的烙印。新闻报刊对文学的影响主要体现在以下几个方面：

一是文学创作题材的选择出现了以新闻娱乐题材为导向。在清末民初的文学创作中就出现了以新闻事件为题材进行文学创作的倾向，如当时上海的妓院出现了四大名妓。名妓们的日常生活成为各家新闻报刊竞相报道的热点，特别是上海繁荣的地方小报甚至以报道这些名妓们的日常生活为主要内容。一时间上海形成了以名妓引领的时尚界的潮流，不少名媛、阔太太、富小姐甚至以追逐名妓的衣着为荣。名妓们不断爆出的新闻吸引着城市市民读者的眼球，因此围绕着这些名妓们的传闻也很泛滥。受这些新闻娱乐事件的影响，清末出现了大量的关于描写名妓和关于妓院妓女和嫖客故事的狎邪小说，李伯元、张春帆、韩邦庆等人关于上海妓女文学创作的小说成为清末民初时期一大特色。这种创作题材选择的倾向不能不说没有受到上海报刊关于名妓们的娱乐新闻的影响。这就告诉我们，在一个娱乐新闻兴盛的年代，以近代报刊为主要载体的文学创作题材的选择不能不受其影响。于是文学创作的题材也就出现了一种娱乐化的新闻选择的倾向，这也成为清末民初文学现代性多维的具体显现。它的存在使中国现代文学丰富复杂的多元增添了可能性。

二是文学创作注重于向读者提供阅读快感体验。清末民初出现并流行对中国传统小说的重写，虽然从艺术上来讲其质量惨不忍睹，但是对于普通的读者来说却是妙趣横生，充满了阅读的快感。在南野武夫的《新石头记》中，林黛玉并没有在宝玉结婚的夜里殉情而死，反而是她离开了大观园的是非之地，跑到美国留学去了。在美国留学期间，林黛玉拿到了英文和哲学博士学位。毕业后她跑到日本东京的"大同学校"当了一名教授。而宝玉在知道林黛玉的下落之后立即赶到东京，希望与林黛玉重续前缘。可是此时的林黛玉已不再是曾经那个多愁善感的多情女子而成了一个献身学术的学究，对爱情彻底绝望。为了再次获得黛玉的芳心，宝玉只得在东京入学成为一名留学生。这种重写完全颠覆了曹雪芹的写作模式，用现代人的眼光看，这就是一种后现代的解构。同样是对《红楼梦》的重写，吴趼人的《新石头记》更是采用了这种具有趣味性的方式来处理，不同的是吴趼人采用了更为后现代的方式，让大观园变成了纵欲的天堂。贾宝玉玩起了穿越——他可以到另一个世界——文明的境界——去旅行。他甚至还到太空与海底做科幻式的探险。

三是为了吸引读者的关注、增强文学的娱乐趣味性，文学创作呈现出一种感情泛滥的倾向。翻阅清末民初的文学作品，到处弥漫着一种或哭或笑的情绪化色彩。这种情绪化的创作一方面是出于文学以情动人的策略，企图以这种弥漫的情感因素来打动读者，吸引更多的读者，从而拓展报刊的读者群体。对于作者和读者来说，他们又是处于一个悲情的时代，国家风雨飘零朝不保夕，每个人都有一种深深的危机意识。刘鹗在《老残游记》的序言中写道："然则哭泣也者，同人之所以始成终也。其间人品之高下，其哭泣之多寡为衡。盖哭泣者，灵性之现象也……吾人生今之时，有身世之感情，有家国之感情，有社会之感情，有种教之感情。其情感愈深者，其哭泣者愈痛：此鸿都百炼生所以有《老残游记》之作也。"这导致他们有一种沉重的焦虑，为自己也为这个国家和时代。这种内心的焦虑在深重的现实面前无法排遣，他们只有转而走向文学虚拟的世界，一任情绪宣泄。而作者这种特意的情感描写正好迎合了读者内在的心理需求，这种需求反过来又促进了这一创作倾向的泛滥。清末民初哀情小说从吴趼人的《恨海》《劫余灰》到李伯元的《海天鸿雪记》无一不让读者在肆意横陈的泪水中得到感情的宣泄。

文学就其本质来说是一种审美的意味蕴含，它的主要功能是遣性怡情。清末民初文学这种娱乐化的倾向在一定程度上是文学正常功能的显现。但是由于近代报刊大众化取向和市场生产机制的压迫，使文学也以读者马首是瞻。作家创作呈现出一种一味迎合读者的阅读趣味，追求一种娱乐新闻化的轰动性写作，这个时期的文学创作出现了一种低俗化和恶俗的写作倾向。这大大降低了文学对艺术、对审美的追求而自甘成为新闻娱乐的一种方式。如果说清末谴责小说是对官场黑暗的一种有力的批判，在揭露官场的丑恶中具有一定的现实批判精神是清末四大谴责小说具有较高评价的原因之一。但是随着《官场现形记》等小说的热销，大量的跟风之作风起云涌，如标题中有以“现形记”等字眼的作品就数不胜数。这些跟风作品情节雷同、故事老套，语不惊人死不休的夸张语句，无不冲击着读者的阅读神经。但读者被这种漫天遍地的作品轰炸时，不能进入读者阅读情感的文学创作注定是要被淘汰。当官场题材的小说被读者厌弃后，他们又迎合读者的窥私癖，大写特写黑幕小说，转向揭露名人的隐私，变得越来越下作。这种刻意迎合市民的好奇求新求刺激的阅读心理的文学创作使文学完全失去了自己的独立品格。在一拨又一拨的文学感官刺激之中，读者的阅读在收获感官的快感体验后并未带来其内心的审美情感的愉悦。这为“五四”一代用新文学来埋葬他们找到了口实。“五四”新文学家们虽然对文学有不同的观念，但对于围剿这种低俗的文学却表现出一种空前的一致性。这也充分说明新闻趣味性对文学创作的负面影响是巨大的，我们对此要保持一定的警醒，切勿让文学沦为感官快感的消费品。

第六章

报刊与小说叙事模式的转变

在具体的历史语境中，中国文学的现代化受到域外文学的冲击和中国本土传统文学内变的双重影响。但在这些因素之外，应注意到，近代兴起的新闻报刊业对中国现代文学的叙事模式也产生了重要的影响。新闻叙事对文学叙事的影响不容小觑，特别是现代新闻叙事的时间、角度和结构对于中国小说叙事模式的现代转变产生了重要的影响。

第一节　报刊与小说叙事时间

从认识论上来说，时间具有非常重要的作用，对新闻如此，对文学更是如此。现代小说对故事时间特别重视，伊丽莎白在《小说家的技巧》一文中就说："时间是小说的一个重要的组成部分。我认为，时间同故事和人物具有同等重要的价值。凡是我所能想到真正懂得，或者本能地懂得小说技巧的作家，很少有人不对时间因素加以戏剧性地利用的。"① 中国近代报刊与文学联姻后，新闻报刊在时间方面对清末民初小说叙事产生了重要的影响，主要是带来小说叙事的纪实性、倒叙的运用和场景的突出。

一　小说叙事的纪实化

在一般意义上说，小说时间与新闻叙事的时间有着较大区别。小说的叙事时间从本质上来说是虚构的时间，它着眼于叙述过去之事，但新闻却着眼于当下、关注当前之事，因此，新闻的叙事时间是纪实性的。在清末民初，由于小说刊载平台及传播因素的制约，新闻报道

---

① ［英］伊丽莎白·鲍温：《小说家的技巧》，《世界文学》1979 年第 1 期。

对时间的重视在很大程度上影响了小说叙事的时间，出现了新闻叙事时间的纪实性影响小说叙事虚构时间的倾向，这使那一时期的小说叙事时间展现出一种叙事时间的纪实性倾向。

小说叙事时间的纪实性倾向突出表现在那一时期小说的选材以注重“时事”为叙事内容。小说叙述时间纪实性倾向突出表现在叙述现今：“叙述现今，类似新闻报道。”[①] ——带了小说的纪实性叙事。当时很多小说都是有感于当前的时事而创作，吴趼人的《云南野乘》这部小说就是有感于列强瓜分中国：“不要又把台湾、威海、胶州忘了么?”“做一部中国历史小说，庶几大家看了，触动旧事，不至尽忘记。”[②] 在清末民初的几大类小说类型中，都表现出这种取材的价值取向。写情小说大多以那一时期的时局为背景来展开故事，写乱世中男女的悲欢离合。《恨海》取材于八国联军进北京，叙述了两家两对情侣逃离的悲情故事。《劫余灰》写乱世中良家妇女被亲叔父贩卖到妓院，在某种程度上小说谴责了当时的人口买卖的现象。艳情小说大多也是取材于当时上海的妓院现实，通过写妓女与嫖客（文人或名士）之间的关系，如《海上花列传》写出了当时上海租界中文人（名士）与妓女之间复杂而真实的关系，在很大程度上将传统才子佳人式的嫖客和妓女的关系作了消解。到了《九尾龟》中，妓女的形象在文人的笔下就变得更为丑陋。清末流行的科幻小说更是以西方的科技作为写作的对象，潜水艇、飞艇、汽船等现代的科技文明进入作家写作的文本，这正是当时社会广泛关注的热点问题。《官场现形记》《二十年目睹之怪现状》等一批谴责小说更是针对清末官场的腐败和黑暗而作，其主要创作意图也在于将这种黑暗与腐败揭露出来并加以谴责。

这种以时局现实为聚焦点的倾向在与报刊关系密切的短篇小说中，表现得尤为明显。在那一时期，短篇虽多以笔记小说的形式出现，但也出现了一批现代意义上的白话短篇小说。这些白话短篇小说的叙述时间明显表现出了一种纪实性的倾向。《庆祝立宪》《预备立宪》《立宪万岁》是吴趼人有感于7月13日清廷昭告“预备立宪”而作。他说：“庆祝之举，函电相告，要皆立宪问题，而非预备立宪

① 赵毅衡：《广义叙述学》，四川大学出版社2013年版，第59页。

② 吴趼人：《云南野乘》，《吴趼人全集》第4卷，第395页。

问题，下走窃有疑焉。适《月月小说》出版，爰托为小说家言，而一罄之。"[①] 叙事技巧较高的《黑籍冤魂》写出了当时鸦片对中国人的毒害；《查功课》讽刺清政府对进步青年的思想控制。这些短篇小说都带有很强的关注社会热点的倾向。

清末民初小说叙事时间出现这种纪实性倾向，缘于近代报刊兴起初始阶段报人对新闻的理解出现偏差，如《申报》在创刊号中登载的《本馆告白》，阐述了新闻人对新闻报刊的理解。他们理解的"新闻"与西方新闻人对"新闻"的理解的出发点不同，他们以中国传统的史传及小说的叙事方式为出发点来理解新闻，这就使他们对现代新闻的理解流于皮毛、肤浅和片面。正是这种对"新闻"的认识使他们认为，中国传统的小说和传记重点记载过去发生的遗闻。但是"今天可传之事甚多"，为什么当下的这些奇闻逸事被湮没呢？原因就在于当下的事没有人去记载，"遂使奇闻逸事然无称"。他们行动的目的和意图就在于关注当下。在《申江新报缘起》中，作者说得更为明确："盖古书之事，昔日之事；而新报之事，今日之事也。"由此可以看出，中国早期新闻人理解的新闻的核心要义是"今天"的"奇闻逸事"。

正是这种认识上的偏差带来了新闻叙事的小说化和小说叙事的新闻化，正如韩南指出的那样："小说与新闻报道出现了混合，这种混合——更常见的是将小说融入新闻——是晚清小说的一个显著特点。"[②] 我们在清末民初的很多小说中可以发现诸如此类的特征，如吴趼人的短篇小说《黑籍冤魂》是一篇典型的小说融入新闻的文学作品。这篇小说是吴趼人在上海张园聆听一次反对吸食鸦片的演讲后写作的。小说详细记录了这次演讲的日期和时间。他在小说中详细记述了英国的一个善会派了一个书记员亚历山大到中国考察中国禁止鸦片情形。这位书记员在上海张园开会演讲。作者写出了具体而详细的时间："十月二十八日晚上八点钟"，地点是在上海的张园，曾少卿、沈仲礼做了主席。特别是小说中，作者—叙述者在文本中的不同时期，既是小说家又是记者：在文本描述张园的示威活动以及他目睹吸毒者

① 吴趼人：《庆祝立宪》，《吴趼人全集》第7卷，第6页。

② ［美］韩南：《中国近代小说的兴起》，徐侠译，上海文艺出版社2010年版，第150页。

的悲惨遭遇时，他的身份是新闻记者；但是在小说的引言和楔子中，他又是以小说家的身份出场。当然，这涉及小说文本叙事者的问题，我们将在第二节进行讨论。但是在某种程度上，这反映了小说的新闻化倾向，这种倾向使这一时期的文学叙事带有强烈的纪实性倾向。这就带来了小说叙事的纪实性，但这种纪实不是如赵毅衡所言的纪实。赵毅衡的纪实是一种泛化的真实："所有纪实叙述，不管这个叙述是否讲出'真实'，可以声称（也要求接受者认为）始终是在讲述'事实'。"① 这种纪实是新闻所强调的纯客观的真实。正是新闻对真实性的追求，从而使小说作者强调创作的真实性："我近日亲眼看见一件事，是千真万确的。恐诸公不信，我先发一个咒在这里：我如果撒了谎，我的舌头伸了出来，缩不进去；缩了进去，伸不出来。"（吴趼人《黑籍冤魂》）

对于那一时期的读者来说，急剧的社会变革带来了很多生存的不确定性，他们急需要及时了解社会形势的变动和环境的变化，同时也需要通过轻松的社会新闻来缓解沉重的生活压力和工作压力。但是中国报刊业处于起步阶段，报刊的采编人员及发行渠道还不是特别完善，加上有能力的报刊将主要精力投放在政治、外交、经济等严肃题材的新闻报道中，忽视"软新闻"——社会新闻，从而使报刊提供的新闻特别是社会新闻，不能满足广大读者对于娱乐信息需求的数量和质量的需求。在另一方面，随着清末相关报刊管理法律的出台及民初北洋政府对报刊的高压政治，那些原本可以通过报刊报道出来的"事实"因为可能触犯时忌而无法刊登。正是这种社会新闻渠道的限制，使读者"之所以希望在小说中读到'事实'，很大原因是社会新闻渠道不畅通，许多本可以作为社会新闻刊出的'史实'和'逸闻'，却因触犯时忌，不得不以小说形式表现"②。

清末民初小说叙述时间的纪实性倾向，在一定程度上带来了小说写作视点的下移，底层民众的苦难开始进入这一时期作家的创作视野，这为"五四"平民文学的提出奠定了基础。同时，小说叙事的批判性得到加强，文学干预生活的能力进一步增强了，有作家写作的目的就是针对当时的社会问题："再过几十年，这班少年老了

① 赵毅衡：《广义叙述学》，四川大学出版社2013年版，第73页。

② 陈平原：《小说史：理论与实践》，北京大学出版社2010年版，第122页。

死了，又出了一班少年，不要又把台湾、威海、胶州忘了么？所以我说积久渐忘，最是可怕之事。我因为这个可怕，便想到把旧事重提，做一部中国古代历史的小说，庶几大家看了，触动了旧事，不至于尽忘。”① 陈景韩的《路毙》这篇小说描述了一老翁冬天倒毙于路侧的情状，借路上不同行人的视角来叙述老者是如何倒毙，行人是如何对待倒毙的老者的。接着借一群妇女的议论来交代老者的身世及如何沦落到如此悲惨的境地。这种对时政热点问题及当下社会问题的关注，使这一时期的小说在整体上呈现出一种“觉世”的价值取向。“人的确不断从经验材料中‘编故事’。”② 使文学的传世（审美）的水平停留在较低层次的水平。（梁启超：“著书者规久远、明全义者也，报馆者救一时、明一义者也。”《告我同业诸君》，《文集》第 4 册。）小说叙事力争清楚浅显再现，具有明显的线性时间特点。

二 小说时间的非线性化

从总体上来说，中国传统白话小说强调故事的情节，因此，在叙述的时间上注重故事线性时间的安排。中国传统小说讲究布局在某种程度上体现出的是对故事情节的线性安排，侧重于叙述的连贯性。虽然也有部分小说在情节安排上采用“花开两朵，各表一枝”的策略来中断叙述，但故事的自然时序并未发生变化。主要故事由于次要故事的插入而中断，但一旦插入结束，故事又接着叙述。所以，陈平原认为这是一种典型的演述性的故事时间，而没有触及故事的情节时间。虽然有个别的文言小说采用了倒叙的方法来处理故事的叙述时间，涉及情节时间的切割、扭曲，但由于其在中国小说中的比例很少，且由于文言小说的艺术成就不如中国白话小说那样有影响力，在此，我们认为，总体来说，在 19 世纪末 20 世纪的中国文学转折时期之前，中国传统小说基本采用演述性时间，而没有从根本上涉及情节时间。陈平原就认为：“中国小说基本上采用连贯叙述方法。”③ “中国古代小

① 吴趼人：《云南野乘》第一回，《吴趼人全集》第 4 卷，第 395 页。

② 赵毅衡：《广义叙述学》，四川大学出版社 2013 年版，第 73 页。

③ 陈平原：《中国小说叙事模式转变》，北京大学出版社 2010 年版，第 36 页。

说在叙事时间上基本采用连贯叙述。”①

西方文学也有重视故事情节时间的传统。亚里士多德在论悲剧的时候，提出悲剧的六大要素：形象、性格、情节、言词、歌曲和思想。在这六个要素中，亚氏首推情节。他说：“六个成分里，最重要的是情节，即事件的安排；因为悲剧所模仿的不是人，而是人的行动、生活、幸福（幸福与不幸系于行动）……悲剧艺术的目的在于组织情节，在一切事物中，目的是最重要的。”② 这种传统到18世纪开始发生变化。这时期开始，西方小说家真正自觉地用自己的感觉方式来自由地切割、扭曲小说中的时间，来获得某种特殊的审美效果。

故事时间之所以能够进行切割、扭曲，前提就是热奈特所指出的：在故事中，几个事件可以同时发生，因此故事的时间是可以多维的。但在叙事中，叙述者不得不打破这些事件的“自然”顺序，把它们有先有后地排列起来，因此，叙事的时间是线性的。故事和叙事在表现时间上的不同特点，为改变时间顺序达到某种美学目的开创了多重可能性。③

中国小说叙事时间的变化除了受到西方现代小说叙事的影响外，也受到近代兴起的新闻报刊重视时间性的影响。新闻报道在某种程度上推进了中国小说叙事时间的变化，最为明显的是小说借用新闻叙事故意打乱正常故事时间的叙述方式，制造悬疑。新闻报道为了增强新闻故事对读者的吸引力，常见的叙述方式是打乱故事的时间，将那些能够吸引读者的新闻要素提前到新闻导语中。这种叙事的好处在于增加新闻悬疑，增强新闻对读者的吸引力。这种对故事时间的扭曲和切割的新闻叙事模式，对中国现代小说叙事产生了一定的影响。

中国小说叙述时间的变化表现在两个方面：一是故事的情节时序变化，二是故事的叙述节奏的变化。在具体的文本叙述中，改变故事原本的自然时间顺序的方法不多：“时序的变化，只有两种可能，即倒叙与预叙。”④ 倒叙和预叙打破了故事叙事时间，将故事时间进行重

① 陈平原：《中国小说叙事模式转变》，北京大学出版社2010年版，第4页。

② ［古希腊］亚里士多德：《诗学》，人民文学出版社2002年版，第21页。

③ ［法］热奈特：《故事话语与新故事话语》，中国社会科学出版社1990年版，第4页。

④ 赵毅衡：《苦恼的叙述者》，四川文艺出版社2013年版，第137页。

新排列。故事时间本身是多维度的，在同一时间中，在不同的空间可以同时发生。在具体的叙述文本中，同一情节线切断，重新剪辑组合；不同情节线打碎，重新拼凑，交叉使用。“一会儿中断一个故事，一会儿中断另一个故事，然后在下一次中断时再继续前一故事。”

清末的小说《六月霜》有一个非常复杂的时间结构。小说叙述了吴之湙在上海的报刊上了解到自己的友人革命女侠秋瑾被捕遇难的消息。叙述者回过头来叙述秋瑾是如何被捕、受审和蒙难的详细过程。然后再进一步回溯秋瑾的一生：从她的童年讲起。小说最后以秋瑾之死引起群众抗议结束。这个故事如果采用传统的连贯叙述的方式，在时间安排上应该是：秋瑾的生平—秋瑾被捕、受审、就义—秋瑾就义引发群众抗议。小说将秋瑾的生平放在故事自然时间位置之后进行叙述，在这样的时间格局中，秋瑾的生平可以肯定是倒叙。采用这种倒叙的方式可以使小说具有悬疑感，保持对读者的阅读张力。但“倒叙本身并不构成悬疑，只是因为在事件的正常位置上，仅提供了部分情况，这才造成悬疑”①。

这种叙事带有很明显的新闻叙述的特征：将最为重要的新闻事件的结果（秋瑾被捕就义）放在开头，接着对这个结果进行补充叙述（如何被捕、受审和蒙难的详细过程），增加信息量，解答读者的疑惑。然后采用倒叙的方式，交代新闻背景：秋瑾的生平。最后是新闻的结尾：秋瑾之死的后果。“从结构上看，倒叙的内容构成了一个插入的叙述片段。”② 这种插入性的叙述片段就打碎了中国传统小说叙述的线性时间，从而使这一时期的小说开始显现出对叙述时间的扭曲、切割的一种自觉的追求。这种对故事叙述时间的安排，使这一时期的小说创作呈现出一种非线性化的叙述模式。

清末民初时期像《六月霜》这样具有复杂时间结构的小说其实并不多。这一时期，很多小说开始采用倒叙的方式，“晚清四大小说杂志共刊登采用倒装叙述手法的小说 51 篇”③。但要注意到，这一时期的小说大多只是注重于小说开头的突兀。［梁启超翻译《十五小豪杰》，对其进行改造。“看官，你道这首所讲的什么典故呢？说话距今

---

① 赵毅衡：《苦恼的叙述者》，四川文艺出版社 2013 年版，第 140 页。

② 申丹：《西方叙事学：经典与后经典》，北京大学出版社 2010 年版，第 117 页。

③ 陈平原：《中国小说叙事模式转变》，北京大学出版社 2010 年版，第 44 页。

四十二年前，正是西历一千八百六十年三月初九日，那天晚上满天黑云……”凡尔纳的开场：“1860 年 3 月 9 日。黑云锁住了海面，不分彼此，四周只有几嘚的地方依稀可见。”随后叙述十五个少年在狂风怒涛的海面上漂流，这个开场使读者不知所云。到第三回才交代事情的缘起。所以，梁启超在批语中说：“观其一起之突兀，使人坠五里雾中，忙不知其来由。”（《十五豪杰》第一回批语）］

被胡适认为在小说技术方面的“全德小说”的《九命奇冤》这部小说，采用了场景特写的新闻式样的开场：这个场景式的开场是客观记录式的纯场面描写在中国小说中“几乎是开拓性的”。米列娜也认为：“《九命奇冤》的开端是一个极为大胆的尝试。”[①] 这是对小说叙述方法的重大变革。除了这个原本应在第 16 回出现的新闻场景的开头外，《九命奇冤》的第 17 回、第 18 回、第 31 回和第 35 回四次运用了倒叙的手法。在第 16 回，梁天来的母亲在石室内因浓烟窒息而痛苦挣扎。但到了第 17 回，情节转到梁氏兄弟的出逃，把梁母的生死悬置起来，在读者心中留下悬念。直到梁天来回到案发现场，叙述者才回到第 16 回的结尾，告知读者梁母存活及她如何存活。改变故事的自然时间的主要目的在于增加故事的悬疑，保持故事的叙述对读者的吸引力。“倒叙与预叙都能制造悬疑，只是制造方式不同。悬疑是任何叙述展开的动力，对未解之谜的好奇是阅读的必然推动。”[②]

严格来说，《九命奇冤》的场景式的开头并不是倒叙，而是预叙，“在预叙中，事件在其应出现时间之前就被叙述出来。从叙述学上说，只有叙述者才知道全部故事，因为他是在全部事件发生结束后才来叙述的，其他人物无法预知未来，预述不可能用转述语表达。”[③] 预叙完全可以创造悬疑——即在事件正常位置之前就提供有关的部分情况，这样，预述所叙的全部叙述就是在回应这个悬疑，解释这个结果是如何出现的，叙述本身就是一个过程。可以说，倒叙是结局性悬疑，预叙是过程性悬疑。新闻导语与清末小说的序言（预叙）。《黑籍冤魂》小说的引子部分讲述的关于年羹尧借金佛筹措军费的故事，是一个在

① ［捷克］米列娜：《从传统到现代——19 至 20 世纪转折时期的中国小说》，伍晓明译，北京大学出版社 1991 年版，第 124 页。

② 赵毅衡：《苦恼的叙述者》，四川文艺出版社 2013 年版，第 140 页。

③ 同上书，第 132 页。

民间流传很广的奇闻逸事（或者说是神话故事）。这种叙事带来明显的中国传统小说叙事的影响（是一种穿插的运用，在作品中，先叙述年羹尧的故事，再由此引申的那个因吸食鸦片倒毙街头的吸毒者的故事。这个故事虽然还受到传统叙述的影响，但是，我们可以看到作者在进入正文后，先是叙述自己亲眼见到吸毒者倒毙街头，然后借吸毒者的自我叙述来交代自己是如何从小富人家堕落到家破人亡的悲惨境地）。《九命奇冤》《查功课》这两篇小说明显采用了现代小说的倒叙方式。

三 小说时间空间化

影响小说叙述时间的另一个重要因素就是小说的叙述节奏。小说的叙述节奏就是对叙述的故事时间按照一定的规则来进行扭曲和切割，正如苏珊·朗格指出的，小说的节奏在本质上可以认为是“一系列相同事件以相当短的、一定的时间间隔的连续推进”①。但这种节奏的推进的规则主要根据小说表达的情感和情节发展的需要而定。在中国20世纪文学转折期，小说在叙述时间上体现出来的叙事节奏的改变主要体现在对小说情节叙述速度的快慢、张弛、急缓上体现出来。“在小说创作中，叙述节奏的形成往往通过情节的行进速度和故事安排的分寸感来体现。”② 叙述节奏的急与缓、快与慢、疏与密、详与略的变化，可以加快或者减慢小说叙述的速度，而小说叙述速度是衡量小说价值的一个重要标准。

减慢、降低叙述速度的一个重要的方式就体现在小说对场面描写上。中国传统的白话小说几乎都是以缩写的形式来开场的。对于那些文人案头的笔记小说，其开头也较多地追溯人物的身世作为开头。因此，这样的“追溯性”开头简略而快速。对于中国传统小说叙述整体来说，从那些历史题材的宏大叙述中演化而来的白话小说，从总体上说，叙述节奏较快，如《三国演义》中开头的几章关于汉朝末年黄巾军引发的内乱的叙述快速而简略，几十年的故事时间在叙述中快速推进。曹操卷入政治斗争的叙述也快速而简略。《水浒传》也存在相似

---

① ［美］苏珊·朗格：《感受与形式》，高艳萍译，江苏人民出版社2013年版，第243页。

② 吴子林：《叙事成规：金圣叹的“文法”理论》，《河北学刊》2006年第5期。

的情况，开篇洪太师龙虎山误放三十六天罡星和七十二地煞星的叙述到正式开始叙述梁山好汉的故事，同样快速而简略。有意味的是，该小说在叙述各路英雄如何被逼上梁山的故事时，叙述速度就要慢得多。但小说的后半部，各路英雄聚集梁山后的叙述又开始快说推进，特别是受招安后的叙述，更是快速而简略。《隋唐演义》这部小说，前半部围绕着秦琼为中心的关于十三条好汉的叙述张弛有度，从容有致，故事也很吸引人。但在小说的后半部，转入以李世民为中心的叙述，由于在内容上牵涉到宏大的叙事，要交代的事情太多，在节奏上就很难保持原来的叙述速度，变得快速而简略。

中国传统小说为什么会在总体上叙述节奏保持着快速而简略的特征呢？孟瑶先生认为是传统小说受到口头表达的影响："有长一段时间许多名著无法跳出'说话'窠臼，摆脱它的约束，'说话'的特色与风格，就是粗线条勾勒，使故事充满动态而快速地向前发展。"① 但赵毅衡先生很容易就找到了反证。他用扬州的评话本《武松》中对打斗的描写和苏州评弹《珍珠塔》中关于下十八级楼梯的描述作为反例，认为中国白话小说之所以在叙述节奏上快速而简略，不仅仅是因为受到口述方式的影响，而更为重要的是，中国传统白话小说的价值取向在于向普通社会底层大众普及历史（讲史）。他进而认为，与历史题材关系越近，小说的叙述速度就越快而简略，反之，小说的叙述速度就会变慢。正是因为传统白话小说与历史的紧密联系，使小说的叙述选择余地很小。胡适就说："《三国演义》最不会剪裁，它的本领在于搜罗，一切竹头木屑，破烂铜铁，不肯遗漏一点。因为不肯剪裁，故此书不成为文学的作品。"②

清末小说在某种程度上保留了中国传统古代小说简略快速的叙述特征，在这一时期的政治小说、历史小说，甚至社会小说中有所体现。在这个方面可以认为，清末的小说承继了中国传统小说快节奏的叙述模式。但我们更应该注意到，这一时期小说在叙述速度上的明显变化：小说开始注意人物的内心，注意小说人物内在情感的展现。这种小说对人物内在的关注，使小说在叙述速度上开始变得缓慢。小说叙述速度的变化，在清末民初的言情小说中体现得特别明显，如吴趼

① 孟瑶：《中国小说史》，台北文星书店1966年版，第387页。

② 胡适：《中国章回小说考证》，上海文艺出版社1980年版，第391页。

人的《恨海》借助于清末辛丑年八国联军入侵北京的社会背景，叙述了两对青年男女乱世飘零的悲剧故事。虽然小说在价值取向上还带有浓郁的传统精神因素，但外在的叙述上，更多地投射小说人物的内在心灵世界，使小说的叙述速度放慢。这种慢节奏的叙述，为小说构建了一个整体性的充满巨大情感的悲情的氛围。读者在这种慢速度的叙述中，能够进入小说人物的内心世界，能够感受到小说情感氛围，接受小说巨大的情感感染力的洗礼。

清末小说中另一部重要的小说《海上花列传》，在叙述速度上也明显不同于传统白话小说。小说以青年赵朴斋到上海投靠母舅洪善钧开篇，到赵朴斋之妹二宝上海为妓及二宝在一个恍惚的梦境中醒来结尾。小说叙述的故事时间不过一年左右。这个故事时间相对于传统白话小说动辄几十年、几百年的故事时间，就显得非常短暂。因此，一本 30 多万字篇幅的小说叙述一年发生的故事，叙述时间就可以做到从容、不慌不忙。小说的叙述速度就变得十分的缓慢，这就可以加强小说对于场景的描写和对小说人物的内在心灵世界的探寻，可以增强对小说人物心理活动的详细描写。因此，我们甚至可以认为，小说叙述速度的快慢是衡量、评价一部小说艺术优劣的一个重要的指标。

清末的重要小说《老残游记》在叙述技巧上取得了较高的成就，这在当时及后来的小说评论者中得到了高度的肯定。胡适认为《老残游记》突出的成就就在于"写人写景不肯用套语烂词，而是作实地描写"。[①] 阿英认为其艺术成就在于"科学式样的描写"[②]，捷克汉学家普实克认为是基于"分析式"的描写。[③] 虽然他们的侧重点不一样，但是都认为《老残游记》的"描写"是其小说技巧取得较高成就的一个重要原因。他们提到的小说中的那些经典的描写段落，如"黄河敲冰""王小玉唱大鼓""大明湖之游"，这些详细的描写段落极大降低了小说的叙述速度。特别是小说的第 12 回到第 16 回，作家用 40 个页码来叙述一个晚上的故事，这个晚上的故事中的场景描写一个接一个，连绵不绝。正是这种将小说的叙述速度降到极为缓慢的描写，让《老残游记》在这一时期小说技巧方面取得较大成就。所以，赵毅

---

① 胡适：《中国白话文学史》，上海古籍出版社 1999 年版，第 4 页。

② 阿英：《晚清小说史》，江苏文艺出版社 2009 年版，第 27 页。

③ [捷克] 普实克：《抒情与史诗》，郭建玲译，上海三联书店 2010 年版。

衡就评价说其“为晚清小说慢速之冠”[①]。也正是从这个意义上来说，叙述速度的快慢是衡量一部小说艺术高下的重要指标。所以，学者认为《老残游记》比《红楼梦》更胜一筹，也是从这个角度来评价的。

叙述速度的降低可以带来小说对“描述”的重视，而描述又能突出小说场景，进而使小说从注重时间的线性连贯叙述，转而重视小说的空间转换。现代小说的空间意识也由此开始呈现出一种雏形。这种时间向空间的转换，常采用回顾性的策略，“利用追叙和回想使几十年前的事能在极短的时间内显示出来”[②]。这种“追忆、回想”让过去和现在不停地转换、交错，同时也使小说的空间不断转换。守如1915年的《唐花》通过第一人称叙述“我”在一家富商家做家庭教师的一件往事。我任教的三个学生中有一位学生——8岁的稚英。稚英父母爱惜他，为他娶了一位7岁的妻子振闺。洞房之夜，闹洞房的人逼迫小稚英喝了不少黄酒，伤了脾胃。稚英父母又大意，竟病成痨病。几个月后，小稚英就去世了。7岁的小振闺就成了寡妇。不久稚英的父母又因爱子早逝，迁怒于活泼的小振闺，认为她克夫而冷淡、冷漠地对待尚无知的振闺。这篇小说是晚清时期经常使用的一种回想、追忆式的叙述策略，不但小说的时间能在过去和现在之间转换，而且小说的空间也随着时间的转换也不停地转换：我现在回忆的地方—我过去的家—稚英的家—学堂—振闺—稚英的家。

对时间的重视使现代人的认识论发生了重大的改变：人可以通过自己的知觉来认识世界，进而掌握真理。现代时间观念中，历史是线性的。历史的真理和规律隐藏在社会表面之下，但这些规律和真理却是可以通过人的知觉来加以认识和掌握的。对于现代小说来说，通过表现这种社会生活，展现其背景之下的社会规律和真理，是其区别于传统古典小说最为重要的质的标志。在这个过程中，新闻传播发展产生了重要的影响。新闻的主要目的在于向全体大众提供社会变化发展的最新的信息，通过这些信息来展现社会的发展规律。

传统的故事时间模式被打破，为五四以人物心理感知时间的叙事模式的确立奠定了基础。“我们若不想研究则已，若一定要研究的时候，可先从研究人的心理入手。情感的成长变迁，意识的成立轻重，

---

① 赵毅衡：《苦恼的叙述者》，四川文艺出版社2013年版，第131页。

② 赵景深：《短篇小说的结构》，《文学周报》第5卷第7号，1927年。

感觉的粗细迟敏，以及其他一切人的行动的根本动机等，就是我们研究的目标。”①

第二节 报刊与小说叙事结构

一 长篇小说结构的故事组化

清末时期，出现了大量的故事组式结构的长篇小说。这些长篇小说大多有由一组组故事串联起来的结构形式。在这些故事组中，大多缺乏一个真正意义上连贯的中心人物或中心情节，故事之间的连接非常松散。如李伯元的《官场现形记》这部作品由61个插曲、10多个故事组连缀而成。插曲和故事组之间不是由人物与情节造成的，既没有统摄全书的情节，也没有中心主人公。这些独立的故事的连接结构是松散的。有的长篇小说安排了一个中心人物贯穿小说，但主要中心人物本身的故事不是小说主要的故事情节，而是通过他所见所听的逸事、奇闻连缀而成的故事，如《二十年目睹之怪现状》。这实际上也是故事组的结构形式。胡适就对这种表面完整的结构提出了批评：“《怪现状》的体例还是散漫的，还含有无数短篇故事，但全书有个‘我’做主人，用这个‘我’的事迹做布局纲领，一切短篇故事都变成了‘我’二十年中看见或听见的怪现状。”② 所以，这种结构形式实际上并没有超出故事拼凑而成的故事组的结构形式。

当然有些长篇小说，如《老残游记》在结构形式方面取得了较高的成就，它已经开始通过小说中的主要人物自己亲身经历的故事连缀而成的故事组。这种结构形式已经开始考虑通过小说中的主要人物的故事来进行小说的结构，这是该肯定的地方。但是，这部小说在结构的时候，也具有明显的故事堆积的痕迹。特别是《孽海花》这部长篇小说，曾朴在构思上是通过清末状元金雯青和名妓赛金花的传奇故事来反映清末30年的时代风云。这部小说有明暗两条情节，明线故事是传奇，写得很好。但作者为了反映宏大的历史事件，在小说中插入

---

① 郁达夫：《小说的技巧问题》，《洪水》第3卷第27期，1927年。

② 胡适：《五十年来中国之文学》，载《胡适文存》二集，北京大学出版社1998年版，第200页。

了大量的历史事件，从而影响了小说的结构。清末民初小说被时人及后来“五四”一代小说家所轻视，原因有很多，其中一个重要的原因就是因为这一时期的小说在结构上比较松散，没有一个完整和紧凑的情节结构形式，很多小说是由一个个故事连缀拼接而成。这些长篇小说缺乏一个完整的故事情节或者贯穿小说始终的中心人物。

为什么出现这种小说的结构形式？当年胡适信中讨论曾朴的《孽海花》的时候，认为新小说家们受到了中国传统文人小说《儒林外史》的影响：“《儒林外史》没有布局，全是一段一段的短篇连缀起来的；拆开来，每段自成一篇，斗拢来，可以至无穷。这个题材最容易学，又最方便。因此，这种一段一段没有总体结构的小说就成了近代讽刺小说的普遍法式。”① 但是，我们翻阅资料发现，当时的主要小说家们和理论家们并未谈论他们对《儒林外史》的模仿，也没人承认自己受到了其影响，当然，这并不能排除这种模仿和影响的存在。但也能从这个现象中反映出，清末民初的这种故事组式的小说结构形式绝不仅仅只受到《儒林外史》的影响这么简单。

如果从这一时期小说的最重要的传媒媒介——近代报刊角度来思考，考虑到大量的通过报刊载体发表的小说作品，我们就不得不承认，报刊这种全新的小说传播媒介对于小说创作的影响，当然也就包括对小说的情节结构模式的影响。新闻报道所遵循的原则是“一事一报、一人一报”。正是这个新闻报道的原则的指导，在报刊上连载的小说，也基本上受到这种新闻叙事的影响。清末小说基本上是由一个个相互独立的事件堆砌而成，它们之间缺少内在的逻辑联系和情节关系。所以阿英就认为，清末民初这种特殊的小说结构方式，除了受到了某些传统小说模式的影响外，还有当时的特殊原因：“不能不把原因归到新闻事业上。”他进而认为，这是小说融入报刊的一种必然的选择：“为着适应时间间断的报纸读者，不得不采用或产生这种形式。”② 同时，报刊的读者是间隔式的阅读。这种间隔式的阅读方式，让读者降低了他们对小说整体结构的要求。

既然故事组式的小说结构受到了新的传播载体的影响，那报刊是

① 胡适：《五十年来中国之文学》，载《胡适文存》二集，北京大学出版社 1998 年版，第 200 页。

② 阿英：《晚清小说史》，江苏文艺出版社 2009 年版，第 5 页。

通过什么样的方式、怎样影响到这种结构的形成呢？陈平原在详细考察近代报刊对小说影响，特别是对小说叙事模式影响的时候发现，因报刊兴起的报刊连载长篇小说的形式对长篇小说采用故事组式的小说结构模式产生了重要的影响。他指出："对清末民初小说集锦（并列式）结构形式影响最大的，还是报刊长篇连载小说这一特殊的文化背景。"① 报刊长篇连载小说这种新型的小说形式，是近代报刊与文学联姻后小说融入新闻媒介而孕育出的新生儿。当初，新闻报刊引小说进入，目的有两个：一是利用小说来填补新闻资讯的不足而留下的新闻版面的空缺；二是利用小说这种中国读者喜闻乐见的文学文体来招徕报刊的读者。但报刊的版面是有限的，不可能将一部长篇小说一次性刊登完毕。所以报刊采用的策略是将一部小说分成若干部分，每期刊登小说的一部分，这就是报载长篇小说的雏形。在报刊读者对小说整体性的低要求的预期下，新小说家们就弱化了小说结构方面的要求，结果呈现在报刊读者面前的就是一组组故事。

同时，我们必须认识到，当时的小说家们为报刊创作小说的一个重要的动机，即有些是为了谋生计，解决他们生活上的危机而投入小说的创作中来。比如当时具有较大影响的小说家李伯元举家迁往上海，就是为了解决家道中落的经济问题，李伯元自己也从不讳言。其他的著名作家如林纾、包天笑、孙玉声等也大多有这样经济方面的考虑。包天笑在自己的回忆录《钏影楼回忆录》多次谈到自己的创作与稿酬问题。在进行小说创作的时候，他们就不得不考虑时间和精力投入的经济效益问题，所以，在整体上来说，新小说家们创作长篇小说时，普遍缺乏一种整体的构思和明确的写作计划，也就谈不上对小说的结构作认真的安排。很多作家同时为数家报刊创作不同的小说，更是无法做这种精心的构思。即使被认为是新小说中艺术成就较高的小说《老残游记》的创作，也出现了这种状况。据刘鹗的儿子刘大绅回忆，刘鹗创作《老残游记》之前也并无整体的构思，而是"每信笔一篇，无暇更计工拙"②。相对其他新小说家来说，刘鹗一生创作的小说数量非常少，就是这样，也难以让他在为报刊创作时对小说作总体性的规划，精心构思小说的结构。刘鹗如此，其他新小说家就更不用说

---

① 陈平原：《中国现代小说的起点》，江苏人民出版社 2009 年版，第 143 页。

② 同上。

了。所以，周贻白就说："随写随刊，不及细加斟酌之故。迨经发觉前后不相照应，而离中心事实已远，于是索性放手写去。"①

为了解决长篇小说创作缺乏整体的结构构思的缺陷，同时为了按时交稿，新小说家们采用引新闻故事、逸闻、笑话等新闻素材进入小说创作的范畴。张春帆在《宦海》的第一回就说："在下做书的特地把这些蛇神牛鬼的情形，争利争名的现状，一桩桩一件件的搜集拢来，成了一部小说，也不过形容怪状，唤醒痴迷的意思。"张春帆在这里已经很清楚地说出了自己通过搜集逸闻等新闻故事进行创作的思路。张春帆的这种结构方式，并不是这一时期的孤立的个案，而是大多数新小说家所采取的普遍性的策略。包天笑就记叙了吴趼人的一件事："他给我看一本簿子，其中贴满了报纸上所载的新闻故事，也有记录朋友所说的，他说这都是材料，把它贯起来就成了。"② 在这里，包天笑清楚地告诉我们，吴趼人的故事主要来自报纸上的新闻故事。包天笑的这个回忆，我们可以在吴趼人的小说《二十年目睹之怪现状》中得到印证。小说借主人公九死一生之口，反复强调了是他自己记录下了朋友所讲的逸事、笑话。这些新闻故事、逸闻进入小说的文体之中，就形成了一个个具体的小故事，几个有相关联人物的小故事就形成了一组组的故事组。这种松散的结构，有利于为报刊写作的小说家快速提交自己的作品。

我们在讨论清末民初小说结构模式的时候，还必须注意到，这一时期的大多数长篇小说人物数量众多、故事插曲连绵，如《官场现形记》中就涉及的人物达到800多个，有大大小小的故事、逸闻、笑话数十个。这是因为小说家要展现宏阔的社会变革的全景图像，就不得不把众多的人物、事件纳入小说叙事的结构中来，通过对各个阶层的各色人物的书写来展示时代的巨变。正是这种创作的前提性假设和写作意图，新小说家们在整体布局或者在考虑情节结构时，首先就不得不认真思考这些问题。新闻是以事件为中心的叙事，让人认识世界、认识社会的功能，影响了小说家在小说创作中对小说观念的影响：创作小说是为了反映社会，认识生活。正是这种小说观念，才导致小说在创作时是为了突出发生了什么事，因此注重故事的叙述，而故事是

① 周贻白：《〈官场现形记〉索隐》，《文史杂志》1948年第6卷第2期。

② 《钏影楼回忆录》中关于"编杂志之始"节。

由一件一件的具体的事件通过环形的结构连缀而成。故事组的结构是一种松散的结构形式，在某种程度上降低了小说的艺术性。“长篇小说由于大量笑话、逸闻的渗入，呈现整体结构解体趋势；而各类小插曲的集合，又颇有以题材分类的倾向。”① 报刊连载的形式导致小说的各个故事之间相对独立。各个独立的小故事具有自己相对完整的小的结构形式。因此，小说家就可以不注重小说整体上的结构。

二 短篇小说结构的横截面化

传统中国的短篇小说曾经有过较长时间的繁荣，传统的白话小说和笔记小说都取得过辉煌的成绩，但发展到清代，白话短篇小说逐步衰落。到清乾隆年间，就很难再见到白话短篇小说的踪影。笔记小说的艺术水平也再难有新的突破，长期在低位徘徊。但到了近代，随着新闻出版业的发展和繁荣，文学和报刊联姻，小说的文学体裁开始具有了更适合自己的媒介。最先进入报刊的主要是长篇小说，但长篇连载小说因自身的缺陷并不完全适合报刊这种新型的媒介。因为报载长篇小说的出版周期较长，有的甚至连载数年，加上作家随写随发的创作方式，不容易去思考小说的整体性结构，导致报载长篇小说的艺术性不高。所以梁启超就说：“此编月出一册，册仅数回，非亘数年不能卒业，则前后意见矛盾者，宁知多少。”② 他进而指出：“一部小说数十回，其全体结构，首尾相应，煞费苦心，故前此作者，往往几经易稿，始得一称意之作。今依报章体例，日出一回，无从颠倒损益，艰于出色。”③ 正是看到了报刊连载长篇小说的这种缺陷，他们就引进中国传统章回小说的形式，力求每期刊登部分的故事相对完整性。“本报所登各书，其属长篇者，每号或登一回二三回不等。惟必每号全回完结，非如前者《清议报》登《佳人奇遇》之例，将就订装，语气未完，戛然中止。”④ 这种报载长篇小说的调整，为短篇小说的崛起创造了条件。

在清末民初，报刊中短篇小说地位出现了崛起的趋势，这种转变

---

① 陈平原：《中国现代小说的起点》，北京大学出版社 2005 年版，第 142 页。

② 梁启超：《新民丛报》第 20 号，1902 年。

③ 同上。

④ 梁启超：《中国唯一之文学报〈新小说〉》，《新民丛报》第 14 号，1902 年。

受到近代报刊的影响。它既体现在短篇小说在报刊中的数量增多，包括翻译和创作两个方面的数量的急剧增长，同时还体现在短篇小说在报纸中的版面位置的变化。这两方面都反映了短篇小说地位的提升。这种短篇小说中的地位变化还可以在报刊登载的征稿启事的变化中反映出来。1907 年《小说林》刊登了“募集小说”启事，要求小说“篇幅不论长短”，到 1908 年，《月月小说》就登了“特别征文”，专求短篇小说。1912 年，《小说月报》刊登“本社通知”，其中就特别写道“短篇小说尤其欢迎”。到 1913 年，商务印书馆要求的短篇小说“为最合用”。从这些启事征文的要求中反映出的是，短篇小说地位的提升，成为最受欢迎的文学文体。短篇小说的崛起和报刊有着明显的关联性。短篇小说受报刊连载形式的影响。短篇小说灵活，容易融入报刊的版面。“报刊连载长篇小说，优点是可吊读者胃口，缺点是每回情节都不完整；而刊载轻便自由的短篇小说，虽情节完整，可又不能够曲折复杂——最好的办法是长短篇兼刊。”① 与报刊关系密切的短篇小说崛起的重要意义在于它在结构形式方面的变化。与中国传统的文人短篇小说和白话短篇小说注重情节结构的完整不同，这一时期的短篇小说结构开始淡化故事的情节，从传统的“纵”剖面向现代的“横”截面结构转变，开始“以片段、场景为表现中心，而摒弃完整的情节布局”②。这一转变就突破了传统以字数多少来划分短篇小说的标准，而是以“用最经济的文学手段，描写事实中最精彩的一段或一方面，而能使人充分满意的文章”③ 这个标准来界定短篇小说。这种标准是从短篇小说的结构方面来划分的，这种结构是一种不同于传统短篇小说重情节结构的全新的结构形式。一是新闻现场式样的结构，如《路毙》这部短篇小说完全采用新闻场景化的叙述手法，叙述了一位老人在天寒地冻的街头倒毙的惨状以及从不同侧面、不同角度描写各色人等的不同反应，来刻画围观者的心态。作家截取的这一个社会生活中的一个场景，并对之作全景式样的描写，展现的却是整个社会人的看客的精神面貌。这是典型的截取横截面的结构方式。二是议论

---

① 陈平原：《中国现代小说的起点》，北京大学出版社 2005 年版，第 149 页。

② 同上。

③ 胡适：《论短篇小说》，载中国现代文学馆编《尝试集》，华夏出版社 2011 年版，第 28 页。

式样的结构，如吴趼人的《大改革》引进了大量的议论，来讽刺流于形式的改革。三是全对话式样的结构，如《查功课》这部短篇小说全部由人物的对话结构而成。这些对话构成的片段化的场景描写，截取的是社会中的一个横截面，展示出当时社会上清政府压制进步青年言论的一个缩影。

这些短篇小说都是“截取一段人生来描写，而人生的全体因之所见”①。但这些小说与“五四”时期的短篇小说相比，其结构的转变还处在过渡之中，因此，这一时期的小说虽然采用了片段化的叙事结构，加强了场景化的描写，但还未深入人物的内心世界，没有进一步发掘出人物心灵的声音。在这个层面上来说，这一时期的短篇小说的片段化结构主要侧重于技术手法层面，还未深入内在的以主观情绪为结构的模式方面。这是因为清末时期的中国小说的读者还不习惯完全片段化的场景化的结构形式，因此，新小说家的创作和读者的阅读之间的冲突便折中妥协，其后就是在片段化中力求有相对完整的故事。这是通过新小说家在片段化的叙述结构中，采用中国传统小说追溯的手法来实现。如恽代英的《工人小史》在片段化的横向叙事之后，用回忆的方式来介绍韩蘖人十年之前是如何从读书人沦落为上海的下层工人的原因。这典型是采用了传统短篇小说追溯的手法。在结构上更为复杂的短篇小说，如吴趼人的《黑籍冤魂》这部短篇小说也是运用场景化的叙述，描写了“我”在路见一人卧倒街头的悲惨景象，作者并没有从主人公的身世开始写起，而是采用倒叙的手法，用场景化的描写渲染主人公悲惨的境遇。但可能是照顾到读者的阅读习惯，小说笔锋一转，从这种场景化的叙事中逸出，折回到传统的追溯方式上来。小说通过鸦片吸食者临终交给我的册子的自我叙述，追溯了他是如何从家道殷实的人家，因吸食鸦片家破人亡，最后倒毙街头。这又重新回到了传统短篇小说的故事上来了。从这里来说，他还没有完全走出传统短篇小说的故事性窠臼。

民初时期，短篇小说的结构形式已经比较成功地走出了传统短篇小说的追溯性的故事的圈套，开始以片段化的场景描写来组织短篇小说的结构形式。被普实克称为中国现代小说先声的鲁迅《怀旧》这篇创作于1911年的短篇小说，虽然采用了文言的表达形式，但它已经

---

① 沈雁冰：《自然主义与中国现代小说》，《小说月报》第13卷第7期。

完全突破了传统小说的故事结构模式。传统小说的那种注重叙事故事的完整、统一的结构模式，在《怀旧》这部小说中完全被弱化。这部小说的故事性非常弱，它是通过一个蒙童的视角叙述由一起谣言引发的骚动。小说在弱化故事的同时，突出的是片段化的场景。也就是说，这篇小说是由几个场景组合而成，但场景之间缺乏传统小说故事的内在因果关系和内在逻辑性。这些场景的连接、穿插、折叠不是依据故事的逻辑关系，而是依据小说内在的主观的情感体验。

清末民初短篇小说结构的片段化对五四现代小说的结构模式产生了重要影响。短篇小说因近代报刊而兴起，同时又在结构上受到报刊的影响。这一时期的短篇小说结构形式开始出现片段化的倾向，这种片段化的结构又为塑造人物服务。这才是清末短篇小说在结构上对五四现代小说最为重要的意义。如蔚云的《征妇》通过一个富家少年外出打猎，夜色归途中遇暴雨在一个农家院子避雨时，偶然偷听到贫家婆媳的对话。通过婆媳的对话，叙述出这家男主人被迫外出当兵，留下老人、妻子和幼儿在贫困的生活中的挣扎。这部小说最大的价值在于，通过婆媳的对话，刻画出了妻子这个中国传统的女人善良、坚韧的人物性格特征。虽然这种人物性格的刻画是通过人物之间的对话而进行的，但这突破了传统小说的故事情节为中心的模式，对现代短篇小说以人物为中心的结构模式产生了重要的影响。这与后来茅盾在总结五四短篇小说的创作时的表述有着极为密切的关联性："叙述一段人生，可以无头无尾巴，出场一个人物，可以不细叙家世，书中人物可以只有一个人，书中情节可以简至一段回忆。"① 这种片段化的结构形式又带来了现代短篇小说的抒情性的生长。淡化故事情节的片断化和场景折叠的结构模式，滋生了"五四"现代短篇小说浓郁的抒情格调。

三　小说首尾突兀化

传统的白话小说是一种以口头表达为主要传播形式的话本形式，基本可以认为它是说话人的底本或拟话本，因此它是一种以口头表达为主的艺术形式。即使章回小说这样已经较书面化的小说，作者在创作时还是假想自己的读者是在场的听众。因此章回小说拟用说书人的口吻进行小说的创作，在小说的书面表达中带有浓重的说书人的腔

① 沈雁冰：《自然主义与中国现代小说》，《小说月报》第13卷第7期。

调，这种说书人的腔调一直延续到清末。正是这种口头表达的需要，传统白话小说大多有一个铺垫式样的开头，或者称为楔子。

传统小说之所以有开头的一段和小说的主体情节不太相关的一个相反的故事或相近的小故事，原因有两个：一是说书人为了聚集听众："因为说话人都是卖艺谋求衣食的，聚集的听众当然越多越好。他们不论在街头或瓦肆中讲说，都得拖延一些时间，以便招徕更多的听众，还要稳定住已到的听众，到了适当的时刻才言归正传。"① 二是为了启发听众：导入正式的故事情节，做一个铺垫。"引导听众的作用。说书是诉诸听觉的艺术，如果说书人一上来就进行情节的叙述，听众会感到茫然无绪，不得要领，这需要说书人运用附加的东西做一些指点和铺垫：或者是点明正话的主题，概括全篇的大意；或者是造成意境，烘托特定的情绪；或者是由此及彼，对正话加以映衬，这样就会更顺利地将听众引领到故事情节中去。"②

因受到话本小说和拟话本小说的影响，明清章回小说的作者还没能从说书人的角色中解脱出来，在小说开头方面同样继续受到话本小说影响。章回小说的开头普遍呈现出"先诗词、再议论，然后才开始正式叙述故事的开头模式"③。这种模式在很大程度上说明，作家的主体意识还没有确立起来，潜意识中把小说的创作的对象拟定为"听众"，而不是"读者"。也就是说，他们意识到自己创作的小说是要通过说书人通过口头"讲"的形式向读者传播。小说的这种"讲"和"听"的传播和接受方式，在很大程度上制约了作家小说的创作模式，特别是小说的开头要考虑去吸引招徕听众。因此，我们在明清时期发现"章回小说开头也普遍地由诗词开篇，只有极少的一部分开篇没有诗词"④。这种传统小说开头的套路，非常适合说书人的现场表演，同时又有利于听众的接受。

近代报刊兴起之后，小说进入报刊，带来的不仅仅是载体形式的变化，更为重要的是，报刊全新的传播和接受方式与传统的以声音媒

① 胡士莹：《话本小说概论》，中华书局 1980 年版，第 137 页。

② 陈玉申：《晚清新闻出版对文学变革的影响》，《东方论坛》1994 年第 3 期。

③ 李小菊、毛德富：《论明清章回小说的开头模式及成因》，《河南大学学报》（社会科学版）2003 年第 11 期。

④ 同上。

介的传播与接受方式产生了巨大的差异。随着近代报刊这种小说新的传播方式的兴起，小说的作者再也不会拟想是为在场的听众而借说书人的口吻进行写作。他们已经明确意识到，报刊的读者是一个个分散的被隔离开的独立的个体。他们的创作是让读者“读”而不是让观众“听”。正如陈玉申所说：“报刊书籍的繁荣，使作家们明确意识到小说已从说给人听完全转变为写给人看。”① 这种明确的创作意识最终将章回小说借用说书人的口吻创作的外衣脱下，小说家的主体身份得到确立，进而形成小说创作的书面表达意识。报刊书面表达又对报载小说结构转变产生了重要的影响。一是从“听众”到“读者”。二是从“讲”到“写”：口头讲述到书写叙述。三是从作者主体地位得以确认，开始最终支配他叙事作品的形式。这种对小说的影响很自然表现在对小说开头的处理上。

小说书面表达意识的确立，就使传统小说中利用楔子招徕听众和稳定听众的功能在报刊小说的创作中失去了存在的必要性。清末民初的短篇小说基本上去掉了这个与主体情节没有多大关联的楔子。“晚清白话短篇小说的开头，绝大多数都没有那些附加物。”② 传统小说开头的那些诗词、议论、小故事的铺垫已经变得无关紧要了。开头的楔子导入不需要了，那“晚清的小说大多都采用直接开头的方式，一上来就进行情节的叙述，摆脱了说书艺术的影响，抛弃了说书人的套语和腔调”③。这种小说开头变化在清末民初的短篇小说中表现得尤为突出：

> 某省某道员之辕，有一媚骨天生。……（陶安化：《小足捐》）
>
> 寒风凛凛，天色将晓，深山之中，万籁无声，只见……（卓呆：《卖路钱》）
>
> 黄梅天气，道路累人，车声轧轧，拖泥带水之中，有一位眼架金镜，口衔锡茄，身披雨衣，足踏革履的豪客，坐着一辆人力车，飞也似的从路旁的人面前闪过，蓦地里发出一种怪声，那车夫便倒退了几步，徐徐停下。（《地方自治》）

---

① 陈玉申：《晚清新闻出版对文学变革的影响》，《东方论坛》1994 年第 3 期。

② 袁健：《晚清白话短篇小说叙事体制的演变》，《明清小说研究》1996 年第 2 期。

③ 陈玉申：《晚清新闻出版对文学变革的影响》，《东方论坛》1994 年第 3 期。

这些短篇小说的开头基本上都没有传统小说那种楔子，开头直接切入故事。短篇小说开头的变化，不仅仅是个别现象，而是整个清末民初时期的普遍的现象。如吴趼人的 13 篇短篇白话小说，除了《黑籍冤魂》有个楔子之外，其他 12 篇小说都拿去了传统的楔子。这是因为“作为书面阅读，读者与小说所描述的内容之间的一切中间过渡便是多余，而应该一开始就让读者进入到故事情节中去”①。这种带有普遍性的现象，说明了传统小说开头在这一时期发生了重要的变化，预示着一种全新的小说结构模式的形成。

去掉这个楔子后，小说更加注重于故事情节的开端：用一个能吸引人的开头来吸引读者的持续性阅读。因为报刊的阅读是一种快速的消费性的阅读，“读者往往是根据小说开篇的内容来决定是否值得他费很长时间一期又一期读下去”②。如果小说的开篇不能快速而有效地吸引读者，那就只能失去读者。这迫使小说家去刻意经营小说的开头。梁启超就说：“寻常小说篇首数回，每用淡笔晦笔，为下文作势，此编若用此例，则令读者彷徨于五里雾中，毫无趣味，故不得不于发端处，刻意求工。”③ 正是考虑到报刊小说读者阅读方式的转变，这一时期的小说家特别注重小说的开端。

清末民初小说的首尾的突兀化的结构模式逐渐获得认同，并影响到“五四”时期的小说创作，甚至成为评价一篇小说优劣的一个标准。如陈西滢在推举“五四”时期的最优秀的小说《沉沦》时说：“一篇文字开始时，我们往往不知道为什么那时候才开始，收起来，也不知道为什么那时就结束……他的力量就在这儿。”④

第三节 报刊与小说叙事视角

一 从全知到限制叙事

所谓“全知式，即对叙述角度不作特意的控制”。这种不作特意

① 陈玉申：《晚清新闻出版对文学变革的影响》，《东方论坛》1994 年第 3 期。

② 同上。

③ 《新小说第一号》，《新民丛报》第 20 号“介绍新刊”栏，1902 年 10 月 15 日。

④ 陈西滢：《西滢闲话》，新月书店 1928 年版，第 338 页。

控制的叙述视角在小说的叙述过程中，是可以任意变动的，“绝大部分‘全知’视角，只是任意变动视角”①。叙述视角的任意变动就可能带来叙述者的全知全能。中国古典小说一般来说大多采用了这种全知的叙述视角，“文言小说所用的方法固然很多，但常见的方法是由一个本身并不重要但却无所不知的人来叙述；在白话小说中，作者则已面对一群听众的说书人自居”②。中国古典白话小说的叙述角度因为说书人的表达的需要，一般不对此做特意的控制，一切围绕着说书场的表达的需要和说书人的叙述身份而变动，采用这种全知的说书人的角度进行叙述，因此“都认为古典小说的叙事角度是全知全能的”③。当然这种表述只能是在总体上做出的一种表达，“笼统地说中国古代小说就是全知视角，现代小说就是限制视角”④。在中国古典小说中确实存在限制叙事角度，特别是文人小说中有这种限制叙事就运用，如《白水素女》就运用了限制性的叙述视角；至于《聊斋志异》就更多地运用了这种限制角度。但文人小说在中国古典小说中处于一种边缘地位，其影响力远没有白话小说那么大，因此，我们说这个古典小说大多采用全知叙述视角主要是针对古典白话小说而言。当然古典白话小说在局部也可能采用了限制视角，但总体来说还是以全知叙述为主导。

无所不知的叙述者带来的一个重要的影响就是叙述的不可靠性。不可靠性在传统的“说—听”的接受模式中，可以通过说书人的声音、肢体语言等加以弥补，从而缓解书场听众的怀疑。但随着现代新闻出版业的发展繁荣，特别是现代报刊业的发达，“写—读”模式的确立，小说创作终于进入一个书面表达与接受的时代。报刊书籍的读者都是一个个分散的独立的个体，他们在阅读的过程中逐步确立起自己的主体性。正是这种现代读者的主体意识确立，读者开始怀疑小说家全知叙述的真实性。读者就会追问，叙述者是如何做到这种全知的呢？如果叙述者什么都知道，又有多少可信的呢？正是“现代读者对

① 赵毅衡：《苦恼的叙述者》，四川文艺出版社 2013 年版，第 74 页。

② ［美］韩南：《韩南中国小说论集》，王秋桂等译，北京大学出版社 2008 年版，第 6 页。

③ 杨义：《中国古典小说的叙事原则》，《河南大学学报》（社会科学版）2004 年第 5 期。

④ 同上。

无所不知的叙述者的叙述是否可信表示怀疑逼得不少作家改用限制叙事”[①]。这就迫使他们摆脱说书人的腔调，脱下说书人的外衣，彻底进入一个书面化的创作之中，“说书人腔调的削弱以至逐步消失，是中国小说跨越全知叙述的前提”[②]。因此，可以认为新小说家采用限制叙事的主要目的是解决叙述的真实性问题。

新小说家要让读者相信，小说叙述的社会生活图景是真实可信的，是真实社会生活的史实性记录。增加小说真实性和权威性，就不得不学习新闻报道的方式，甚至把小说比作新闻。新闻写作强调的是在纯客观性的叙述中获得真实性。新闻的写作重视目击者的叙述，通过目击者来还原新闻现场和新闻事实，展现新闻的真实性、客观性和可信度。为了达到这种目标，新小说家“或者以史实为本构思小说，或者插入社会流行的名人逸事，或者引进报纸刊载的新闻、报告，或者用购买书籍拾到笔记等引出故事，目的都是借以增加小说的权威性”[③]。为了更好地客观地叙述新闻事实，优秀的新闻叙述要求不断转换叙述的视角，通过不同的目击者从不同的角度，多视角多侧面来展现一种立体的新闻事实。因此，新闻的叙述也就更为可信，新闻的事实也就更加真实。

大部分新小说家是职业的且具有报刊从业经验，很多有名的小说家本身就是报刊的主编、编辑，他们深谙新闻的这种叙述风格。所以韩南就说：“报纸的世界，特别是小报，与晚清讽刺小说的世界非常接近。”[④] 当他们把新闻与文学关联起来之后，一种全新的叙述者就出现了。这种叙述方式就是采用人物叙述的视角，来获得小说叙述的真实性的诉求，而且在叙述中不断转换人物叙述角度，多侧面立体式来展现社会生活。如《路毙》这篇短篇小说完全就是采用新闻的叙述方式，通过不同的现场目击者对倒毙街头老人的叙述来展现人物的行动。这种通过小说人物的视角来叙述肯定是一种限制性叙述。更难能可贵的是，这部短的小说能够做到不断转换人物的视角，多侧面展示

① 陈平原：《中国现代小说的起点》，北京大学出版社 2005 年版，第 227 页。

② 同上。

③ 同上。

④ ［美］韩南：《中国近代小说的兴起》，徐侠译，上海教育出版社 2010 年版，第 155 页。

不同现场目击者的行为方式。《查功课》这部短篇小说完全是一种带有实验性的小说，它完全由对话来展开叙述，具体的叙述者不明，它展现的是新闻式的事件，而不是小说的主体的人。而吴趼人的《黑籍冤魂》这部小说完全是一种新闻化的叙述。小说在前面的楔子中，叙述者是一个新闻记者，通过新闻记者所见的吸食鸦片者倒毙街头作为小说的开头。这种新闻记者的叙述者的身份，极大地增强了小说的真实性暗示。所以那一时期就有评论者总结说，小说的人物塑造就像在镜子中的影像一样，小说要做的是力求客观真实地在现社会生活。“最忌搀入作者论断。”并进一步强调“小说虽小道，亦不容着一我之见”①。

新小说家解决小说叙述的真实性问题的方式就是改传统小说叙述的全知视角为限制视角，主要是运用人物的叙述角度。“选择的意义在于，这种方式有效地摒弃了权威的叙事者声口，代之以人物的反应与判断，人物不可靠不是因为他们的奸诈，而是因为他们无知又天真。”② 清末民初的大多数小说观察的对象是事件，而不是主体，“在他们的观念中，人物角度是为了被观察的事件更真实可信，换句话说，更加强叙述真实感”③。因此采用“人物视角是为了增强表现得逼真性”④。《苦社会》这部小说全部叙述都是通过人物鲁吉园为贯穿者和叙述者。我们看这一部分：“洋人又去把上面打架的这班人相了一相，望水手说了几句话。吉园听不懂，但见水手都待在那里不动。洋人看着引上气来，把水手也乱踢乱打……”在这里，闹什么事情，一直没有交代。人物的限制视角增加了读者的疑惑。读者在疑惑之中，增进了对叙述者的信任。被阿英称为中国人物角度小说第一部的《邻女语》，更是大部分运用了人物的视角进行叙述。更不用说《老残游记》这样和自然做到的以主人公为角心的小说。

《官场现形记》那样的社会小说更是为了展现一段真实的社会史实，不得不采用纯客观的报章记录的方式来进行小说的叙述。这样一

① 无名氏：《小说小话》，《小说林》1907 年第 1 期。

② ［美］韩南：《中国近代小说的兴起》，徐侠译，上海教育出版社 2010 年版，第 169 页。

③ 赵毅衡：《苦恼的叙述者》，四川文艺出版社 2013 年版，第 79 页。

④ 同上书，第 80 页。

个社会总体性的观照是他们小说写作的最为重要的目的和意图。采取的叙述角度有一种方式就是采用“旅行者”的人物角色，“在一个风云变幻的年代里，旅行者同时也可能成为历史大事变的目击者或社会变迁的见证人”①。通过他们的所见所闻来展现当时的社会整体性的发展状况，并将当时社会中的种种问题展现出来，以引起社会民众的关注，认识到社会、民众和文化的危机，从而奋发向上，为挽救中国的危亡而努力。游历的目的是增长见识，拓宽视野，但进入一个陌生的地方，游历者的所见所闻都是有限度的。以小说的人物为叙述者，必然带来这种叙述的限制性。表现为：一是主人公由别人带着游历而启悟，这是一种被动的寻求启悟；二是主人公的自我体悟，如《老残游记》《断鸿零雁记》，主要是通过自己来启悟他人和社会。“选择‘旅行者’作为叙事人，这已经包含着对传统的更为简便的全知全能的说书人强调的怀疑。”② 因此，我们可以认为，限制视角不仅仅是作者用来谋篇布局的一种形式上的技巧，一种叙述人称的变化，更为重要的是，它涉及作者用一种什么样的视角来观察小说文本中的人物及如何思考问题。这种限制性的视角在清末民初的小说中大致分为第一人称亲历叙事和第三人称客观叙事两种形态。

二 第一人称亲历叙事

中国小说从全知叙事者向限制叙事的转变过程中，一个重要的变化就是采用第一人称进行叙事。第一人称相对于全知的叙述者来说，它因将叙述者限定于小说中的一个虚构的“人物”从而制约了它的视域。(当然这个“人物”可能不以小说中真实的人物身份出现在小说文本中。) 正是在这个意义上说，以第一人称为叙事者进行小说的叙事是一种限制性叙事。“我”只讲述“我”所知道的，这是基于一种我的经验的讲述。正是因为这种视角的限制性，使其无法去“叙述其他人物的思想和情感。因为它不能进入这些人物的内心世界，而只能说出自己的想法和感觉，推测他人的想法”③。第一人称叙述都带有很

① 陈平原：《中国现代小说的起点》，北京大学出版社 2005 年版，第 227 页。

② 同上。

③ ［美］利昂·塞米利安：《现代小说美学》，宋协力译，陕西人民出版社 1987 年版，第 54—55 页。

强烈的亲历性，而这种亲历性能够增进叙述者和读者之间的信任度，缩短他们之间的距离，从而使小说叙述获得可靠性。因为“由‘我’向读者说出来，说的又是‘我’所观察、经历与感受过的。于是使读者恍惚觉得它是真实可信的，这样一来横在作者与读者之间的一道无形的阅读障碍被‘我’拆除了，因而产生出艺术真实的亲和力”①。正是在展现小说文本故事的真实性和权威的时候，“第一人称方式一直具备独特的价值”②。

我们根据第一人称的叙述者与文本故事中人物的关系将该视角细分为三种类型：一是叙述者“我”是“目击者”，它不以文本故事中的人物身份出现，仅仅是故事的见证人；二是叙述者“我”是故事文本中的一个次要人物，讲述他所见到或听到的关于他人的故事，同时又通过“我”参与故事而推进文本情节的展开；三是叙述者“我”讲述我自己的故事或与“我”有关的故事，叙述者我是文本故事的主要人物。我们将依据这三种类型的第一人称的叙述角度来探讨清末小说叙述中是如何表现出这一亲历性特征。

第一人称的限制叙事角度开始在清末小说以一种自觉的意识出现，这是对中国传统全知叙事角度的一种真正突破。吴趼人在自觉地运用单人为贯穿小说的叙述技巧，“此书（《二十年目睹之怪现状》）定一人为主，如万马千军，均归一人操纵，处处有江汉朝宗之妙，遂成一团结之局”③。这种技巧在中国传统小说中并不多见，中国传统小说多是多人多事。吴趼人的《二十年目睹之怪现状》通过九死一生自己的视角，来叙述“我”在清末的二十年中亲历的各种怪现状。小说将叙述者“我”放在一个完全异质的陌生空间里，来观察、思考并分析自己从未经历过的各种新鲜事件，并在亲历之后获得自身经验，进而产生新的人生体认。吴趼人采用的第一人称视角显然是一种见闻录的形式，它不但“增加了文本的整体感和完整性；同时，也展现了一种从个体角度观察世界、进行独立思考的趋向”④。《二十年目睹之怪

① 伍瑕松：《明末清初小说家汪琪研究》，博士学位论文，四川师范大学，2012 年。

② ［美］韩南：《中国近代小说的兴起》，徐侠译，上海教育出版社 2010 年版，第 160 页。

③ 陈平原：《中国现代小说的起点》，北京大学出版社 2005 年版，第 227 页。

④ 胡全章：《限制叙事意识的自觉》，《明清小说研究》2007 年第 2 期。

现状》叙述的是“我”所见所闻的各种故事，叙述者我在故事中并不是主要人物，仅仅是一个次要人物。它的作用也仅仅限于贯穿小说的首尾，将一个个分散的几乎不相关联的故事串联起来。因此，在某种程度上说，叙述者“我”几乎相当于报刊的新闻记者。新闻记者根据自己的采访，将所有采访到的素材记录下来，通过新闻报道的形式传递给读者。在这个过程中，新闻记者与新闻事件并无关联性，他不是新闻事件的参与者和亲历者。这一倾向在吴趼人的另一篇短篇小说中表现得特别明显。他的《黑籍冤魂》前面有一个很长的楔子，讲述“我”亲历的一个故事（真实客观的故事）。然后又让故事的主要人物自己来讲述自己的故事。

这些社会小说虽然采取了第一人称叙述，但它侧重的不是叙述的人物主体，而是叙述的事件。这种对事的突出成为清末民初第一人称叙述的一个非常重要的特征。吴趼人之所以采用第一人称叙述故事的主要目的是让读者相信中国社会的乱象已经普遍存在，民族已经到了危亡的紧要关头。为了增强文本故事叙述的真实性，吴趼人采用这种带有旅行者特色的第一人称的叙述方式，通过这种叙述让“读者不是接受命令式的指导，而是受到邀请，通过某个主观化个体的思想和经历来体会民族危机与文化危机”①。这种对事的侧重，使这一时期的小说注重叙述的层次。在《二十年目睹之怪现状》《黑籍冤魂》等小说中，第一人称的叙述都具有两个层次，每个叙述层次的“我”不是相同的叙述者。

《二十年目睹之怪现状》的主人公“九死一生”即叙述者我在小说的前半部都是以主人公的身份参与到故事中去，他带着自己惊奇的眼光去打量这个全新的陌生的世界的时候，他就能从中发现自己来到的这个世界中的人们习以为常的不合理存在。也就是说，小说的故事掺和了小说叙述者的主观认识和内在的情感体验。但诡异的是，当主人公成长起来，他对这一套曾经陌生的世界熟悉之后，他到全国各地去开分商号的过程中，他所见所闻到的其他人所讲述的各种逸事奇闻的时候，他个人的经历被隐入了叙述的背景中去，“叙述者的个人生

① ［美］韩南：《中国近代小说的兴起》，徐侠译，上海教育出版社 2010 年版，第 169 页。

活却愈来愈被推入背景”①。主人公成为一个听故事的人，他与故事的关联性大为弱化。在这个层面上来说，主人公我听到的故事的叙述者在此就像传统的第三人称全知叙述故事。但是更应该强调的是，第一人称叙述视角的贯穿已经出现了叙述者主观化的倾向和价值，“让第一人称叙述者进行社会和政治批判，这意味着谴责小说在其发展过程中大大地向前迈进了一步”②。吴趼人的这种有意识的叙述者的创新，不仅仅是一种形式技巧方面的创新，更为重要的是，这反映了作者已经从传统的叙述腔调和拟说书人的身份中独立出来的意识，作者的主观意识和个性与日俱增。作者的主观意识和创作个性的增强对于中国现代文学具有重要的意义。

但我们要注意到，正是基于第一人称亲历者是一种限制性的叙事视角，它在反映社会生活的广度方面存在自己的短板。因为“它所涉及的范围比较狭窄，这种情况本身就是一种选择的原则”③。对于社会小说来说，展现广阔的社会生活图景和对故事人物的心理进行深入的解剖同样重要，但第一人称叙述就存在着展现社会生活的广度方面的不足。因为“见闻录形式决定了作家只能用侧笔，无法正面展现冲突的主体”④。这就很好地解释了吴趼人在有意识以第一人称贯穿小说的时候，为什么在小说的局部会退回到全知叙述。如第 44 回中，狗才妻妾之间的扭打是全知叙述者用一个“原来”进行讲述的。但这部小说最值得称道的地方就在于，它能够将叙述者“我”贯穿到底。也正是第一人称视角的这种限制，使吴趼人在进行了叙述者的试验之后，又退回到传统的全知叙述中去。在《二十年目睹之怪现状》之后，吴趼人续写了一部《近十年之怪现状》，但该小说题目中已经没有了“目睹”，也就是说，他抛弃了原来第一人称的叙述者，回到传统的“全知”叙事者。

相对于以游记、笔记等亲历的第一人称叙事者的社会小说，那一时期大量的以自传体形式出现的言情小说采用第一人称讲述自己

① ［捷克］米列娜：《从传统到现代》，伍晓明译，北京大学出版社 1991 年版，第 73 页。

② 同上书，第 74 页。

③ ［美］利昂·塞米利安：《现代小说美学》，宋协力译，陕西人民出版社 1987 年版，第 54—55 页。

④ 陈平原：《中国现代小说的起点》，北京大学出版社 2005 年版，第 230 页。

的情感生活，如陈蝶仙的《黄金祟》《泪珠缘》等具有明显的自传特色。后者1907年版中作者的题诗中就说这部书“一半凭虚一半真”。苏曼殊的《断鸿零雁记》、符林的《噙海石》、徐枕亚的《玉梨魂》《雪鸿泪史》等小说大多是这一叙述套路。这些言情小说都是有着很强的个人自传色彩。这种第一人称言情的小说关注的是叙述者的情真意切。与社会小说重视事件不同，它更加重视叙述者的内在情感，“小说最独到的地方就是叙述者思想情感的大量表达”①。这一自传性的第一人称叙述对“五四”的个体的抒情叙事产生了重要的影响。

三　第三人称客观叙事

第三人称视角在中国古典小说中经常被运用，但古典小说的第三人称视角大多数是全知的第三人称视角。特别是在话本小说（或拟话本小说）中，因为作者在创作过程中要考虑说书人现场讲述的需要，因此需要让说书人在面对书场听众的时候具有绝对的中心地位，而这种第三人称的全知叙述视角在很大程度上满足了说书人叙述中心的要求。在另一方面，书场说书的传播模式是一种“讲—听”的接受模式，在这种模式中，讲述者是处于中心地位，接受者是处于被动的非中心地位。正是这种书场面对面的不平等的接受模式，使听众（读者）对说书人讲述的故事的真实性很少提出质疑。这也在另一个维度上减弱了创作者对叙述视角探寻的动力。但是随着小说的创作慢慢逸出说书人的底本的定位，小说的创作和接受模式慢慢发生了变化。特别是随着现代新闻出版业的发达，小说的传播模式开始发生了重要的变化，“写—看”的模式逐步取代了“说—听”的模式。在这种模式的转变过程中，传统书场中的听众群体逐步为分散在各个独立分割空间中的个体的读者所取代。独立的个体读者相对于群体性的观众来说，就更具有独立的思考能力和质疑和批判的眼光，因此对于小说文本叙述的真实性的要求也就更高。正是这种内在的驱动力，让小说作家在创作的时候积极探索小说文本的叙述方式，以增强小说叙述的真实性。在这个过程中，西洋小说及现代新闻报刊的叙述视角提供了一

① ［美］韩南：《中国近代小说的兴起》，徐侠译，上海教育出版社2010年版，第201页。

种新的可能性——第三人称客观叙述视角。

晚清小说家运用第三人称限制叙述最初并不是有意识的，而是出于一种无意识的探索。这一时期的新小说家有两个方面特别应该注意：一是他们很多人在创作小说成为职业作家的同时，又兼有报刊工作，因此他们具有新闻编辑和小说家两种身份；二是晚清出现了翻译热，特别是清末民初通过新闻报刊对西洋小说的翻译，不可能不对新小说家的小说创作产生影响。正是基于这两点，我们认为，新小说家对叙述视角的探索是从自发到自觉的转变过程中体悟出来的，特别是他们在从事新闻写作和翻译西方小说过程中，发现新闻报道的客观视角和西洋小说讲叙述视角聚焦于小说文本中的人物，可以极大增强小说的真实性，他们的这种运用第三人称客观叙述视角的动力才得以形成。

在晚清新小说家中，吴趼人是最为有意识进行小说叙述模式探索创新的小说家。他在小说创作中开始有意识地吸收西洋小说的叙述技巧，开始在小说文本中采用人物的视角来讲述故事，推动情节。故事人物的叙述是基于人物在文本故事中所体验到的人生经验的讲述，而人物经验之外的事情就被限制了。在《九命奇冤》那个广受赞颂的开场的描写中，叙述者是一个客观的旁观者。通过这个被限制的第三人称的旁观者的叙述，来讲述这伙强人肆无忌惮、惨绝人寰的暴行，所以赵毅衡就说："在这个开场中，叙述者自我限制，只做到一个记录员，对人物情节的其他情况一无所知作'行为主义'式记录。"① 这种第三人称的限制叙述增强了小说文本的视角冲击力和真实性。特别是在小说一开头就叙述这样一个能吸引读者的场景，增强了文本的悬念，保持了吸引读者的张力。

晚清小说讲叙述视角聚焦于小说文本中的人物，借助于人物的眼光来看待这个世界，并在这个过程中采用了一个陌生化的处理方式，增强文本的可信度和冲击力。为了达到这一目的，新小说家们采用了一个非常简单但有效的方式来实现——人物游历。《新西游记》《新石头记》等小说也都采用了这种人物游历的形式，并通过文本中人物的陌生化眼光来打量这个世界。这两个文本因其采用的是科幻的穿越故事（《新西游记》是通过唐僧师徒穿越到清末的上

① 赵毅衡：《苦恼的叙述者》，四川文艺出版社2013年版，第132页。

海；《新石头记》是贾宝玉穿越到现代），因此，从古代穿越到现代的人物是带着一个完全陌生的眼光来看待这个异质化的世界。这种人物叙述视角的限定对于小说的表现形式的探索是积极有益的，但是这种借助于人物游历的第三人称限制叙述视角并不比《二十年目睹之怪现状》的第一人称限制叙述高明多少。也只是通过小说人物的视角，将所见所闻的事件串联起来，形成一个整体。但是由于各个故事之间缺乏有机的统一性，使小说形式上努力的整体在文本呈现过程中却是破碎的。

同时，晚清小说的第三人称限制的人物视角在文本中基本上都没有贯穿始终，大多数是局部采用了人物视角。《恨海》和《劫余灰》这两部小说基本上是采用了局部的人物限制叙述视角。两部小说的开头都采用了"我"发了比较长篇幅的议论，这部分是处于小说文本故事框架之外的部分（大致相当于说书人的开场白），在某种程度上说，这个部分的视角是全知视角。但是在文本正文部分的叙述过程中，这两个文本局部采用了人物的视角进行叙述，如《恨海》中局部采用了棣华的视角来叙述她在逃难中的所见，通过她的视角来展现庚子之乱的社会现实，具有很强的现实性。同时，又通过对她的心理活动的描写，将其对母亲病的忧虑和对未婚夫生死的挂念的纠葛心理真实地表现出来。通过这个人物视角，小说文本将社会的变乱和个体的命运有机地统一起来，展现了文本的价值。

《老残游记》是晚清采用运用人物游记的方式并能将其贯穿始终的比较突出的小说文本。鲁迅先生就指出："其书即借铁英号老残者之游行，而历记其言论闻见。"① 小说采用了人物限制叙述视角，老残在场的时候就用老残的视角叙述他自己的经验的世界，心理活动也仅仅是描写老残个人的心理活动。"作者的视点基本固定在老残身上。"② 老残不在场，也只是描写申子平的心理感受。这种人物视角的限制使小说的文本的真实性得到极大提升。但即使如《老残游记》这样优秀的小说文本也不能将第三人称客观叙事聚焦到文本中人物视点贯穿到底。在晚清时期，能够将这种人物的视角一贯到底的小说实在是屈指可数，但是虽然少毕竟已经出现了这种人物视角贯穿的小说始

① 鲁迅：《中国小说史略》，上海古籍出版社 1998 年版，第 186 页。

② ［日］尊本照雄：《刘鹗及〈老残游记〉》，四川人民出版社 1985 年版，第 21 页。

终的文本出现。陈平原就认为：《上海游骖录》“几乎是新小说中唯一从头到尾采用第三人称限制叙事的长篇小说。”① 这部小说以小说认为辜望延为视角人物并将其贯穿了小说的始终。这就彰显了晚清小说在叙事视角上的探索意义。

① 陈平原：《二十世纪中国小说史》（第一卷），北京大学出版社 1989 年版，第 282 页。

结　语

现代文学以追求文学现代性为目标，其基本内涵是文学的现代性。文学是不会自己追寻现代性的，那么我们要进一步追问，中国文学现代转型的内在驱动力是什么？陈平原先生在其名作《中国小说叙事模式的转变》中给出的答案是中西文学的位移导致中国文学的现代转型。那我们要进一步追问，是什么导致中西文学的位移的发生？是什么驱动中国传统文学吸收西方外来文学资源的养分并最终全盘接受西方文学的观念、文学的技法？其最终的驱动力是什么？只要这样一问，我们就会很清楚地发现陈平原先生的论点并没有从根本上解决中国文学现代转型的内驱力到底是什么的问题。本书就是从探究中国文学现代转型的内驱力着眼以期解决中国现代文学历史分期标准的问题。

现代传媒是推动中国文学现代转型的根本性驱动力。之所以提出这样的观点是基于以下几个方面考虑：

一是现代传媒推动了文学读者的现代转型。中国传统文学的读者是精英士大夫阶层，文学是一种贵族化的文化特权。随着近代报刊的兴起、发展和繁荣，某个阶层再也不能独占整个中国社会的文化资源，这导致近代中国出现整个社会的文化下移现象。新兴的社会阶层特别是城市市民阶层，如家庭妇女、商人、手工业者、青年学生、学徒等成为近代报刊的阅读主体同时也成为文学阅读的主体，一个新兴的庞大阅读群体的数量在激增。读者的现代转型从根本上打破了原有的阅读格局，形成了一个以城市市民阶层读者为主体的现代多元共存的读者群体。这种新的现代读者群体的审美趣味、阅读习惯和审美标准已经不同于传统的精英阅读群体。

二是现代传媒推动了创作主体的现代转型。中国传统文学的创作队伍清一色是传统的士大夫文人，创作主体构成单一。士大夫文人的文学创作目的一为载道，二为娱情遣兴。但近代报刊的出现为文人们提供了新的职业，他们不再只有通过仕途来安身立命，还可以通过自己的文学创作获取生存的资本，积累自己的声望。这就使现代的创作主体能够从对封建皇权的人身依附关系中解放出来，获得人格的独立，进而形成自我的主体意识。创作主体自我意识的觉醒和主体意识的确立是现代创作主体得以形成的前提条件。只有主体身份得到确立，现代作家们创作的作品才会显现出现代文学的品格。同时报刊开创的现代文化消费市场使文学成为大众消费的商品，作者在解脱了皇权的束缚后又陷入市场的泥沼。与此同时，在由近代报刊开启的启蒙运动中，现代文学又承担起新的载道功能。这就形成了现代文学创作主体价值取向多元化的格局。

三是现代传媒带来传播方式的革命，推动现代文学载体形式和传播方式的变革。近代报刊改变了信息的传播方式：从传统的人际传播向大众传播转型。“大众传播，以文字符号为媒介，以不特定的多数人为传播对象，在信息传播的总量、规模与覆盖范围等方面大幅度扩展。”① 大众传媒的兴起不仅改变了信息的流通方式，而且使信息的储存与分享可以超越时空的限制，从而将信息从依靠在少数人之间的人际传播扩展到向大多数人之间的传播。一种多元化的信息接收渠道开始形成，这使不同的社会阶层可以接收各自需要的信息。“不同性质的报刊往往就是不同社会群体、不同社会阶层的发声渠道，从而表达自己阶层的利益诉求。”② 中国传统文学的主要载体是书籍，其传播方式是人际传播。书籍的成本高昂不容易普及，同时人际传播的时间和空间相对狭小。这制约了中国传统文学的发展，使其限于精英阶层的圈子和便于特权阶层对文学的独占。近代报刊出现从根本上颠覆了过去的传播方式，实现了文学从人际传播向大众传播的转型。文学大规模生产复制的现实为现代文学的大众化奠定了基础。

四是现代传媒推动了文学观念多元化的现代转型。中国传统文学观念单一，而现代文学却是多元的文学观念共存，体现出了现代社会文化的基本价值观念多元化的特性。

五是现代传媒推动了中国文学文体的现代转型。现代以小说为中心的文类格局形成促使新的文学体裁如连载长篇小说以及由此发展出

① 方平：《晚晴上海的公共领域》，上海人民出版社2007年版，第98页。

② 同上。

的短篇小说出现。更重要的是，近代报刊推动了文学语体变革以及带来写实风格发展，为现实主义的兴起奠定基础。

六是现代传媒推动了中国文学话语的现代转型。近代报刊不仅开启了清末的白话运动，它更进一步推动了中国文学语言思维方式的现代变革以及由此带来的文学叙事方式变革。

如果我们承认媒介的变革是社会信息传播的动力，那么我们就可以进一步认为，传播媒介是驱动中国文学现代转型的基本动力。于是我们就会看到“五四”文学并不是平地起高楼式的孤峰突兀，“五四”文学的成就是建立在清末民初一代文学作家、理论家打下的厚实基础之上的。正是因为“新文学家”一代人的点滴改良兼收并蓄的过渡才成就了“五四”文学。因此，本书并不认同“五四”文学对清末民初文学的断裂，而应是继承中的发展。

尽管我们从陈独秀等人口无遮拦的言语中看出“五四”旗手与传统文学决裂的决心，但他们更多是出于一种政治考虑或者说是一种文化变革的策略，而并不是真正意图与传统决裂。只要我们将视角重点投射到胡适等人身上，我们就可以看到“五四”新文化的主将们实际意图是“再造文明”，其具体路径是改良，他们并不是在真正意义上对传统文学进行否定并与之决裂。我们可以看到就是在“五四”最伟大的小说家鲁迅的作品中，依然能够轻易地找到浓郁的中国传统文化的影踪。“五四”新文化的理论家周作人更是主张从晚明寻找新文化的理论资源。其实“五四”新文化运动前后，知识精英对中国传统的重视从未中断，如学衡派对传统文化的重视。这种重视一直延续到20世纪三四十年代，只不过被曾经的文学史给遮蔽了。这些都说明了“五四”不是对传统的决裂，既然不是决裂那就有继承的一面。我们只要稍微梳理就会发现清末和“五四”之间紧密的关联性。比如“五四”的主要文体——短篇小说就是由清末新小说家们发现并提倡，短篇在清末也取得了一定的成绩。清末的报章散文对“五四”杂文的影响，游戏文章对“五四”小品文的影响。在最能代表“五四”新文化成就的语言革命方面也是继承清末报刊开启的白话文运动。文学风格方面，在清末报刊新闻影响下形成的写实风格成为“五四”现实主义的基础。在文学的叙事模式上“五四”新文化也是继承了清末开创的新模式。（陈平原有专著论证。）由之，我们能很明显地发现“五四”对清末的承继。如果我们承认“五四”新文化是对清末新文学的继承，那么现代文学“五四”起点的观点就需要做出修正，中国现代文学的起点应该前移到清末。

也许读者会认为到此为止我们的主要目的意图已经完成，但是我们还认为，重新认识“何为文学”将有助于中国现代文学历史分期标准的建立。如果承认传播媒介是文学发展的动力，那么我们就要对中国现代文学史分期的标准进行全面反思，要改变传统以意识形态价值为标准的旧的分期思维方式，可以采用全新的以人类社会信息传播方式的标准。如果采用这个标准，我们就可以将中国文学分成口头文学、手抄文学、印刷文学、电子文学四个历史时期。但我们要注意的是，由于传播方式并不是线性的简单替代而是存在媒介的叠加现象，因此，文学也是一样存在这样的叠加。也就是说，手抄文学时期也存在口语文学但手抄文学占主流，印刷文学时期也存在手抄文学，只不过以机械印刷为主体罢了。这四个阶段分别与传播方式相连接：口语文学、手抄文学更多与人类的体内传播和人际传播方式相关联，而印刷文学却与大众传播相关联。

如果这个标准行得通，那么我们就需要进一步审视文学的定义，需要重新理解文学的基本含义。我们认为，文学从根本上来说是一种人类传播与接受的信息，但文学又是一种通过语言文字传递特殊的审美信息。从文学的形式上说，语言文字的表达方式和书写内容要与它的传播媒介相一致。

参考文献

一　著作

阿英：《晚清小说史》，江苏文艺出版社2009年版。

包天笑：《钏影楼回忆录》，中国大百科全书出版社2009年版。

昌切：《清末民初的思想主脉》，东方出版社1999年版。

陈平原：《小说史：理论与实践》，北京大学出版社2010年版。

陈平原：《中国现代小说的起点》，北京大学出版社2005年版。

陈平原：《中国小说叙事模式的转变》，北京大学出版社2010年版。

陈平原：《二十世纪中国小说理论资料》（第一卷），北京大学出版社1997年版。

陈子展：《中国近代文学之变迁·最近三十年中国文学史》，上海古籍出版社2000年版。

单晓曦：《现代传媒语境中的文学存在方式》，中国社会科学出版社2008年版。

单正平：《晚清民族主义与文学转型》，人民出版社2006年版。

段怀清：《传教士与晚清口岸文人》，广东人民出版社2007年版。

范伯群：《中国近现代通俗文学史》，江苏教育出版社1999年版。

方汉奇：《中国近代报刊发展史》，山西人民出版社1981年版。

方平：《晚清上海的公共领域》，上海人民出版社2007年版。

费孝通：《乡土中国》，人民出版社2008年版。

冯志杰：《中国近代翻译史》，九州出版社2011年版。

付建舟：《近现代转型期中国文学论稿》，凤凰出版社2011年版。

戈公振：《中国报学史》，岳麓书社2011年版。

耿传明：《清末民初社会心态与文学转型》，复旦大学出版社2010年版。

郭延礼：《中国前现代文学的转型》，山东大学出版社 2005 年版。

郭延礼：《中国文学精神》（近代卷），山东教育出版社 2003 年版。

何怀宏：《秦汉至晚清社会形态研究》，北京大学出版社 2011 年版。

胡鹏林：《文学现代性》，中国社会科学出版社 2007 年版。

胡晓真：《近代中国女性叙事文学的兴起》，北京大学出版社 2008 年版。

黄卫总：《中华帝国晚期的欲望与小说叙述》，江苏人民出版社 2010 年版。

蒋廷黻：《中国近代史》，武汉出版社 2012 年版。

金观涛、刘青峰：《观念史研究》，法律出版社 2009 年版。

金慧敏：《媒介的后果》，人民出版社 2005 年版。

李春雨：《出版文化与中国文学现代转型》，北京语言大学出版社 2011 年版。

李欧梵：《上海摩登》，毛尖译，浙江大学出版社 2017 年版。

李欧梵：《未完成的现代性》，北京大学出版社 2005 年版。

李欧梵：《现代性的追求》，人民文学出版社 2010 年版。

李孝第：《清末的下层社会启蒙运动》，河北教育出版社 2001 年版。

李泽厚：《中国近代思想史论》，生活·读书·新知三联书店 2008 年版。

梁爱民：《中国小说观念的嬗变及其文化精神》，中国社会科学出版社 2010 年版。

梁启超：《清代学术概论》，中华书局 2010 年版。

梁启超：《中国近三百年学术史》，东方出版社 2012 年版。

林岗：《口述与案头》，北京大学出版社 2011 年版。

刘永文：《晚清小说目录》，上海古籍出版社 2008 年版。

鲁迅：《中国小说史略》，中华书局 2010 年版。

吕新雨：《大众传媒与上海认同》，上海书店出版社 2012 年版。

栾梅健：《二十世纪中国文学发生论》，广西师范大学出版社 2006 年版。

栾梅健：《前工业文明与中国文学》，复旦大学出版社 2008 年版。

罗志田：《裂变中的承传》，中华书局2012年版。

马嘶：《20世纪中国知识分子生活状况》，北京图书馆出版社2003年版。

孟鸣岐：《大众文化与自我认同》，江西教育出版社2005年版。

孟兆臣：《中国近代小报史》，社会科学文献出版社2005年版。

［英］齐格蒙特·鲍曼：《流动的现代性》，江苏人民出版社2012年版。

芮和师：《鸳鸯蝴蝶派文学资料》，知识产权出版社2010年版。

尚智丛：《传教士与西学东渐》，陕西人民教育出版社2008年版。

申丹：《文体、叙事和潜文本》，北京大学出版社2009年版。

申丹：《西方叙事学：经典与后经典》，北京大学出版社2010年版。

宋原放、李白坚：《中国出版史》，中国书籍出版社1991年版。

汤克勤：《近代转型视域下的晚清小说家》，中国社会科学出版社2012年版。

陶东风：《文体演变及其文化意味》，云南人民出版社1994年版。

童庆炳：《文体与文体的创造》，云南人民出版社1994年版。

王德威：《被压抑的现代性——晚清小说新论》，北京大学出版社2005年版。

王立群：《中国早期口岸知识分子形成的文化特征》，北京大学出版社2009年版。

王一川：《中国现代性体验的发生》，北京师范大学出版社2001年版。

吴其昌：《梁启超传》，东方出版社2009年版。

武吉庆：《五四前后的新文化派与文化保守派》，中华书局2011年版。

夏晓红、王风等：《文学语言与文章体式》，安徽教育出版社2005年版。

谢泳：《西南联大与中国现代知识分子》，福建教育出版社2010年版。

徐复观：《中国知识分子精神》，华东师范大学出版社2005年版。

徐国源等：《知识分子与大众传媒》，中国书籍出版社2012年版。

徐载平、徐瑞芳：《清末四十年申报史料》，新华出版社1988

年版。

许纪霖：《中国知识分子十论》，复旦大学出版社 2011 年版。

许纪霖等：《近代中国知识分子的公共交往》，上海人民出版社 2008 年版。

许卓云：《知识分子的历史与未来》，广西师范大学出版社 2011 年版。

杨联芬：《二十世纪中国文学期刊与思潮》，百花洲文艺出版社 2006 年版。

杨联芬：《晚清至五四：中国文学现代性的发生》，北京大学出版社 2003 年版。

杨早：《清末民初北京舆论环境与新文化登场》，北京大学出版社 2008 年版。

叶中强：《从想象到现场——都市文化的社会生态研究》，学林出版社 2005 年版。

余英时：《士与中国文化》，上海人民出版社 2011 年版。

余英时：《中国文化史通释》，生活·读书·新知三联书店 2012 年版。

袁进：《中国小说的近代变革》，广西师范大学出版社 2009 年版。

张岱年、敏泽主编：《回读百年》（共五卷），大象出版社 1999 年版。

张朋园：《知识分子与近代中国的现代化》，百花洲出版社 2002 年版。

张艳华：《语言选择与文体流变》，山东大学出版社 2009 年版。

张治：《近现代文学视野中的西方经典》，上海社会科学出版社 2012 年版。

赵建国：《分解与重构：清季民初的报界团体》，生活·读书·新知三联书店 2008 年版。

赵晓兰、吴潮：《传教士中文报刊史》，复旦大学出版社 2011 年版。

赵毅衡：《广义叙述学》，四川大学出版社 2013 年版。

郑也夫：《知识分子研究》，中国青年出版社 2004 年版。

周作人：《中国新文学的源流》，江苏文艺出版社 2007 年版。

［法］皮埃尔·布尔迪厄：《艺术的法则》，刘晖译，中央编译出版社 2011 年版。

［法］皮埃尔·布尔迪厄：《实践与反思：反思社会学导引》，华康德等译，中央编译出版社 1998 年版。

［美］萨丕尔：《语言论》，陆卓元译，商务印书馆 2010 年版。

［美］施拉姆：《传播学概论》，何道宽译，中国人民大学出版社 2010 年版。

［美］苏珊·朗格：《感受与形式》，高艳萍译，江苏人民出版社 2013 年版。

［美］韦恩·布斯：《小说修辞学》，华明等译，北京联合出版公司 2017 年版。

［美］叶凯迪·杨可：《名妓、知识分子和娱乐文化（1850—1910）》，杨可译，生活·读书·新知三联书店 2012 年版。

［加拿大］伊尼斯：《传播的偏向》，何道宽译，中国人民大学出版社 2003 年版。

［英］约翰·凯里：《知识分子与大众》，吴庆宏译，译林出版社 2010 年版。

［美］詹姆逊：《单一的现代性》，王逢振、王丽亚译，中国人民大学出版社 2009 年版。

后　记

从门到窗户是十四步，从窗户到门依然是十四步。在名达楼的办公室，这一千多个日子里，我不知道自己用脚步丈量了多少次。在这来来回回的脚步声中，不停地细细思索课题的方方面面。今天，我写下这篇终于要完成的书稿的后记，我知道，三年的时光在我来来回回的脚步声里已倏忽而过。

有一段很长的日子，浮躁而悲凉地活着，我不知道我要一种什么样的生活，一种沉重的虚无浸透我的灵魂，在这漫无边际的虚无中找不到生命的方向。我知道，人生的背后什么也没有，除了虚无，还是虚无。上周和妻闲聊时，她问我是否还记得大学时，我们系低我们一级的那个女孩？我问妻怎么突然问起这个。妻说，那个女孩死了，从九江最高的楼顶跳了下来，血肉模糊，留下一个不满周岁的孩子。当现实给不了活下去理由的时候，死就成了唯一的选择。她的死促使我在思考，人活着或者说存在的理由到底是什么？史铁生说，人生活着就是为了承受苦难。当他活到最狂妄的年纪的时候，残废了双腿。活下去就需要存在的理由。他很幸运，澄明了生命存在的价值和意义，悟透了人生的悲剧意义，也就超脱了思想的羁绊，找出了让生命凝固的方式——写作。让残缺的生命，在写作的天地里充盈、丰满。

在人生这注定没有意义的生命旅程中，我知道我要做的，就是不断地赋予它存在的意义。我很幸运，在蹉跎了几年的岁月后，在读博的过程中，我找到了赋予虚无的生命以意义的方式。

正如有的诗人所说，有美丽校园就有悠长的小路，有悠长的小路就有求索的脚步。在校园求索的路途中，我是个幸运的人，能在师大这个历史悠长的美丽校园，遇见这样一群师德高尚、学识渊博、个性十足的老师，他们给予我的言传身教使我终身受益特别是我的硕士导师赖大仁老师对我学业和生活的帮助让我终生难忘。我要感谢我的博士导师颜敏老师为我的论文投入了大量的精力和时间。正是他的精心指导，我的论文才能顺利完成。我更要感谢颜老师对我年少轻狂的宽容，正是他的宽容，我才学会敢于表达自己的学术观点。

我要感谢北京师范大学的刘勇老师在我做访问学者的一年中给我无私的帮助，让我在学业上能更进一步。他严谨的治学态度，开阔的学术视野，高屋建瓴的宏观把控能力，给我留下了深刻记忆。

我还要感谢我的家人，正是她们的无私付出，我才有时间和精力完成我的论文。

在人生的路上，那些帮助过我、爱过我的人，我将永铭不忘。

客厅阳台上的茉莉花开了又谢了，留下一地枯萎的白色小花，随风飘零。春天很快又要过去了，我那年少轻狂的岁月也一去不复还了。青春还未完全舒展开来，还未来得及转身，就要离去，就像阳台上的茉莉花，开得热烈，绽放得短暂，随之凋零。我的青春本该有个美好结局，但在这平静如水而又忙碌充实日子里，就这样悄然消逝了。不过，幸运的是，终于可以以这本小书向我已逝的青春致意。